DER I. WELTKRIEG

Eine Chronik

DER I. WELTKRIEG
Eine Chronik

IAN WESTWELL

GONDROM

Originaltitel: *World War I Day By Day.*

Herausgeber: Ian Westwell
Design: Duncan Brown
Karten: William Le Bihan

Übersetzung aus dem Englischen:
Heiko Nonnenmann, für Kölner Grafik Büro

Redaktion und Satz der deutschen Ausgabe:
Kölner Grafik Büro

ISBN: 3-8112-1748-8

Besonderer Dank gilt den Mitarbeitern der Robert-Hunt-Bibliothek in London für die wertvolle Unterstützung bei der Auswahl und Beschaffung der in diesem Buch enthaltenen Fotografien.

SEITE 1: ***Französische Truppen besetzen im Dezember 1915 an der Westfront einen Schützengraben in den Hügeln von Vimy.***

SEITEN 2–3: ***Deutsche Sturmtruppen transportieren 1918 drei 77-mm-Feldgeschütze für die „Operation Michael", ihre letzte Offensive an der Westfront.***

DOPPELSEITE UNTEN: ***Schwer beladene kanadische Truppen rücken während der Kämpfe in Frankreich im April 1917 im Gefolge eines britischen Panzers vor.***

INHALT

EINFÜHRUNG

Die Ursprünge des 1. Weltkriegs reichen bis in das letzte Viertel des 19. Jahrhunderts zurück, als die führenden politischen Kräfte Europas - und der Welt - ein gefährliches Spiel mit dem Feuer begannen. Die Hauptakteure waren Österreich-Ungarn, Großbritannien, Frankreich, Deutschland und Rußland. Ihre unkontrolliert nationalistischen Rivalitäten drehten sich um ökonomische Expansion, Streit um Kolonien und um militärisches Prestigestreben. Eine treibende Kraft in diesem Machtwettstreit war der deutsche Kaiser Wilhelm II.

Der Kolonialismus war geprägt vom herrschenden chauvinistischen Überlegenheitsgefühl, aus dem die Europäer das Recht ableiteten, sich andere Länder militärisch und politisch anzueignen.

WERTVOLLE KOLONIEN

Für die führenden Kräfte Europas (wie auch für die USA und Japan) erfüllten die Kolonien einen doppelten Nutzen. Hinter dem Vorwand, die einheimischen Völker in den Genuß der Zivilisation kommen zu lassen, war doch eigentlich entscheidend, daß die Kolonien industrielle Garanten für Rohstoffe und neue Absatzmärkte bedeuteten und Ansehen einbrachten. Ihr Unterhalt war kostspielig, und die Gewinne erzielten meist Privatunternehmen, doch die europäischen Staaten bestanden darauf, um jeden Preis mit den Rivalen gleichzuziehen. In der zweiten Hälfte des 18. Jahrhunderts florierte der Kolonialismus mehr denn je - 1870 wurden nahezu 70% der Erde von den europäischen Mächten kontrolliert, 1914 schon 85%. Viele der früheren Kolonisten in Afrika erlagen den Krankheiten, die Klima und Umgebung dort für Europäer mit sich brachten. Doch Fortschritte der medizinischen Wissenschaften besiegten oder linderten lebensgefährliche Infekte wie z. B. das Gelbfieber. Immer modernere Waffentechnologien machten es den zahlenmäßig unterlegenen Europäern möglich, jeden Widerstand zu zerschlagen.

In der zweiten Hälfte des 19. Jahrhunderts entstanden unter den Führungsmächten Konflikte, da alle versuchten, die Kontrolle über weitere Gebiete zu erlangen. 1898 standen Frankreich und Großbritannien kurz vor einem Krieg, als eine französische Expedition in Fashoda, einer Stadt im

▼ Kaiser Wilhelm II. (Mitte links) nimmt an einem alljährlichen Manöver der deutschen Armee teil.

unterhielt die größte Kolonialmacht Großbritannien die umfangreichste Flotte der Welt. Doch Frankreich und Rußland machten ihm zunehmend den Rang streitig.

In England steigerte man die Kriegsschiffsproduktion, um eine Flotte zu schaffen, die es mit der vereinten französisch-russischen Seemacht aufnehmen könnte. Das war ein kostspieliges Unterfangen, besonders da Großbritannien sich kurz darauf auch noch in ein Marinewettrüsten mit Deutschland

◀ ***Britische Truppen gehen gegen die Burenbauern in Südafrika vor, die von Deutschland unterstützt wurden.***

▼ ***Eine Waffenfabrik, die die zerstörerischen Waffen des 1. Weltkriegs in Massenproduktion herstellte.***

britisch kontrollierten Sudan, einmarschierte. 1911 sandte Deutschland ein Kanonenboot zum marokkanischen Agadir, um Frankreichs Anrecht auf dieses Land anzufechten.

Die Mächte waren zuweilen auch zu indirekten Interventionen in den Regionen ihrer Rivalen bereit. Als z. B. 1899 die Buren im an Goldvorkommen reichen Südafrika gegen Großbritannien für ihre Unabhängigkeit in den Krieg zogen, erhielten sie deutsche Unterstützung.

Die europäischen Großmächte begannen ein Wettrüsten, das mit dem Streit um Kolonien einherging. Sie mußten ihre Kolonien schützen, den Handel mit ihnen sichern und ein militärisches Gleichgewicht mit ihren Nachbarn in Europa aufrechterhalten. Das Wettrüsten wurde von rasch voranschreitenden industriellen Neuerungen begleitet. Die Waffen wurden immer leistungsstärker und tödlicher und waren dank Massenproduktion in großer Zahl verfügbar. Typisch für das Streben nach militärischer Gleichstellung oder Überlegenheit war das Wettrüsten zur See. In den späten 1890er Jahren einließ. In Großbritannien baute man daraufhin technisch verbesserte Kriegsschiffe, was 1906 im Stapellauf der HMS *Dreadnought* gipfelte, die mit ihren neuen Technologien jedem anderen Schiff ihrer Zeit weit überlegen war. Großbritanniens Rivalen begannen ebenfalls, Schlachtschiffe der „Dreadnought“-Klasse zu bauen.

Die kolonialistischen, ökonomischen und militärischen Rivalitäten wirkten sich auf das Gleichgewicht der Kräfte aus, das die Beziehungen der europäi-

◀ ***Die britische Dreadnought war ein Meilenstein der Kriegsschiffentwicklung. Das Wettrüsten zwischen den Weltmächten verstärkte sich zusehends.***

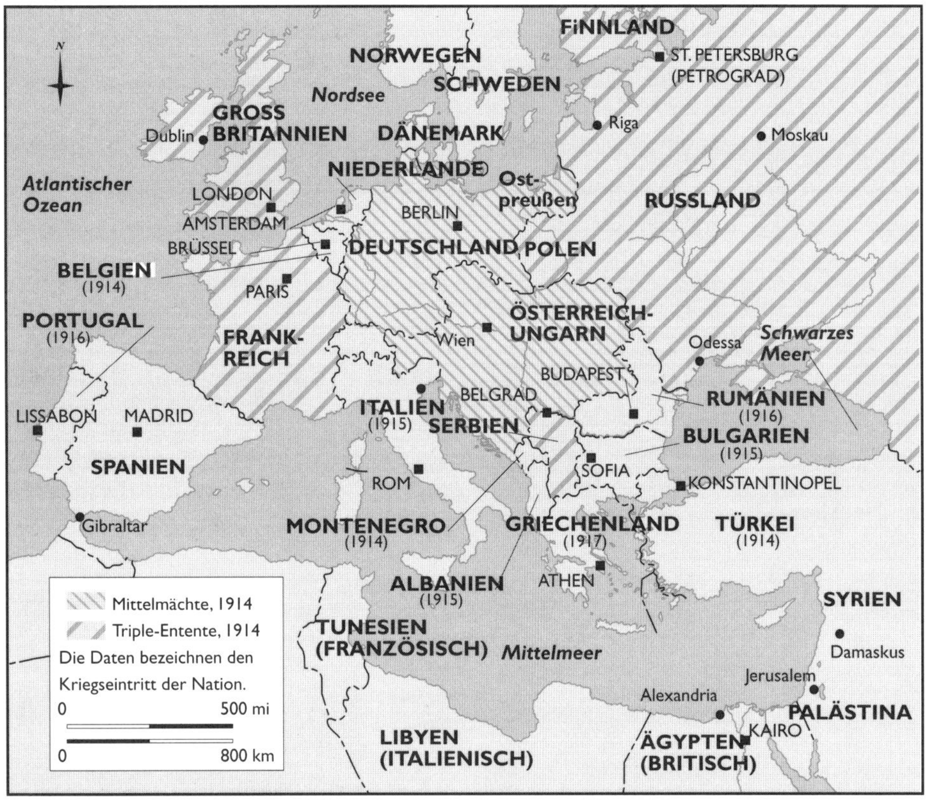

▲ ***Geopolitische Karte Europas am Vorabend des 1. Weltkriegs, die die Mitgliedsstaaten der Machtblöcke zeigt.***

schen Nationen reguliert hatte. War es in der Vergangenheit einer Nation gelungen, einen Vorteil zu erlangen, so hatten ihren Rivalen diesen stets wieder wettmachen können. Der europäische (sowie der weltweite) Machtausgleich hing davon ab, daß keine einzelne Nation einen allzu großen Vorsprung gewann.

Am Anfang des 20. Jahrhunderts stellte sich nun immer klarer heraus, daß Großbritannien und Deutschland einen großen Vorsprung zwischen sich und ihre Rivalen gebracht hatten. Deutschland war mit seinen Landstreitkräften militärisch überlegen, hatte eine dynamische industrielle Grundlage und war entschlossen, seine Macht in Europa auszuweiten. Großbritannien war die größte Kolonialmacht, verfügte über die mächtigste Flotte und eine immer noch starke, wenn auch langsam abflauende Industrie.

Im Gegensatz dazu stand Rußland mit seiner feudalistisch-landwirtschaftlichen Gesellschaft, dessen Armee noch immer unter der demütigenden Niederlage im Russisch-Japanischen Krieg (1904–05) litt. Österreich-Ungarn wurde durch ethnische Spannungen belastet, besonders in der Balkanregion, wo Nationalisten in Serbien die Regierung herausforderten. Frankreich war politisch instabil, industriell schwach und verbittert über seine Niederlage im Deutsch-Französischen Krieg (1870–71).

Vor dem Ausbruch des 1. Weltkriegs gingen die Mächte Europas eine Reihe von häufig wechselnden Allianzen ein, die jeweils davon abhingen, welches Land für das Gleichgewicht der Kräfte eine Bedrohung darzustellen schien. Nach 1890 richtete sich die Aufmerksamkeit auf Kaiser Wilhelm II., der Deutschland zur führenden Kraft in Europa machen wollte, da Deutschland mit seinen wenigen verbliebenen Kolonien nicht länger bei der Expansion in Übersee konkurrieren konnte.

BÜNDNISSE UND GEGNER

Deutschland ging eine Allianz mit Österreich-Ungarn ein, und beide wurden als Mittelmächte bekannt. Gegen sie bezogen Großbritannien, Frankreich und Rußland Stellung – die Triple-Entente. Beide Bündnissysteme erklärten, daß der Angriff gegen eines der Mitglieder als Angriff gegen alle gewertet würde. Genau das aber brachte Deutschland in eine schwierige Situation, denn durch das französisch-russische Bündnis drohte im Ernstfall die Gefahr eines Zweifrontenkrieges, zumal Österreich-Ungarn aufgrund seiner Balkaninteressen leicht in den Konflikt mit Rußland geraten und so auch Deutschland in Bedrängnis bringen konnte. Alle europäischen Mächte waren sich über die Bündnissysteme im klaren, und die meisten gingen da-

▼ ***Japanische Feldartillerie im Einsatz während des Russisch-Japanischen Krieges, der für die russische Armee in einer Katastrophe endete.***

von aus, daß, sobald zwischen zwei rivalisierenden Bündnisstaaten ein Krieg ausbrach, alle reagieren würden. Daher wurden Pläne für eine rasche Mobilmachung der Armeen und ihren zügigen Transport an die Front notwendig. Dieses Problem war in Deutschland besonders drängend, wo man sich mit einem möglichen Zweifrontenkrieg gegen die Triple-Entente-Mitglieder Rußland und Frankreich konfrontiert sah. Eine schnelle Mobilmachung, gefolgt von einem Präventivschlag gegen Frankreich, wurde zum Schlüsselelement der deutschen Strategie. Dazu gehörte auch ein Angriff über belgisches Gebiet, dessen Kohlevorkommen eine wertvolle Ergänzung für die deutsche Schwerindustrie dargestellt hätten. Doch die Neutralität Belgiens wurde von Großbritannien und allen anderen großen Mächten in Europa, auch Deutschland, garantiert.

Brennpunkt der widerstreitenden Interessen beider Bündnisse war der Balkan mit seinen ethnischen Teilungen und nationalistischen Hoffnungen: Österreich-Ungarn und Rußland wollten den schwindenden türkischen Einfluß in der Region nutzen. Und die Serben wollten als aufstrebende Balkanmacht unter russischem Schutz die österreichisch-ungarische Ausdehnung in die Region verhindern und „Großserbien" gründen.

COUNTDOWN ZUM KRIEG

Die Sicherheit Österreich-Ungarns, der schwächeren der Mittelmächte, wurde von Deutschland garantiert. Kaiser Wilhelm II. hatte Ende 1912 seinen Planungsstab beauftragt, Kriegsvorkehrungen zu treffen, als sich abzeichnete, daß Serbien türkisches Gebiet gewinnen und österreichisch-ungarische Gebiete an der nördlichen Adria bedrohen würde. Österreich-Ungarn erklärte mit Deckung aus Deutschland, daß es den Krieg erklären würde, wenn Serbien nicht seine Bestrebungen im Adriaraum beende. Ein solcher Zug hätte eine sofortige Einbeziehung Rußlands, und damit auch Frankreichs, zur Folge. Serbien gab nach. Doch dann geschah etwas, womit niemand gerechnet hatte. Am 28. Juni 1914 wurde der österreichisch-ungarische Thronfolger Erzherzog Ferdinand von einem bosnischen Nationalisten in Sarajewo ermordet. Als Österreich-Ungarn den Serben daraufhin am 28. Juli den Krieg erklärte, schien die Ausweitung des Konfliktes unvermeidlich.

1914 glaubten die meisten Länder, und zwar die Bevölkerung ebenso wie die Politiker, daß sie für eine gerechte Sache in den Krieg zögen. Eine Kriegsbegeisterung griff um sich, die jedoch den unzähligen zum Sterben verurteilten Truppen im Angesicht der übermächtigen Maschinengewehre, Artillerie und Schützengräben rasch verging.

▼ *Deutsche Truppen in einem Manöver in den Jahren vor Ausbruch des 1. Weltkriegs.*

1914

Viele begrüßten den Ausbruch des 1. Weltkriegs im August 1914. Er wurde als Gelegenheit gesehen, vieles zu korrigieren, was als Unrecht empfunden wurde – ohne Rücksicht auf politische oder ökonomische Rechtfertigung. Die Politiker und Generäle, die Europa in diesen durchaus wirtschaftlich motivierten Krieg getrieben hatten, glaubten, daß er nicht länger als ein paar Monate dauern würde. Diese Hoffnungen wurden schon im Dezember durch die große Zahl an Opfern, die festgefahrene Situation und die ständige Eskalation, zunichte gemacht.

28. Juni

POLITIK, *BOSNIEN*
Erzherzog Franz Ferdinand, der Thronerbe der österreichisch-ungarischen Krone, und seine Frau werden in der bosnischen Hauptstadt Sarajewo ermordet. Gavrilo Princip, ein radikaler bosnischer Serbe, wird zusammen mit anderen Verschwörern festgenommen. Princip ist Mitglied der „Schwarzen Hand", einer Organisation serbischer Nationalisten, die sich einen serbisch-dominierten Balkan zum Ziel gesetzt hat. Österreich-Ungarn verdächtigt Serbien, in die Verschwörung verwickelt zu sein.

◀ *Erzherzog Franz Ferdinand wird von einem bosnischen Würdenträger kurz vor seiner Ermordung am 28. Juni begrüßt.*

23. Juli

POLITIK, *ÖSTERREICH-UNGARN*
Österreich-Ungarn stellt nach mehreren Treffen mit Kaiser Wilhelm II. Serbien ein Ultimatum. Dessen Forderungen würden Serbien als unabhängigen Staat zerstören.

Österreich-Ungarn verlangt eine Antwort binnen 24 Stunden.

25. Juli

POLITIK, *SERBIEN*
Serbien mobilisiert seine Arme und erklärt, daß es alle Punkte des Ultimatums bis auf einen erfüllen wird. Österreich-Ungarn empfindet das als inakzeptabel, und Kaiser Franz Joseph ordnet die Mobilmachung seiner Truppen an. Zar Nikolaus II. und sein Kriegsminister Großherzog Nikolaj Nikolajewitsch, beschließen die Teilmobilmachung ihrer Armee, um Serbien vor einer Invasion durch Österreich-Ungarn zu schützen. Dreibund-Partner Deutschland droht, seine Truppen zu mobilisieren, wenn Großbritannien und Frankreich die russische Mobilmachung nicht unterbinden.

◀ *Kaiser Wilhelm II. Seine Zustimmung österreichisch-ungarische Militäraktionen gegen Serbien zu decken, garantierte den Ausbruch des 1. Weltkrieges.*

▶ *In Wien wird die Eröffnung der Feindseligkeiten mit Serbien gefeiert.*

28. JULI

POLITIK, *ÖSTERREICH-UNGARN*
Am Mittag erklärt Österreich-Ungarn Serbien den Krieg.

POLITIK, *GROSSBRITANNIEN*
Die britische Flotte bezieht ihre Kriegsstellungen. Von ihren Ankerplätzen in Scapa Flow an der Nordküste Schottlands aus kann sie die gesamte Nordsee kontrollieren und den Deutschen den Zugang zu den Weltmeeren verwehren.

29. JULI

POLITIK, *BOSNIEN*
Die Balkanstaaten erklären ihre Neutralität.

POLITIK, *DEUTSCHLAND*
Der Marine wird befohlen, mobil zu machen. Dieser Befehl gilt vor allem der Hauptflotte, der Hochseeflotte, die sich vor dem Jadebusen zusammenzieht. Rußland wird mitgeteilt, daß seine gegenwärtige Teilmobilmachung die Ausweitung der Kriegshandlungen zur Folge haben wird.

POLITIK, *RUSSLAND*
Zar Nikolaus II. unterzeichnet einen Teilmobilmachungsbefehl. Er tritt am 4. August in Kraft.

BALKAN, *SERBIEN*
In der ersten Kampfhandlung der Auseinandersetzung, die sich zum 1. Weltkrieg entwickeln wird, beschießen österreichisch-ungarische Schiffe auf der Donau die serbische Hauptstadt Belgrad. Die serbische Artillerie erwidert den Beschuß.

30. JULI

POLITIK, *NIEDERLANDE*
Die niederländische Regierung erklärt ihre Neutralität in diesem Krieg.

31. JULI

POLITIK, *DEUTSCHLAND*
Generaloberst Helmuth von Moltke, Chef des Generalstabs, setzt sein österreichisch-ungarisches Pendant General Franz Conrad von Hötzendorf von der deutschen Mobilmachung in Kenntnis. Rußland wird aufgefordert, all seine Kriegsvorbereitungen bis zum Mittag des 1. August einzustellen. Die französische Regierung soll ihre politische Position zu einem möglichen Konflikt zwischen Deutschland und Rußland erklären.

STRATEGIE & TAKTIK

KRIEGSPLÄNE IM OSTEN

Die Kriegsstrategien von Österreich-Ungarn und Rußland waren so gestaltet, daß sie fast auf einer Linie mit den deutschen lagen. Österreich-Ungarn hatte zwei Pläne. Der als Plan B bekannte war eine Strategie für das Vorgehen im Balkan mit Serbien als Feind. Plan R, der zweite, sah einen Zweifrontenkrieg mit Serbien und seinem Alliierten Rußland vor.

In letzterem wahrscheinlicheren Szenario war vorgesehen, daß die österreichisch-ungarischen Armeen, unterstützt von den Deutschen, die in Ostpreußen standen, kämpfen würden. Ihr Befehl lautete, in Polen einzumarschieren und so die russischen Truppen von Ostpreußen zu trennen. Andere Truppen sollten Serbien angreifen.

Rußland hatte ebenfalls zwei Pläne. Wenn Deutschland Rußland angreifen würde, würde es einen Defensivkrieg führen. Wenn aber Deutschland zuerst Frankreich angreifen würde, würden russische Truppen so schnell wie möglich nach Ostpreußen einmarschieren.

Serbiens Strategie wurde von seiner verhältnismäßig kleinen Armee diktiert, die nur einen Defensivkrieg führen konnte – in der Hoffnung, den Angreifer lange genug aufzuhalten, bis er wegen der Ereignisse an den anderen Fronten Truppen aus Serbien abziehen müßte.

▼ *Der österreichisch-ungarische Stabschef von Hötzendorf war ein Verfechter von Präventivkriegen, um die italienische und serbische Expansion einzudämmen.*

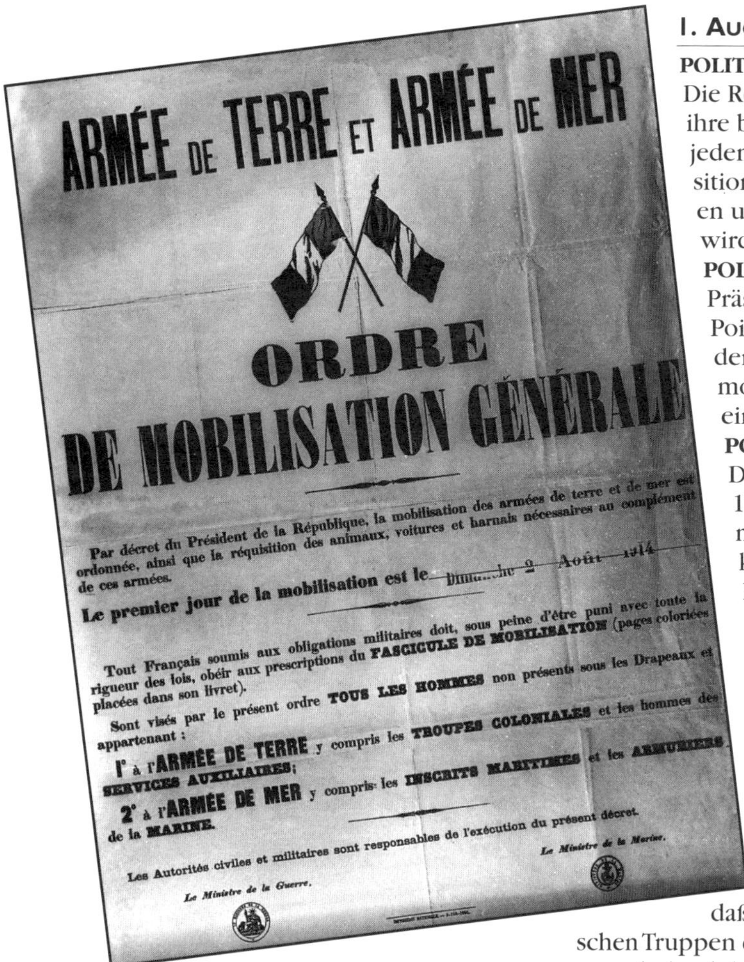

ARMÉE DE TERRE ET ARMÉE DE MER

ORDRE DE MOBILISATION GÉNÉRALE

Par décret du Président de la République, la mobilisation des armées de terre et de mer est ordonnée, ainsi que la réquisition des animaux, voitures et harnais nécessaires au complément de ces armées.

Le premier jour de la mobilisation est le Dimanche 2 Août 1914

Tout Français soumis aux obligations militaires doit, sous peine d'être puni avec toute la rigueur des lois, obéir aux prescriptions du **FASCICULE DE MOBILISATION** (pages coloriées placées dans son livret).

Sont visés par le présent ordre **TOUS LES HOMMES** non présents sous les Drapeaux et appartenant :

1° à l'**ARMÉE DE TERRE** y compris les **TROUPES COLONIALES** et les hommes des **SERVICES AUXILIAIRES**;

2° à l'**ARMÉE DE MER** y compris les **INSCRITS MARITIMES** et les **ARMURIERS de la MARINE**.

Les Autorités civiles et militaires sont responsables de l'exécution du présent décret.

Le Ministre de la Guerre.

Le Ministre de la Marine.

▲ ***Der Generalmobilmachungsbefehl, der von französischen Armee- und Marineautoritäten herausgegeben wurde.***

▼ ***Deutsche Truppen im August 1914 auf dem Weg nach Westen zu ihrer Großoffensive gegen Belgien und Frankreich. Noch sind sie von einem schnellen Sieg überzeugt.***

1. August

POLITIK, *BELGIEN*
Die Regierung erklärt, daß sie ihre bewaffnete Neutralität in jedem Fall beibehält, eine Position die von Großbritannien und Frankreich garantiert wird.

POLITIK, *FRANKREICH*
Präsident Raymond Poincaré erklärt sich mit der Ausgabe eines Generalmobilmachungsbefehls einverstanden.

POLITIK, *DEUTSCHLAND*
Deutschland beginnt um 17.00 Uhr, gegen Rußland mobil zu machen und erklärt um 19.10 Uhr den Krieg.

2. August

POLITIK, *DEUTSCHLAND*
Während deutsche Soldaten das neutrale Luxemburg besetzen, wird Belgien ein Ultimatum gestellt, in dem gefordert wird, daß bis 19.00 Uhr deutschen Truppen der ungehinderte Durchmarsch durch belgisches Gebiet erlaubt werden muß, um einem französischen Angriff gegen Deutschland vorzubeugen. Das Ultimatum läuft nach zwölf Stunden aus. Es wird von Grenzzusammenstößen deutscher und französischer Einheiten berichtet.

POLITIK, *TÜRKEI*
Kriegsminister Enver Pascha, ein aggressiver Nationalist, der die Türkei wieder

als regionale Großmacht zu etablieren beabsichtigt, arrangiert in der Absicht, sein Land vor einem möglichen russischen Angriff zu schützen, ein militärisches Geheimbündnis mit Deutschland.

3. August

POLITIK, *BELGIEN*
Die belgische Regierung weist das Ultimatum auf Durchgangsrecht der deutschen Armee durch belgisches Territorium zurück und erhält die Bestätigung, daß Großbritannien und Frankreich bewaffnete Unterstützung leisten werden, um einen deutschen Angriff abzuwehren.

POLITIK, *GROSSBRITANNIEN*
Der Generalmobilmachungsbefehl wird unterzeichnet.

POLITIK, *DEUTSCHLAND*
Deutschland erklärt Frankreich den Krieg.

POLITIK, *ITALIEN*
Zur Verärgerung seiner Dreibund-Partner Deutschland und Österreich-Ungarn erklärt Italien seine Neutralität. Die italie-

◀ *Enver Pascha, ein leidenschaftlicher Nationalist, der am 3. August zum Stellvertretenden Oberbefehlshaber der türkischen Armee ernannt wurde.*

▶ *Der Mobilmachungsbefehl, der vom britischen Parlament im Namen von König George V. veröffentlicht wurde.*

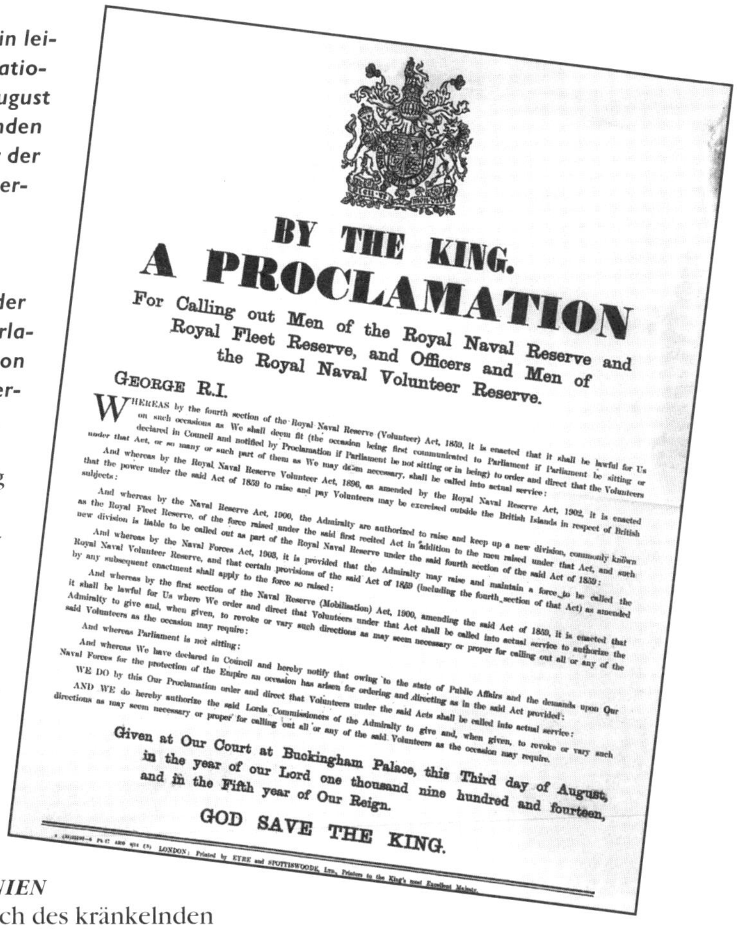
BY THE KING.

A PROCLAMATION

For Calling out Men of the Royal Naval Reserve and Royal Fleet Reserve, and Officers and Men of the Royal Naval Volunteer Reserve.

GEORGE R.I.

WHEREAS by the fourth section of the Royal Naval Reserve (Volunteer) Act, 1859, it is enacted that it shall be lawful for Us on such occasions as We shall deem fit (the occasion being first communicated to Parliament if Parliament be sitting or declared in Council and notified by Proclamation if Parliament be not sitting or in being) to order and direct that the Volunteers under that Act, or so many or such part of them as We may deem necessary, shall be called into actual service:

And whereas by the Royal Naval Reserve Volunteer Act, 1896, as amended by the Royal Naval Reserve Act, 1902, it is enacted that the power under the said Act of 1859 to raise and pay Volunteers may be exercised outside the British Islands in respect of British subjects:

And whereas by the Naval Reserve Act, 1900, the Admiralty are authorized to raise and keep up a new division, commonly known as the Royal Fleet Reserve, of the force raised under the said first recited Act in addition to the men raised under that Act, and such new division is liable to be called out as part of the Royal Naval Reserve under the said fourth section of the said Act of 1859:

And whereas by the Naval Forces Act, 1903, it is provided that the Admiralty may raise and maintain a force to be called the Royal Naval Volunteer Reserve, and that certain provisions of the said Act of 1859 (including the fourth section of that Act) as amended by any subsequent enactment shall apply to the force so raised:

And whereas by the first section of the Naval Reserve (Mobilisation) Act, 1900, amending the said Act of 1859, it is enacted that it shall be lawful for Us where We order and direct that Volunteers under that Act shall be called into actual service to authorize the Admiralty to give and, when given, to revoke or vary such directions as may seem necessary or proper for calling out all or any of the said Volunteers as the occasion may require:

And whereas Parliament is not sitting:

And whereas We have declared in Council and hereby notify that owing to the state of Public Affairs and the demands upon Our Naval Forces for the protection of the Empire an occasion has arisen for ordering and directing as in the said Act provided:

WE DO by this Our Proclamation order and direct that Volunteers under the said Acts shall be called into actual service:

AND WE do hereby authorize the said Lords Commissioners of the Admiralty to give and, when given, to revoke or vary such directions as may seem necessary or proper for calling out all or any of the said Volunteers as the occasion may require.

Given at Our Court at Buckingham Palace, this Third day of August, in the year of our Lord one thousand nine hundred and fourteen, and in the Fifth year of Our Reign.

GOD SAVE THE KING.

LONDON: Printed by EYRE and SPOTTISWOODE, Ltd., Printers to the King's most Excellent Majesty.

nische Regierung begründet seine Entscheidung damit, daß der österreichisch-ungarische Angriff gegen Serbien nicht durch die grundsätzlich defensiven Vereinbarungen des Dreibundes abgedeckt wird.

POLITIK, *RUMÄNIEN*

Gegen den Wunsch des kränkelnden Königs Karol, der Deutschland und Österreich-Ungarn unterstützen möchte, entscheidet seine Regierung sich für eine bewaffnete Neutralität. Trotzdem wird im frühen Oktober ein geheimes Regierungsabkommen mit Rußland getroffen, in dem beschlossen wird, daß Rumänien Land erhält, wenn die russische Armee mit ihrem Krieg gegen Deutschland und Österreich-Ungarn erfolgreich ist. Anzeichen der wahren rumänischen Interessen werden sichtbar, als Rumänien seine Grenzen gegen deutsche Versorgungsgüter für die Türkei schließt.

POLITIK, *TÜRKEI*

Die Türkei erklärt ihre bewaffnete Neutralität und mobilisiert ihre Streitkräfte.

▼ *Der deutsche leichte Kreuzer* ***Breslau****, ebenso wie die* ***Goeben*** *ein Geschenk an die Türkei.*

STRATEGIE & TAKTIK

GROSSBRITANNIENS BEITRAG

Großbritannien war die einzige europäische Großmacht, bei der bei Ausbruch des Krieges nicht die allgemeine Wehrpflicht galt. Seine reguläre Armee war eine reine Freiwilligenarmee und kleiner als die der anderen Mächte. Dennoch war sie effektiv. Die regulären Infanterie-Regimenter waren gut ausgebildet, bekannt für die Treffsicherheit ihres Gewehrfeuers und erfahren in den meisten Aspekten der Kriegsführung.

Die Armee, die Großbritannien nach Frankreich sandte, war als das britische Expeditionskorps bekannt. Es bestand am Anfang aus 100.000 Soldaten. Es war eine generell ausgewogene Streitmacht, doch später stellte sich heraus, daß sie zu wenig mittlere und schwere Artillerie besaß, um gegen die Schützengräben vorzugehen. Auch an Maschinengewehren fehlte es – gerade 120 Stück waren es im August 1914. Zum Vergleich: Die deutsche Armee besaß, wenn sie auch mehr Soldaten aufwies, 10.500 Maschinengewehre.

Zu Beginn des Krieges war Großbritanniens wertvollster Posten seine Marine mit mehr als 500 Schiffen. Was den entscheidenden Bereich der „Dreadnought"-Schlachtschiffe und der schweren Kreuzer betraf, war seine Marine der deutschen Hochseeflotte anzahlmäßig in einem Verhältnis von 28:18 überlegen.

4. AUGUST

POLITIK, *GROSSBRITANNIEN*

Die Regierung erklärt den Krieg um 23.00 Uhr, als Deutschland das Ultimatum zum Abzug der Truppen von belgischem Boden verstreichen läßt.

POLITIK, *DEUTSCHLAND*

Deutschland erklärt Belgien den Krieg und fällt

▲ *Britische Rekruten sammeln sich bei Kriegsausbruch in der Londoner Stadtmitte. Wie überall in Europa sahen viele von ihnen den Krieg zunächst als großes Abenteuer.*

▼ *Britische Truppen, die die Neutralität Belgiens schützen sollen, auf dem Weg zur Westfront.*

mit seinen Armeen auf schmaler Front ein. Der Hauptangriff wird von der Ersten Armee unter dem Befehl von General Alexander von Kluck und der Zweiten Armee unter General Karl von Bülow geführt.

POLITIK, ***USA***
Die USA erklären ihre Neutralität.

SEEKRIEG, ***MITTELMEER***
Zwei deutsche Kriegsschiffe, der Schlachtkreuzer *Goeben* und der leichte Kreuzer *Breslau*, eröffnen unter dem Befehl von Admiral Wilhelm von Souchon 10 Minuten lang das Feuer auf die französisch-algerischen Hafenstädte Bône und Philippeville. Nach dem An-

griff nimmt Souchon Kurs auf die Türkei. Als er durch das Mittelmeer steuert, trifft sein kleines Geschwader auf zwei britische Schlachtkreuzer, die *Indefatigable* und die *Indomitable*. Der britische Kommandant Vizeadmiral Sir A. Berkeley-Milne eröffnet nicht das Feuer, da das britische Ultimatum an Deutschland, sich aus Belgien zurückzuziehen, erst um Mitternacht ausläuft. Souchon vermeidet ebenfalls jede Kampfhandlung und fährt weiter Richtung Türkei.

5. August

POLITIK, *ÖSTERREICH-UNGARN*
Österreich-Ungarn erklärt Rußland um 12.00 Uhr den Krieg.

POLITIK, *MONTENEGRO*
Die Regierung des Balkanstaates, die eng mit Serbien verbunden ist, erklärt Österreich-Ungarn den Krieg.

WESTFRONT, *BELGIEN*
Deutsche Truppen greifen nachts Lüttich an, vermögen aber keines der 12 Forts des äußeren Verteidigungsrings, der die zentrale Grenzverteidigung und das Eisenbahnzentrum Ostbelgiens darstellt, einzunehmen. Außerdem bleibt damit der deutschen Ersten und Zweiten Armee der Weg nach Frankreich versperrt, wie ihn der Schlieffenplan (die deutsche Kriegsstrategie) vorsieht, um Paris einzunehmen.

6. August

POLITIK, *SERBIEN*
Die Regierung erklärt Deutschland den Krieg.

WESTFRONT, *BELGIEN*
General Erich Ludendorff gelingt es, seine Truppen durch einen Teil des Verteidigungsringes bei Lüttich zu führen und eine Verschanzung zu errichten, die die belgische Stadtgarnison bedroht. Trotzdem bleibt er bis zum 10. August abgeschnitten.

SEEKRIEG, *OSTAFRIKA*
Der deutsche leichte Kreuzer *Königsberg* versenkt den englischen leichten Kreuzer *Pegasus* vor dem Hafen von

▼ *Eine Kolonne deutscher Infanterie zieht im frühen August durch ein von Artilleriegeschossen zerstörtes belgisches Dorf vor.*

STRATEGIE & TAKTIK

DER SCHLIEFFENPLAN

1893 unterzeichneten Frankreich und Rußland eine Allianz, die den deutschen Generalstabschef Graf Alfred von Schlieffen sehr beunruhigte. Schlieffen war sich der Gefahren für Deutschland in einem großen Zweifrontenkrieg bewußt. Er sah Frankreich als die größte Gefahr in einem Krieg zwischen den drei Staaten an. Also entwickelte er einen Plan, um Frankreich innerhalb weniger Wochen auszuschalten, bevor Rußland seine Armeen mobilisiert haben könnte.

Schlieffen sah ein, daß Frankreichs Grenzbefestigungen zu stark für einen raschen Erfolg waren. Ein zügiger Anmarsch durch die bergige Schweiz war unmöglich. Deshalb trat er für eine Verletzung der belgischen und niederländischen Neutralität ein. Eine massive Armee (fast 90% der deutschen Truppen) sollte durch diese Länder geführt werden und dann nach Süden in Richtung Paris abschwenken. Nur 5% der Armee sollten Elsaß-Lothringen verteidigen, wo Schlieffen zu Recht einen Angriff der französischen Streitkräfte erwartete. Die starken Grenzfestungen dort sollten gemeinsam mit einer resoluten Verteidigung einen Großteil der französischen Armee beschäftigen.

Die übrigen 5% der Armee sollten Ostpreußen halten. Es wurde erwartet, daß dies ausreichen würde, um Rußland aufzuhalten, bis nach einem schnellen Sieg über Frankreich genug Verstärkung nach Osten verlegt werden könnte, um im nächsten Zug Rußland zu schlagen. Dreh- und Angelpunkt des Plans war eine rasche Mobilisierung und ein schneller Truppentransport per Bahn.

Schlieffen trat 1906 in den Ruhestand, und sein Nachfolger General Helmuth von Moltke änderte den Originalplan ab. Moltke erkannte, daß Rußland schneller als erwartet mobil machen konnte und sah deshalb 15% der Armee für die Verteidigung von Ostpreußen vor. Moltke wollte Elsaß-Lothringen nicht einmal kurzzeitig an Frankreich verlieren und erhöhte die Truppenstärke dort auf 25%. Er war auch um die Industrie im angrenzenden Rheinland besorgt. So blieben nur noch 60% für den Marsch durch Belgien.

Zuletzt entschied Moltke, auch nicht über die Niederlande anzugreifen, da er davon ausging, daß Großbritannien sich für Belgien allein nicht in den Konflikt einmischen würde, wenn die Neutralität der Niederlande gewahrt bliebe. So mußte der geplante Angriff auf viel schmalerer Front stattfinden, als Schlieffen vorgesehen hatte. Außerdem mußten die deutschen Armeen nun die Verteidigungsanlagen bei Lüttich überwinden, die jetzt auf ihrem Weg lagen.

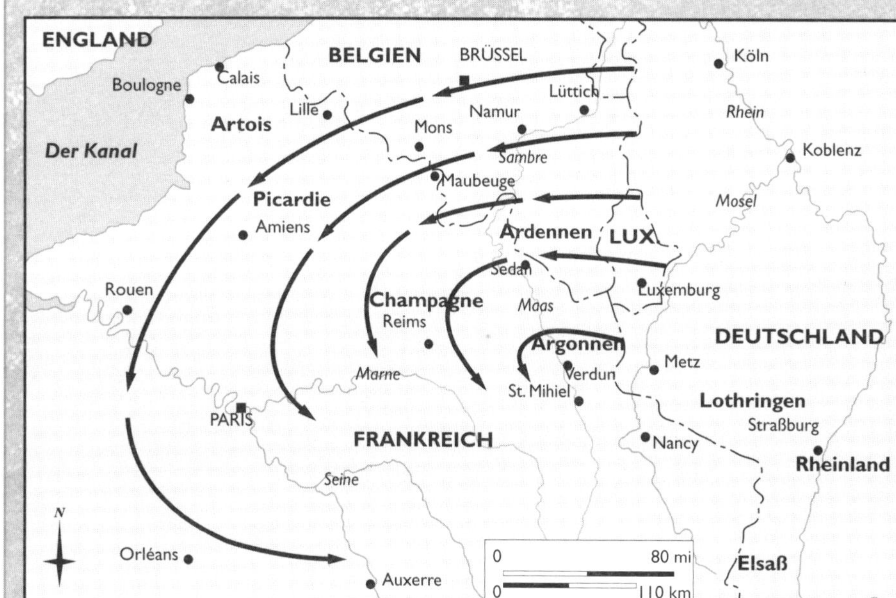

Mombasa. Das deutsche Kriegsschiff, das Daressalam am 31. Juli verlassen hat, soll den britischen Handel auf dem Indischen Ozean unterbrechen. Die Briten schicken Verstärkung gegen das Kaperschiff, und so ist die *Königsberg* gezwungen, am 30. Oktober auf dem Fluß Rufiji in Deutsch-Ostafrika Schutz zu suchen.

STRATEGIE & TAKTIK

FRANKREICHS PLAN XVII

Die größte Demütigung, die Frankreich als Folge des Deutsch-Französischen Krieges erlitten hatte, war der Verlust von Elsaß-Lothringen. Französische Strategen erwarteten, daß sie in der Zukunft wieder mit Deutschland im Krieg liegen würden und entwickelten eine Strategie, um die Region wieder zurückzugewinnen.

Zwischen 1911 und 1914 arbeitete der französische Oberbefehlshaber General Joseph Joffre den Plan XVII aus. Er sah vor, daß sich verschiedene französische Armeen an den Grenzen zu Belgien und der Schweiz sammeln und eine schnelle, vernichtende Attacke nach Elsaß-Lothringen führen sollten. Joffre erkannte durchaus, daß Deutschland die belgische Neutralität verletzen könnte, glaubte aber nicht, daß sie über die Meuse in Nordfrankreich vordringen könnten, ohne sich zu weit zu verstreuen. Zudem hatte Frankreich mit Großbritannien das inoffizielle Arrangement getroffen, daß die Briten jede Lücke an der belgisch-französischen Grenze ausfüllen würden.

Plan XVII hatte zwei große Schwächen. Erstens unterschätzte Joffre die Qualität der deutschen Armee und die Geschwindigkeit ihrer Mobilisierung und Bewegung. Aber genau das war es ja, was ihr im Kriegsfall eine stärkere Frontlinie als Frankreich und einen Durchmarsch durch Belgien ohne größere Streuung erlauben würde.

Die zweite Schwäche lag darin, daß man in Frankreich an die Doktrin des konstanten Angriffs glaubte. Man war überzeugt, daß ein resoluter Angriff jede Verteidigung durchbrechen könne. Einzig der Wille des einfachen Soldaten zum „Angriff bis zum Äußersten" („*offense à l'outrance*") sei dazu nötig. Also konzentrierte sich die französische Ausbildung auf den Angriff und vernachlässigte die Verteidigung. Die deutschen Armeen hingegen übten beides intensiv – und ihre Infanterie war mit mehr Maschinengewehren ausgestattet. Wie Frankreich 1914 erfahren mußte, führen solche resoluten Angriffe angesichts von Maschinengewehrfeuer erst recht zu schweren Verlusten.

6.–7. AUGUST

SEEKRIEG, *MITTELMEER*
Der deutsche Vizeadmiral Wilhelm von Souchon, den Vizeadmiral Sir A. Berkeley-Milne mit zwei Schlachtkreuzern verfolgt, setzt mit seinen Schiffen, der *Goeben* und der *Breslau*, den Kurs durchs Mittelmeer fort. Südwestlich von Griechenland muß er einem von Admiral E. C. Troubridge geführten englischen Geschwader, das seinen Kurs auf die osmanische Hauptstadt Konstantinopel unterbrechen soll, ausweichen.

7. AUGUST

WESTFRONT, *FRANKREICH*
Die 100.000 Mann starke Vorhut des britischen Expeditionskorps erreicht Frankreich. Die Ankunft der gesamten Armee zieht sich über die folgenden Wochen hin. Sie bezieht unter dem Kommando von Feldmarschall Sir John French im Südosten Belgiens vor Mons Stellung.

▼ ***Französische Truppen beobachten mit einem Wachhund die Deutschen bei ihrem Angriff auf Lothringen im August 1914.***

▶ ***Der serbische General Radomir Putnik wehrte trotz zahlenmäßiger Unterlegenheit 1914 die österreichisch-ungarische Invasion ab.***

8. AUGUST

POLITIK, *GROSSBRITANNIEN*
Der gegenwärtige britische Kriegsminister Feldmarschall Sir Herbert Kitchener fordert die Bevölkerung auf, der Armee als Freiwillige beizutreten. Er läßt sich auf einem Rekrutierungs-Werbeposter abbilden, auf dem er mit dem Slogan „Dein Land braucht Dich" auf den Betrachter deutet. Das Poster wird am 5. September zum ersten Mal veröffentlicht. Schon in der ersten Woche treten 175.000 Freiwillige in die Armee ein.

WESTFRONT, *FRANKREICH*
In Abstimmung mit einem Strategieentwurf für einen Krieg gegen Deutschland, dem sogenannten „Plan XVII", geht die französische Elsaß-Armee unter General Paul Pau gegen die von Deutschen besetzte elsässische Stadt Mülhausen

vor. Eine Reihe von Kämpfen entlang der belgisch-französischen Grenze beginnt.

10. AUGUST

POLITIK, *FRANKREICH*
Die Regierung erklärt Österreich-Ungarn den Krieg.

WESTFRONT, *BELGIEN*
Nach dem Beschuß durch 420-mm-Haubitzen fällt das erste der zwölf Lütticher Forts an die deutsche Zweite Armee von General Karl von Bülow.

SEEKRIEG, *MITTELMEER*
Die deutschen Kriegsschiffe *Goeben* und *Breslau* entkommen ihren britischen Verfolgern durch die Dardanellen. Sie lassen sich in die türkische Marine im Schwarzen Meer integrieren. Dieses deutsche „Geschenk" ermutigt die Türkei, ebenfalls in den Krieg einzutreten, zumal türkische Schlachtschiffe, die bei britischen Werften in Auftrag gegeben worden waren, von den Briten bei Kriegsbeginn beschlagnahmt wurden.

12. AUGUST

POLITIK, *GROSSBRITANNIEN*
Die Regierung erklärt Österreich-Ungarn den Krieg.

12.–21. AUGUST

BALKAN, *SERBIEN*
200.000 österreichisch-ungarische Soldaten unter dem Kommando von General Oskar Potiorek marschieren über die Nord- und Nordwestgrenze nach Serbien ein. Obwohl sie zahlenmäßig unterlegen sind, leisten die serbischen Kräfte unter General Radomir Putnik am Jadar so zähen Widerstand, daß Potiorek gezwungen ist, sich am 16. August zurückzuziehen.

14. AUGUST

HEIMATFRONT, *GROSSBRITANNIEN*
Der Schriftsteller H. G. Wells bezeichnet den Konflikt als „Krieg, der alle Kriege beenden wird".

14.–22. AUGUST

WESTFRONT, *FRANKREICH*
Südöstlich von Metz eröffnen die französische Erste Armee unter General Auguste Dubail und die Zweite Armee unter General Noël de Castelnau mit einem Angriff auf Lothringen die „Schlacht der Grenzen".

Die zwei deutschen Armeen ziehen sich langsam zurück, um Zeit zu gewinnen, damit die Verstärkung sie erreichen kann. Der deutsche Gegenangriff am 20. August drängt die Franzosen wieder

Alexander von Kluck und die Zweite Armee unter General Karl von Bülow westwärts über die Maas. Die belgische Armee zieht sich zurück und zerstört dabei alle Brücken auf ihrem Weg.

17.–19. August

OSTFRONT, *OSTPREUSSEN*
Zwei russische Armeen, die Erste geführt von General Pavel Rennenkampf und General Alexander Samsonows Zweite Armee, fallen von Osten und Südosten nach Ostpreußen ein, wo sie auf die weit verstreute, von General Max von Prittwitz kommandierte Achte Armee stoßen. Trotz zahlenmäßiger Unterlegenheit gelingt es der deutschen Armee, den russischen Vormarsch zu verlangsamen – hauptsächlich, weil die russischen Kräfte durch die masurische Seenplatte behindert werden, aber auch weil es den Russen an Ausrüstung mangelt. Am 17. August gelingt es deutschen Truppen, von Rennenkampfs Vorhut in einem Gefecht bei Stallupönen, bei dem sie 3.000 Mann Verlust hinnehmen muß, bis an die ostpreußische Grenze

▲ Russische Einheiten in Polen bereiten sich auf einen Marsch an die Ostfront vor. Obwohl die Armee über 4 Millionen Soldaten verfügte, fehlte es ihr an Munition und Ausrüstung.

zurück. Eine Verteidigungsaktion durch General Ferdinand Fochs XX. Korps im Hochland vor Nancy verhindert eine größere Niederlage.

15. August

POLITIK, *JAPAN*
Japan verlangt, daß Deutschland seine Kolonie am Hafen des chinesischen Tsingtao räumt.

16. August

POLITIK, *DEUTSCHLAND*
Der Österreicher Adolf Hitler tritt als Freiwilliger in die deutsche Armee ein. Er dient während des Krieges an der Westfront als Kurier.
WESTFRONT, *BELGIEN*
Nach Tagen des intensiven Beschusses durch deutsche 420-mm-Haubitzen, der die Befestigungen der Verteidiger in Schutt und Asche legt, ergibt sich die Garnison von Lüttich. Nun drängen die deutsche Erste Armee unter General

▶ Eine deutsche 420-mm Haubitze wird einsatzbereit gemacht. Sie kann ein großes Geschoß über 9.140 m mit einer Flugzeit von 60 Sekunden treffsicher abschießen.

▶ ***Belgische Zivilisten werden von deutschen Soldaten durchsucht. Die deutsche Politik in besetzten Ländern sah körperliche Gewalt und Einschüchterung vor, um jedem Widerstand vorzubeugen.***

zurückzudrängen. Der deutsche Kommandant General Hermann von François zieht sich danach bis Gumbinnen zurück.

18. AUGUST

WESTFRONT, *BELGIEN*
König Albert befiehlt den 75.000 Soldaten der belgischen Armee, sich nach Antwerpen, das selbst eine Garnison von 60.000 Soldaten besitzt, zurückzuziehen. Der Rückzug ist am 20. August vollendet, und die Deutschen stellen knapp 60.000 Soldaten in die befestigte Stadt ab, während der deutsche Hauptkeil auf die belgisch-französische Grenze umschwenkt.

19. AUGUST

WESTFRONT, *BELGIEN*
Deutsche Soldaten erschießen 150 Zivilisten bei Aerschot: einer der vielen – aber oft unbestätigten – Berichte über Grausamkeiten gegenüber der Zivilbevölkerung. Die Deutschen bekennen sich offen zu ihrer Politik des Schreckens, um die Bevölkerung in den besetzten Gebieten einzuschüchtern.

▼ ***Belgische Zivilisten schauen einer deutschen Verstärkungskolonne zu, die sich für den Marsch nach der frisch eroberten Hauptstadt Brüssel vorbereitet.***

20. AUGUST

WESTFRONT, *BELGIEN*
Deutsche Truppen besetzen die belgische Hauptstadt Brüssel.

OSTFRONT, *OSTPREUSSEN*
Bei Gumbinnen stellen sich die Deutschen den langsam vordringenden Truppen von Rennenkampfs, da sie eine Einkesselung befürchten. General Hermann von François, der entschlossener als der zögernde Prittwitz handelt, treibt von Rennenkampf 8 Kilometer zurück – doch andere deutsche Angriffe sind erfolglos. Prittwitz wird von seinem Kommando entbunden und durch den alternden General Paul von Hindenburg ersetzt. Als Hindenburgs Stabschef wird General Erich Ludendorff berufen –

direkt nach seinem Erfolg bei der Eroberung der belgischen Grenzfestungen.

AFRIKA, *KAMERUN*
400 britische Soldaten marschieren aus Nigeria nach Deutsch-Kamerun ein.

LUFTKRIEG, *DEUTSCHLAND*
Das deutsche Oberkommando bittet um Autorisierung des Einsatzes von Langstrecken-Zeppelinen, um London, britische Häfen und einige der wichtigsten Marinebasen anzugreifen.

20.–25. August

WESTFRONT, *BELGIEN*
Die „Schlacht der Grenzen" greift von den bewaldeten Ardennen bis zum Norden von Metz. Zwei französische Armeen, die eilig nach Belgien ziehen, stoßen am 22. August auf zwei deutsche Armeen, die durch Luxemburg und Südostbelgien vorstoßen. Drei Tage erbitterter und verwirrender Kämpfe folgen, bei denen die zahlenmäßig unterlegenen Franzosen die deutschen Angriffe abwehren. Die französischen Verluste sind hoch. Die Dritte Armee unter General Pierre Ruffey wird nahezu aufgerieben, und General Fernand de Langle de Carys Vierte Armee ist schwer angeschlagen.

▲ Eine französische 75-mm-Feldkanone im Einsatz. Durch ihre leichte Konstruktion konnte sie auf dem Gefechtsfeld rasch bewegt werden und ermöglichte so eine schnelle Unterstützung. Sie konnte bis zu 20 Schuß pro Minute abfeuern.

▼ Deutsche Infanteriesoldaten erwarten an der Ostfront ihren Sturmbefehl.

▲ ***Deutsche Truppen während eines Angriffs an der Westfront im französischen Argonne-Sektor.***

Die französischen Armeen werden von den Deutschen auf ihre Stellungen zwischen der Maas und der Marne zurückgetrieben, ihr rechter Flügel reicht bis zu den Befestigungen bei Verdun.

22. AUGUST

OSTFRONT, *OSTPREUSSEN*

Ludendorff übernimmt die Führung der deutschen Truppen, die gegen Rennenkampf und Samsonow kämpfen. Er ordnet die komplette Neuausrichtung seiner Truppen in den Süden der Provinz an (über Straßen- und Schienennetz), um sie gegen Samsonows Zweite Armee zu führen. Eine Kavalleriedivision beläßt er im Norden, um Rennenkampf aufzuhalten. Er plant, Samsonows Truppen zu schlagen, bevor dieser sich mit von Rennenkampf verbinden kann. Ohne Ludendorffs und Hindenburgs Wissen hat Prittwitzs Operationsleiter Oberstleutnant Max Hoffmann bereits mit einem solchen Manöver begonnen.

22.–23. AUGUST

WESTFRONT, *BELGIEN*

Nördlich der Ardennen setzen drei deutsche Armeen ihren Marsch durch Westbelgien fort und wenden sich nach Süden und Südwesten, um nach Frankreich vorzudringen. Im dritten Gefecht der „Schlacht der Grenzen" befiehlt der französische Oberbefehlshaber General

PERSÖNLICHKEITEN

FELDMARSCHALL PAUL VON HINDENBURG

Hindenburg (1847–1934), der 1911 in den Ruhestand versetzt wurde, wurde im August 1914 zurückberufen, um mit seinem Adjutanten General Erich Ludendorff die Achte Armee in Ostpreußen zu führen. Gemeinsam erzielten sie bemerkenswerte Erfolge gegen Rußland in der Schlacht bei Tannenberg und an der masurischen Seenplatte. Hindenburg erhielt daraufhin den Oberbefehl über alle deutschen und österreichisch-ungarischen Armeen an der Ostfront. Später in diesem Jahr wurde er zum Feldmarschall ernannt.

1915 gelangen Hindenburg beachtliche Siege in Polen. Er kritisierte aber später die Verlegung von Teilen seiner Streitkräfte an die Westfront für die Schlacht von Verdun (1916). Am 29. August löste Hindenburg Erich von Falkenhayn als Generalstabschef ab. Wegen der Entscheidungsschwäche Wilhelms II. und des deutschen Parlaments agierten Hindenburg und Ludendorff praktisch als Militärdiktatoren.

Zu den wichtigsten Entscheidungen dieser Zeit zählt Hindenburgs Erklärung des unbegrenzten U-Bootkrieges im Januar 1917. Außerdem leitete er die Verhandlungen mit Rußland für den Vertrag von Brest-Litowsk im folgenden Dezember.

In den letzten Kriegswochen wurde Hindenburg von General Wilhelm von Groener abgelöst. Obwohl er sich bereits vom öffentlichen Leben verabschiedet hatte, kehrte er später wieder zurück, um zwei Amtsperioden lang als Reichspräsident zu amtieren. Am 30. Januar 1933 ernannte er Adolf Hitler zum Reichskanzler. Bis zu seinem Tod am 2. August 1934 hatte er aber keine wirkliche Entscheidungsgewalt mehr.

Hindenburg (links) und Ludendorff (rechts) diskutieren mit Kaiser Wilhelm II. mögliche Strategien.

PERSÖNLICHKEITEN

FELDMARSCHALL SIR JOHN FRENCH

Feldmarschall Sir John French (1852–1925) kommandierte das britische Expeditionskorps vom August 1914 bis zu seiner Ablösung durch General Douglas Haig im September 1915. French hatte sich als Kavalleriekommandant im 2. englischen Burenkrieg (1899–1902) verdient gemacht.

1914 sah sich French mit drängenden Problemen konfrontiert, nicht zuletzt mit dem schnellen und frühen Erfolg der deutschen Armee, der die französisch-britischen Kriegspläne durcheinander brachte, und der Notwendigkeit, das britische Expeditionskorps zu erhalten. Obwohl er unzweifelhaft Charisma und Tapferkeit bewies, war er kein Mensch mit dem man leicht auskommen konnte. French überwarf sich mit General Charles Lanrezac, dem er mangelnde Unterstützung durch dessen Fünfte Armee vorwarf. Er kam auch schlecht mit Lord Kitchener, dem britischen Kriegsminister, aus und verließ sich zu sehr auf General Henry Wilson, seinem stellvertretendem Generalstabschef.

Im März 1915 machte French nach der Schlacht von Neuve-Chapelle die britische Regierung für seinen Mangel an Artilleriemunition verantwortlich. Er entließ General Sir Horace Smith-Dorrien wegen seines Mißerfolgs in der 2. Schlacht von Ypern. Als es French dann nicht gelang, sein Reservekorps während der Schlacht von Loos ins Gefecht zu schicken, wurde er trotz einflußreicher Freunde in Großbritannien entlassen.

▲ ***Eine Menschenmenge kommt in Paris zusammen, um sich im August den Abmarsch der schweren Kavallerie anzusehen.***

Joseph Joffre der Fünften Armee von General Charles Lanrezac, Stellung zwischen Somme und Maas zu beziehen, um den unerwarteten Richtungswechsel der Deutschen zu blockieren.

Die Franzosen kämpfen, um die deutschen Armeen aufzuhalten, erleiden aber inakzeptabel hohe Verluste. Lanrezac erhält von Joffre die Erlaubnis zum Rückzug. Während dieser Schlacht benutzen die Deutschen schwere Haubitzen, um die belgische Garnison von Namur zu zerstören. Die Befestigung wird am 25. August endgültig erobert.

▶ ***Ein einsamer deutscher Posten bewacht am 25. August die Überreste eines der zerschossenen Forts von Namur.***

▲ *Deutsche Infanterie zieht durch einen französischen Wald. Das heiße Wetter und die schwere Ausrüstung machen den Männern schwer zu schaffen.*

◀ *Eine britische Kavallerie-Einheit auf dem Rückmarsch, nachdem sie bei der Schlacht von Mons kurzzeitig den deutschen Angriff verzögert hat.*

23. AUGUST

POLITIK, *JAPAN*
Die Regierung erklärt Deutschland den Krieg und eröffnet drei Tage später die Feindseligkeiten gegen Österreich-Ungarn. Japan weigert sich, in den Krieg in Europa verwickelt zu werden, und konzentriert sich auf den deutschen Hafen in Tsingtao.

WESTFRONT, *BELGIEN*
Bei Mons treffen die britischen Expeditionskorps im letzten Gefecht der „Schlacht der Grenzen" auf die Erste Armee unter General von Kluck. Obwohl sie zahlenmäßig in der Minderheit sind, schlagen sie den deutschen Angriff zurück. Weitere Angriffe der Deutschen drängen die britischen Truppen 5 km zurück. Wegen des Rückzugs von General Lanrezacs Fünfter Armee nach Osten sind auch die Briten gezwungen, einen geordneten Rückzug anzutreten.

Mons bedeutet das Ende der „Schlacht der Grenzen". Dem deutschen Oberbefehlshaber Helmuth von Moltke scheint diese Serie von Kämpfen einen großen Sieg anzukündigen. Die Franzosen haben große Verluste erlitten (knapp 300.000 Mann) und müssen wie auch die Briten einen ungeordneten Rückzug antreten.

Daraufhin ändert Moltke den Schlieffenplan weiter ab. Er befiehlt seinen Truppen in Nordostfrankreich, mit ihrem Feldzug fortzufahren, beordert

23.–24. August

▶ ***Eine deutsche Feldschmiede an der Ostfront.***

aber die Verstärkungstruppen nach Lothringen, um dort einen neuen Angriff durchzuführen. Zwei Korps des wichtigen rechten deutschen Flügels werden außerdem an die Ostfront geschickt, wo die russische Mobilmachung schneller vorangeht als erwartet. Andere Einheiten des rechten Flügels werden nach Antwerpen verlegt, um dort gegen die belgische Armee vorzugehen und um die von Frankreich gehaltene Stadt Mauberge zu belagern.

Moltke schätzt die strategische Situation jedoch falsch ein, vor allem wegen der schlechten Kommunikation mit seinen Kommandanten. Die Truppen des französischen Generals Joseph Joffre bleiben trotz der erlittenen Verluste hoch motiviert, und Joffre, der jetzt die Stellungen der deutschen Armeen kennt, bereitet einen Gegenangriff in Nordostfrankreich vor. Seinen Truppen, die sich im Kontakt mit deutschen Verbänden befinden, befiehlt er, den geordneten Rückzug fortzusetzen, während die Armeen bei Verdun in ihren Stellungen verbleiben, um als Ankerpunkt für die Offensive zu fungieren. Zwei neue Armeen werden ausgehoben, die Sechste Armee unter General Michel Maunoury und die von General Ferdinand Foch befehligte Neunte Armee.

Joffre will die Sechste im Westen fern des rechten Flügels der deutschen Truppen plazieren. Die Neunte wird verlegt, um die Front, die sich den voranmarschierenden deutschen Truppen entgegenstellen soll, nordöstlich von Paris zu verstärken. Aber der Plan wird zunächst durch den deutschen Vormarsch vereitelt, der die britischen und französischen Kräfte weiter südwärts drängt.

23.–24. August

OSTFRONT, *GALIZIEN*

Während die deutschen Truppen sich darauf vorbereiten, die Russen in Ostpreußen anzugreifen, startet Österreich-Ungarn über Lemberg in seiner Provinz

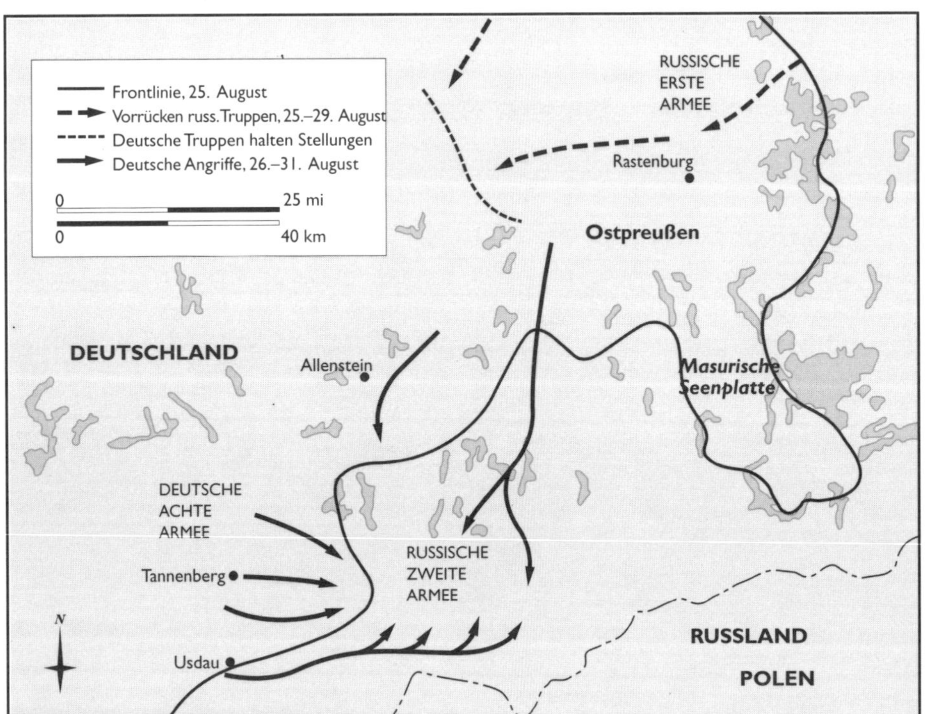

▼ ***Der deutsche Sieg bei Tannenberg kostet Rußland 125.000 Mann und 500 Kanonen. Die deutschen Verluste belaufen sich auf 15.000.***

Galizien eine Offensive gegen das russisch kontrollierte Polen. Zum vom österreichisch-ungarischen Oberbefehlshaber General Franz Conrad von Hötzendorf überwachten Plan gehört die Bewegung dreier Armeen auf einer 320 km breiten Front. Ihre Augabe ist die Zerschlagung der vier Armeen aus General Nikolaj Iwanows russischer Südwestgruppe, die südwestlich der ausgedehnten Pripjatsümpfe stationiert ist. Der österreichisch-ungarische Hauptangriff verläuft zunächst gut; die russische Vierte Armee wird in der Schlacht bei Krasnik zurückgeworfen.

24. AUGUST

OSTFRONT, *OSTPREUSSEN*
Deutsche Truppen verzögern erfolgreich Samsonows Vorankommen im Süden Ostpreußens durch einen Kampf bei Orlau-Frankenberg, der den ganzen Tag andauert. Dadurch ermöglichen sie es anderen deutschen Verbänden, sich bei Tannenberg für ihr weiteres Vorgehen gegen General Samsonow zu sammeln. Das russische Oberkommando bemerkt nicht, daß sein uncodierter Funkverkehr von den Deutschen abgehört wird, weshalb diese detailliert über die Stärke, Aufstellung und die Pläne der russischen Truppen informiert sind.

25.–27. AUGUST

WESTFRONT, *FRANKREICH*
Die britischen Expeditionskorps ziehen sich weiterhin durch Nordostfrankreich zurück und befinden sich dabei fast ständig in Nachhutgefechten mit General Alexander von Klucks Erster Armee. Bei Le Cateau kämpft das II. britische Korps mit knapp 40.000 Mann gegen die deutschen Truppen, die es zu umgehen versuchen. Es gelingt ihnen, das zu verhindern, doch verlieren sie dabei fast 8.000 Soldaten.

26. AUGUST

AFRIKA, *TOGO*
Einer britisch-französischen Expedition gelingt in der deutschen Kolonie Togo in Westafrika ein entscheidender Sieg, der die deutsche Präsenz in Togo beendet.

26.–31. AUGUST

OSTFRONT, *OSTPREUSSEN*
Die deutsche Armee führt außerhalb von Tannenberg einen Schlag aus Norden, Süden und sogar aus dem Zentrum gegen Samsonows Zweite Armee aus. Bei Einbruch der Nacht zum 29. August ist Samsonow eingekesselt. Sein Selbstmord noch in derselben Nacht bleibt unbestätigt. Versuche Rennenkampfs, den belagerten Truppen aus dem Norden zur Hilfe zu kommen, verlaufen im Sande. Tannenberg bedeutet für Deutschland einen großen Sieg. Die russischen Verluste sind enorm, die russi-

▼ Ein Teil der insgesamt 90.000 russischen Kriegsgefangenen nach der Schlacht von Tannenberg, steht im frühen September für ihre Feldration Schlange.

PERSÖNLICHKEITEN

GENERAL JOSEPH JOFFRE

Marschall Joseph Joffre (1852–1931) war seit 1911 Chef des französischen Generalstabs, bis er dann im Dezember 1916 von General Robert Nivelle abglöst wurde und sich aus dem Kriegsgeschehen zurückzog. Joffre (oben links) war ein methodisch vorgehender Offizier. Der Stopp der Deutschen 1914, als Joffre Verbände der rechten Flanke schnell zur bedrohten linken an der Marne gezogen hatte, ging auf sein Konto.

Joffre war bekannt für seine Besonnenheit und bei den französischen Truppen sehr beliebt, die ihn „Papa Joffre" nannten. Doch den Anforderungen des Grabenkrieges war er trotz seiner Vergangenheit als Pionier nicht gewachsen.

Joffre konnte sich nicht auf die Gegebenheiten des Grabenkrieges einstellen. Stets warf man ihm vor, für seine Angriffe die falschen Orte zu wählen, vor allem bei Loos an der Somme (September 1914 und 1916), was zu britischen Fehlschlägen geführt hatte und das Verhältnis der Alliierten deutlich trübte. Obwohl er zu Beginn der Schlacht von Verdun bemerkenswertes Können bewies, wurde ihm doch 1916 die Schuld für die schlechte Stadtverteidigung während des deutschen Angriffs gegeben. So ging der Ruhm für die Erfolge in der Schlacht an die Generäle Henri-Philippe Pétain und Nivelle, Joffres Nachfolger.

sche Invasion in Ostpreußen wurde effektiv zurückgedrängt und das Vertrauen Großbritanniens und Frankreichs in ihre Alliierten an der Ostfront durch die vernichtende Niederlage schwer erschüttert.

26. August–1. September

OSTFRONT, *GALIZIEN*
Die österreichisch-ungarische Offensive auf breiter Front gegen die vier Armeen von General Nikolaj Iwanows russischer Südwestgruppe in Polen verläuft mit wechselhaften Ergebnissen. In der Schlacht von Zamosc-Komarów drängt die österreichisch-ungarische Vierte Armee die russische zurück. Aber zwei russische Armeen, die Dritte und die Achte, führen mit dem Gefecht bei Gnila Lipa einen Schlag gegen die österreichisch-ungarische Dritte Armee und zwingen sie bis Lemberg, dem Ausgangsort des österreichisch-ungarischen Angriffs, zurück.

▲ *Französische Kavallerie auf dem Marsch während der Aufstellung für die Entscheidungsschlacht an der Marne im späten August 1914.*

▶ *Der deutsche General Liman von Sanders.*

27. August

POLITIK, *TÜRKEI*
Der deutsche General Liman von Sanders wird zum Kommandanten der türkischen Ersten Armee ernannt.

28. August

SEEKRIEG, *NORDSEE*
Britische Kreuzer machen einen Ausfall in deutsche Gewässer, um Teile der deutschen Hochseeflotte in ein ungleiches Gefecht zu verwickeln und um zu verhindern, daß deutsche Kriegsschiffe die britischen Verstärkungskonvois für die Expeditionskorps in Frankreich, über den Kanal angreifen. Der Kampf, auch als die Schlacht in der Helgoländer Bucht bekannt, beginnt um 07.00 Uhr.

Britische leichte Kreuzer und Zerstörer unter Kommodore Tyrwhitt erzielen mit einem Überraschungsangriff gegen deutsche Torpedoboote einen Sieg. Aber die Deutschen erholen sich schnell, und ihre mächtigeren Kriegsschiffe verlassen ihre Ankerplätze auf der Jade, um die Briten anzugreifen. Anfangs sieht es so aus, als ob sie den britischen Schiffen schwere Verluste zufügen würden, aber die plötzliche eintreffende Verstärkung, hauptsächlich fünf Schlachtschiffe unter Admiral Sir David Beatty, deckt den Rückzug der britischen Kräfte.

Das Gefecht wird von den Briten, da keines ihrer Schiffe sinkt, als klarer Erfolg gewertet, aber ihre Euphorie soll vor allem eigene Fehler vertuschen, besonders bei der Planung und Ausführung von komplexen Marineoperationen. Dieser britische Raubzug erschüttert die Moral des deutschen Oberkommandos. Kaiser Wilhelm II. spricht seinen Marinekommandeuren gegenüber die Warnung aus, daß sich die Hochseeflotte, die ohnehin schon zahlenmäßig der britischen unterlegen ist, solche Verluste (3 Schiffe sanken) nicht leisten könne. Pläne, die Hochseeflotte im großen Rahmen für Angriffsoperationen in der Nordsee zu nutzen, werden verworfen.

▲ ***Eine von Pferden gezogene, deutsche Feldartillerie-Batterie bei ihrer Verlegung.***

29. AUGUST–2. SEPTEMBER

WESTFRONT, *FRANKREICH*

General Joseph Joffre, der französische Oberbefehlshaber, befiehlt seiner Fünften Armee einen Flankenangriff gegen die deutsche Erste Armee bei Guise, um etwas Druck von den britischen Expeditionskorps im Westen zu nehmen. Der

▼ ***Deutsche Soldaten halten das angeschlagene Tempo beim Vorrücken nach Nordfrankreich durch.***

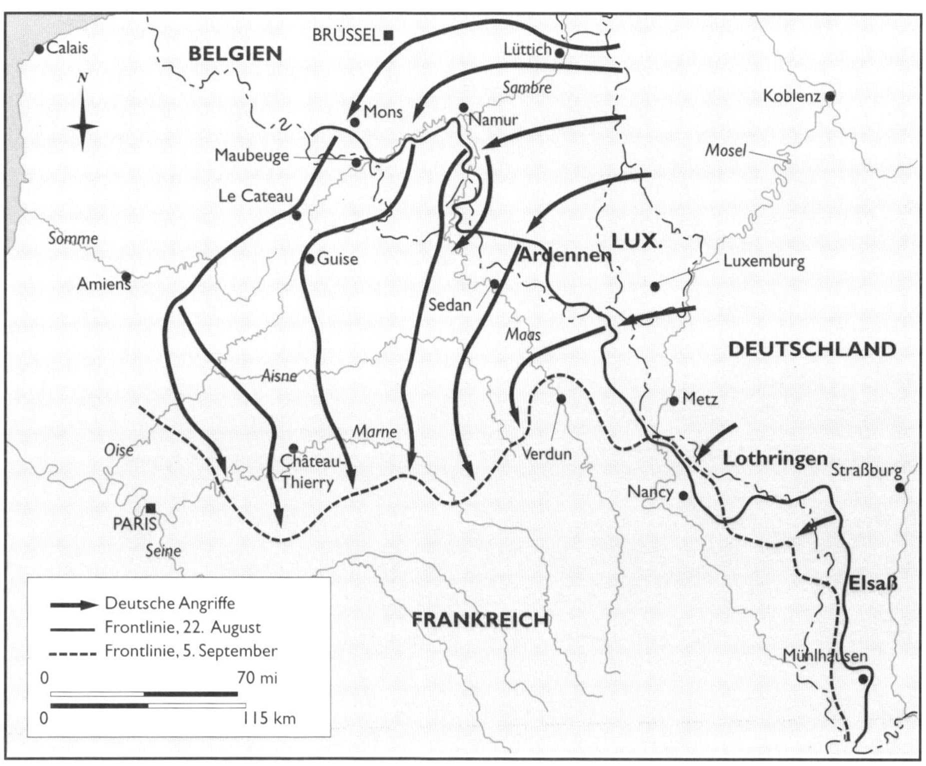

▼ ***Der Vormarsch der deutschen Armee durch Belgien und Nordfrankreich von August bis September 1914. Das kühne Vorrücken kommt in der Schlacht an der Marne zum Halten.***

WAFFEN

DIE FRANZÖSISCHE „75ER"

Die 75-mm-Feldkanone 1897 hatte ein revolutionäres Design. Ihr Erfolg lag in dem langen Rohrrücklauf, durch den sie schneller und treffsicherer feuern konnte. Um die Kanone abzufeuern, mußte der Verschlußwart nur den Verschluß öffnen, ein Geschoß einführen und dann den Verschluß mit einer schnellen Drehbewegung verschließen.

Nach dem Schuß wurde die 75er nicht wie die älteren Modelle durch den Rückstoß zurückgeworfen, sondern blieb still auf der Stelle stehen. Nur das Rohr selbst rutschte in seinem Lager um 1,2 m zurück und glitt dann wieder in seine Ausgangsposition. Der Verschlußwart konnte schnell den Verschluß öffnen, wobei die alte Hülse automatisch ausgeworfen wurde, und sie sofort wieder laden.

Die militärischen Vorteile dieses Systems lagen auf der Hand. Die Kanonenschützen mußten nun nach dem Schuß nicht mehr wie bei älteren Modellen zur Seite springen. Daher waren sie auch schneller in der Lage, die Kanone wieder zu laden. Außerdem blieb die Kanone auf der Stelle stehen und verlor so nicht weiter nach jedem Schuß ihr Ziel. Die „75er" konnte sechs Schuß pro Minute, im Extremfall sogar bis zu 20 Schuß abgeben, und das bei einer Treffsicherheit bis 6.900 m.

Eine französische 75-mm-Feldkanone bei maximalem Rückstoß. Die Schützen stehen zum sofortigen Nachladen bereit.

▲ *Österreichisch-ungarische Gefangene werden von russischen Soldaten nach ihrer Niederlage in Polen in die Gefangenschaft geführt.*

Angriff macht kaum Fortschritte, aber dem I. Korps der Fünften Armee unter General Louis Franchet gelingt es, den Vormarsch der Zweiten deutschen Armee unter General von Bülow zeitweise zu stoppen.

Bülow ruft nun den Kommandanten der Ersten deutschen Armee, Alexander von Kluck, zu Hilfe. Klucks Befehle lauten, in den Westen von Paris vorzurücken, doch jede Unterstützung für Bülow würde seine Truppen in den Osten der Hauptstadt verlagern. Kluck glaubt, daß die britischen Truppen komplett besiegt seien und es keine nennenswerten feindlichen Truppen mehr gäbe, die seine entblößte rechte Flanke bedrohen würden (ihm ist entgangen, daß sich die neu ausgehobene Sechste französische Armee nördlich von Paris sammelt). Kluck kann den Chef des deutschen Generalstabs Moltke nicht erreichen, um die Lage zu klären, und so verlegt er seine Truppen auf eigene Initiative, um Bülow zu unterstützen. Am 2. September erstreckt sich seine Armee von der Marne bei Château-Thierry bis zur Oise.

Dank der Luftaufklärung wird General Joseph Joffre auf Klucks Richtungsänderung aufmerksam und ändert seine Pläne auf eine massive Gegenoffensive entlang der Marne durch französische und britische Verbände.

30. AUGUST

LUFTKRIEG, *FRANKREICH*

Paris ist die erste Hauptstadt, die aus der Luft bombardiert wird. Ein deutscher Taube-Eindecker wirft vier kleine Bomben und Propagandaflugblätter ab.

3.–11. SEPTEMBER

OSTFRONT, *GALIZIEN*

Die österreichisch-ungarische Polen-Offensive erleidet weitere Rückschläge. Der russischen Armee gelingt es, in der Schlacht bei Rava Ruska einen Keil zwischen die Erste und Fünfte Armee zu treiben. Der Angriff zwingt Österreich-Ungarn, seine Basis in Lemberg zu verlassen und sich über 160 km bis in die Karpaten zurückzuziehen. Mit Ausnahme der Festung Przemysl kontrolliert Rußland jetzt ganz Galizien.

Das Vertrauen Deutschlands in seinen Verbündeten, dessen Kräfte im Galizien-Feldzug einen Verlust von 350.000 Mann (Tote oder Gefangene) hinnehmen müssen, ist schwer erschüttert. Die österreichisch-ungarischen Truppen sind definitiv nicht in der Lage, einen modernen Krieg zu führen. Außerdem wird klar, daß Rußland weitere Angriffe vorbereitet und Österreich-Ungarn nur durch in-

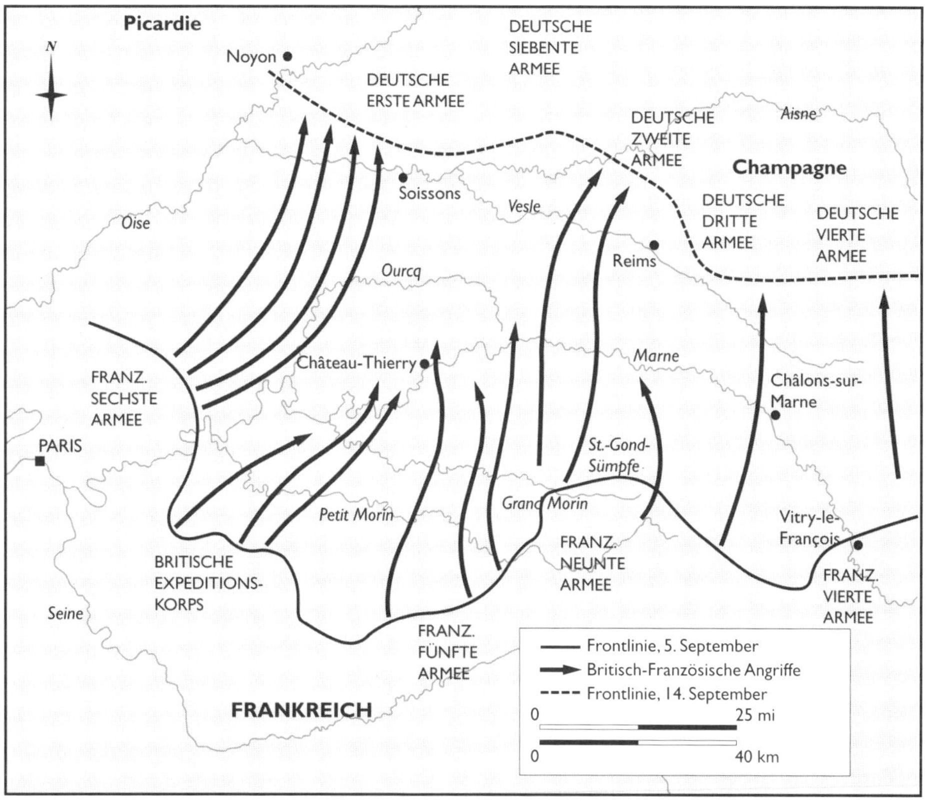

▲ ***Der erfolgreiche britisch-französische Angriff entlang der Marne erweiterte die Lücke zwischen den deutschen Armeen.***

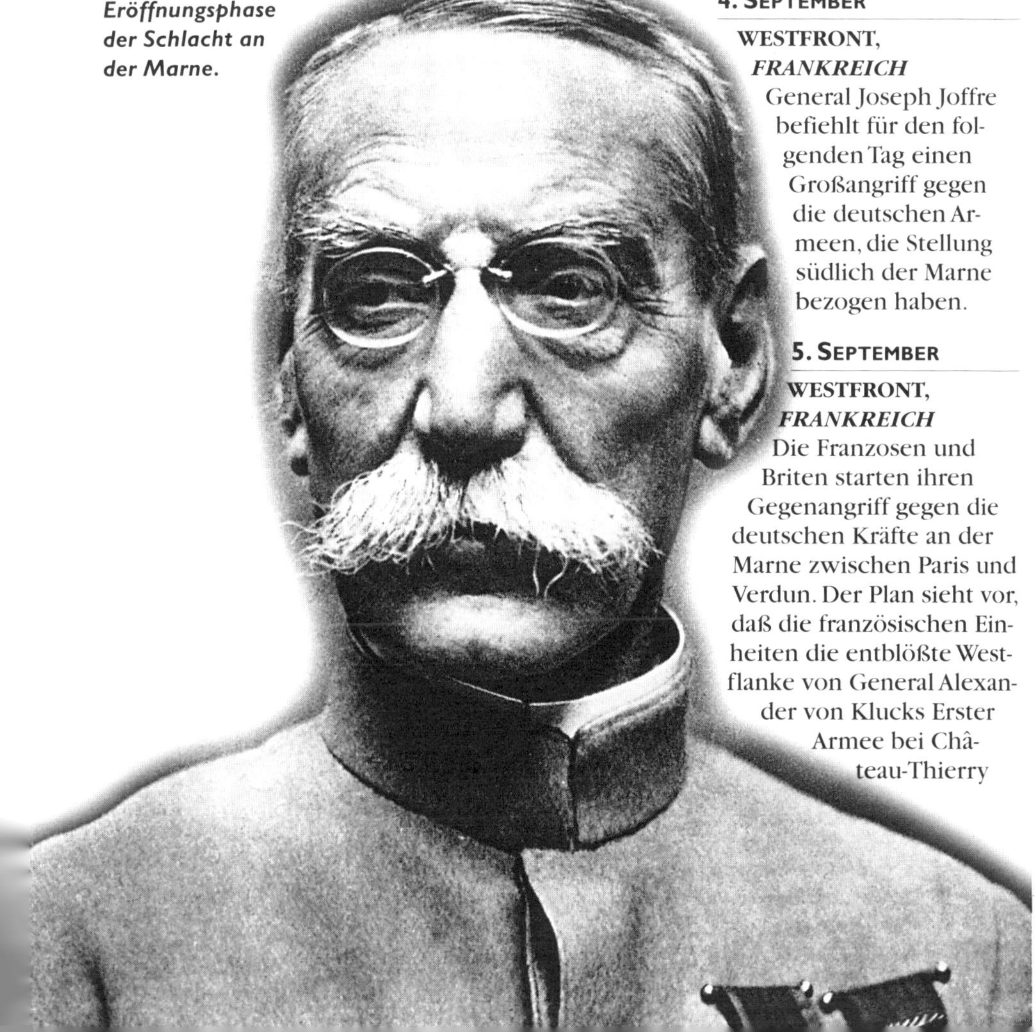

▼ ***Der französische General Joseph Galliéni befehligt die Sechste Armee in der Eröffnungsphase der Schlacht an der Marne.***

tensive militärische Unterstützung Deutschlands bestehen kann.

4. SEPTEMBER

WESTFRONT, *FRANKREICH*

General Joseph Joffre befiehlt für den folgenden Tag einen Großangriff gegen die deutschen Armeen, die Stellung südlich der Marne bezogen haben.

5. SEPTEMBER

WESTFRONT, *FRANKREICH*

Die Franzosen und Briten starten ihren Gegenangriff gegen die deutschen Kräfte an der Marne zwischen Paris und Verdun. Der Plan sieht vor, daß die französischen Einheiten die entblößte Westflanke von General Alexander von Klucks Erster Armee bei Château-Thierry (östlich von Paris) angreifen, während die britischen Truppen in die Lücke zwischen von Klucks und von Bülows Einheiten vorstoßen. Diese Offensive, die Schlacht an der Marne, besteht aus sechs Phasen.

5.–9. SEPTEMBER

WESTFRONT, *FRANKREICH*

Die erste Phase der Marne-Offensive, auch als Schlacht an der Ourcq bekannt, sieht vor, daß die französische Sechste Armee, die zu dieser Zeit dem Pariser Militärgouverneur General Joseph Galliéni untersteht, östlich von Paris einen Angriff gegen von Klucks rechte Flanke führt. Diese kann einer Einkesselung nur dank der aggressiven Erwiderung des französischen Schlages durch den zuständigen Kommandanten General Hans von Gronau verhindern.

Kluck denkt trotz allem, es habe sich nur um eine französische Verwirrungstaktik gehandelt und schickt dem bedrängten von Gronau nur wenig Verstärkung. Die restliche Erste Armee drängt weiter nach Süden vor. Am 7. September erkennt von Kluck, daß er es mit dem französischen Hauptangriff zu tun hat.

Er setzt sofort wieder mit seiner Armee über die Marne über und zieht west-

▲ ***Ein französischer Priester beobachtet eine Soldatenkolonne, die in der Eröffnungsphase des erfolgreichen Marne-Gegenangriffs an die Front marschiert.***

wärts, um sich der französischen Sechsten Armee, nun unter General Michel Maunoury, zu stellen. Den Deutschen glücken einige Angriffe und sogar fast ein Sieg über Maunoury. Doch Galliéni kann die Angriffe abwehren, indem er die dringend benötigte Verstärkung mit Taxis aus Paris bringen läßt.

6.–10. September

WESTFRONT, *FRANKREICH*

Während die Schlacht an der Ourc wütet, bewegen sich die britischen Expeditionskorps langsam in die Lücke, die zwischen von Klucks Erster und von Bülows Zweiter Armee entstanden ist. Die französische Fünfte Armee, jetzt unter General Louis Franchet d'Esperey, drängt sich ebenfalls in die Lücke und schwingt nach Osten um, wo sie die rechte Flanke der deutschen Zweiten Armee angreift. Nach harten Kämpfen zieht von Bülow seine rechte Flanke um 9 km zurück und richtet sie westwärts aus. Dies erweitert die Lücke zu von Kluck noch weiter. Mittlerweile ziehen die Engländer weiter nordwärts, überqueren die Marne am 9. September und kommen der Rückseite von Klucks Erster Armee immer näher.

Während diese Schlacht tobt, greift die Neunte Armee von General Ferdinand Foch die linke Flanke der Zweiten Armee unter von Bülow an. Gleichzeitig bedrängen Teile der Dritten deutschen Armee Fochs rechten Flügel.

Seine Truppen treffen auf großen Widerstand und müssen sich zurückziehen. Trotz wiederholter Angriffe gelingt es den Deutschen nicht, durch Fochs Front zu brechen. Foch telegrafiert an Joffre: „Meine Mitte fällt zurück. Meine Rechte weicht. Lage ausgezeichnet. Ich greife an!“ Dieser Angriff, die Schlacht bei St. Gond, endet am 8. September.

Östlich von Foch findet das fünfte Gefecht der Marne-Offensive, das Gefecht bei Vitry-le-François, zwischen General Langle de Carys Vierter und Herzog Albrecht von Württemburgs Vierter Armee (unterstützt von Teilen der Dritten) statt. Der französische Angriff am 6. September wird schnell gekontert. Drei Tage

◀ *Britische Offiziere beobachten, wie eine französische Feldkanone (daneben der Munitionswagen) einsatzbereit gemacht wird.*

lang laufen die deutschen Truppen gegen die französische Front an.

Den Abschluß von Joffres Plan stellt eine Offensive durch seine Dritte Armee, inzwischen unter General Maurice Sarrail, dar. Sarrail greift die Fünfte Armee des deutschen Kronprinzen am 6. September in den Ardennenwäldern bei Revigny (nördlich von Verdun) an, gerade als die deutschen Truppen ihren eigenen Angriff starten. Obwohl die deutschen Truppen nach erbitterten Gefechten Sarrails Truppen fast von hinten durchbrechen, halten die Franzosen stand.

Im Gegensatz zu früheren Plänen findet ebenfalls ein Gefecht zwischen der französischen Ersten und Zweiten Armee und der deutschen Sechsten und Siebenten Armee südöstlich von Verdun in Elsaß-Lothringen statt. Die deutschen Truppen versuchen, ihren Vormarsch mit Angriffen, die am 4. September beginnen, voranzutreiben, aber die französischen Armeen bieten Widerstand. Die Deutschen beenden ihren Angriff am 10. September.

▲ *Französische Soldaten eskortieren einige der 29.000 deutschen Kriegsgefangenen nach der Schlacht an der Marne.*

▼ *Britische Truppen geraten in der Schlacht an der Marne in deutsches Artilleriefeuer.*

7.–17. SEPTEMBER

BALKAN, *SERBIEN*

Die österreichisch-ungarischen Truppen, die unter General Oskar Potioreks Befehl stehen, beginnen mit einer zweiten Invasion in serbisches Gebiet. Sie errichten eine Anzahl von Stellungen entlang der Drina, die wiederholt von serbischen Truppen unter General Radomir Putniks Befehl angegriffen werden. Nach 10 Tagen intensiver Kämpfe läßt Putnik seine erschöpften Truppen in Stellungen um Belgrad zurückziehen, da ihnen die Versorgungsgüter ausgehen, und beendet somit die Kämpfe an der Drina.

8. SEPTEMBER

WESTFRONT, *FRANKREICH*

Während die Schlacht an der Marne noch wütet, schickt der Chef des deutschen Generalstabs, General Helmuth von Moltke, den Oberstleutnant Richard Hentsch als Assistenten zu von Bülows umkämpfter Zweiter Armee. Hentsch kommt am 8. September an und findet von Bülow in schwerer Bedrängnis durch französische Verbände vor. Seine rechte Flanke ist bedroht, und er plant, sich zurückzuziehen. Hentsch wird außerdem darüber informiert, daß die britischen Expeditionskorps mittlerweile von hinten zu General Alexander von Klucks Erster Armee vordringen.

9. SEPTEMBER

WESTFRONT, *FRANKREICH*

Oberstleutnant Hentsch bestimmt mit von Bülow, daß sich die Zweite Armee zurückziehen soll und befiehlt später auch der Ersten Armee den Rückzug aus dem Osten von Paris. Moltke bestätigt diese Bewegungen und befiehlt auch seinen Armeen einen Hauptrückzug bis zu einer Linie, die von Noyon an der Oise bis nach Verdun reicht. Die Bewegung wird in fünf Tagen vollendet und beendet die Schlacht an der Marne. Obwohl von einer endgültigen Niederlage noch weit entfernt, hat dieser strategische Fehlschlag doch schwerwiegende Konsequenzen für die Deutschen. Der ursprüngliche Schlieffenplan basierte auf einem einzigen Siegeszug über Frankreich innerhalb der ersten Kriegswochen. Die Niederlage nach der Schlacht an der Marne hat diesen Plan

▶ General Erich von Falkenhayn wird am 14. September zum Chef des Generalstabs ernannt.

▲ Köche bereiten in einer kleinen Feldküche in Ostpreußen an der Ostfront das Essen für die deutschen Truppen zu.

▼ Britische Soldaten gehen an einem französischen Straßenrand während des „Wettlaufs zum Meer" in Deckung.

zunichte gemacht. Von Moltkes abgeänderter Schlieffenplan und sein Fehlschlag läßt den Alptraum, den er verhindern sollte, wahr werden. Von nun an befindet sich Deutschland in einem Zweifrontenkrieg.

WESTFRONT, *BELGIEN*
König Albert greift die deutschen Truppen vor Antwerpen an. Der belgische Ausfall erfüllt Kaiser Wilhelm II. so mit Sorge, daß er befiehlt, den Hafen sofort einzunehmen. Während der nächsten paar Wochen bedrohen deutsche Verstärkungen und großkalibrige Haubitzen die Garnison trotz Verstärkung durch britische Marineinfanterie.

9.–14. SEPTEMBER

OSTFRONT, *OSTPREUSSEN*
Um den Sieg über die russische Armee bei Tannenberg auszunutzen, führt die deutsche Armee einen Schnellschlag gegen von Rennenkampfs russische Erste Armee an der Masurischen Seenplatte durch. Sie versuchen erneut, die russische Armee zu umgehen, aber von Rennenkampf führt einen erfolgreichen Gegenschlag, der seinen umkämpften Truppen die Flucht erlaubt. Trotz des Gegenschlags ist die Aktion ein voller Erfolg für die Deutschen. Zusätzlich zu dem Verlust von 150 Artilleriegeschützen und 50% Ausrüstung, verliert Rußland 125.000 Soldaten (Tote, Verwundete oder Gefangene). Die deutschen Verluste belaufen sich auf 40.000 Mann.

▲ ***Eine deutsche Transportkolonne zieht bei der Abwehr einer russischen Attacke auf die wichtige deutsche Industrieregion Schlesien nach Galizien ein.***

14. SEPTEMBER

POLITIK, *DEUTSCHLAND*
General Helmuth von Moltke trägt die Konsequenzen für den Fehlschlag des Schlieffenplans und die Niederlage an der Marne. Er wird entlassen und durch General Erich von Falkenhayn als Generalstabschef ersetzt.

15.–18. SEPTEMBER

WESTFRONT, *FRANKREICH*
Um den Erfolg an der Marne auszunutzen, befiehlt Joffre den englischen und französischen Armeen, die sich zurückziehenden deutschen Armeen in der Schlacht an der Aisne anzugreifen. Die Briten stoßen in der Hügelkette bei Soissons vor. Sie treffen auf verbissenen Widerstand. Joffre beendet die Offensive.

Beide Seiten versuchen, in die gegnerische Flanke zu fallen – die deutschen Truppen greifen die Briten und Franzosen von links an, während diese ihrerseits gegen die rechte deutsche Flanke vorgehen. Es folgt eine Reihe ähnlicher Drehbewegungen, die die Kontrahenten immer dichter an die Nordsee bringen. Diese Begegnungen bezeichnet man auch als den „Wettlauf zum Meer".

17. SEPTEMBER

POLITIK, *AUSTRALIEN*
Premierminister Andrew Fisher erklärt, daß Australien Großbritannien „bis auf den letzten Mann und den letzten Shilling" unterstützen wird.

17.–27. SEPTEMBER

OSTFRONT, *GALIZIEN*
Nachdem die russische Gefahr in Ostpreußen gebannt ist, verlegen die Generäle von Hindenburg und Ludendorff ihre Armeen zur Unterstützung der geschwächten österreichisch-ungarischen Truppen nach Galizien.

Sie vermuten zu Recht, daß Rußland einen Schlag gegen Schlesien, eines der deutschen Bergbau- und Industriezentren, plant. Der Transport per Bahn ist schnell und erlaubt bei Krakau die Aushebung der neuen Neunten Armee unter Hindenburgs persönlichem Kommando.

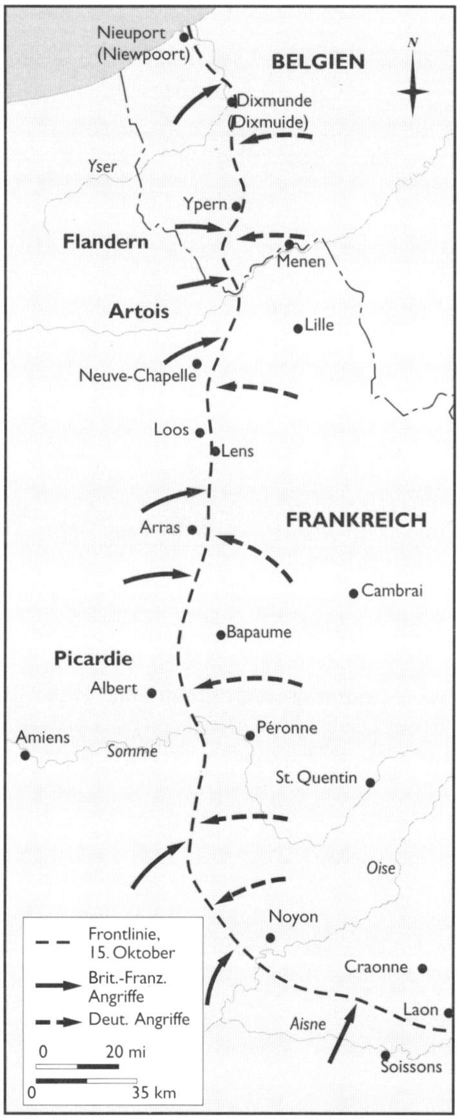

◀ Der „Wettlauf zum Meer" durch Nordfrankreich und Flandern findet zwischen September und Oktober statt. Keine Seite kann sich einen Vorteil verschaffen.

▼ Britische Infanterie marschiert nach Norden, um die offene deutsche rechte Flanke an der Westfront anzugreifen.

22. SEPTEMBER

SEEKRIEG, *NORDSEE*
Die Versenkung der Kreuzer *Aboukir*, *Hogue* und *Cressy* vor der niederländischen Küste durch das deutsche U-Boot *U-9* ist ein schwerer Schlag für die britische Moral. Der Verlust beträgt mehr als 1.400 Menschenleben.

SEEKRIEG, *INDISCHER OZEAN*
Der deutsche leichte Kreuzer *Emden* unter Kapitän Karl von Müller bombardiert die britische Ölraffinerie von Madras, Indien. Die *Emden* ist vom 22. August bis zu ihrer Versenkung durch den australischen Kreuzer *Sidney* am 9. November

vor den Kokos-Inseln im Indischen Ozean im Einsatz.

LUFTKRIEG, *DEUTSCHLAND*
Die Briten starten ihren ersten Luftangriff auf Deutschland. Vier Bomber des Royal Naval Air Service werfen Bomben auf Zeppelinhallen bei Köln und Düsseldorf.

22.–24. SEPTEMBER

WESTFRONT, *FRANKREICH*
Deutsche Angriffe gegen die befestigte Stadt Verdun werden abgewehrt, aber die französischen Truppen müssen sich von der deutschen Frontspitze bei St. Mihiel, die Deutschland bis 1918 halten wird, zurückziehen.

◀ Französische Kavallerie- und Infanterieoffiziere beobachten den Kampfverlauf beim Gefecht an der Aisne im September.

▶ Belgische Soldaten überwachen die Sprengung einer Eisenbahnbrücke, um den deutschen Vormarsch zu verlangsamen.

▼ Deutsche Infanteriesoldaten warten in offener Formation auf den Angriffsbefehl, damit die Verluste durch feindliches Gewehrfeuer gering bleiben.

22.–26. SEPTEMBER

WESTFRONT, *FRANKREICH*
Die Schlacht von Picardie besteht aus Flankenangriffen der Deutschen und Franzosen. Das Gefecht ist heftig und die Verluste auf beiden Seiten schwer. Niemand erlangt einen Vorteil, und die Offensive, Teil des „Wettlaufs zum Meer", bringt nur eine Verbreiterung der Front nordwärts über die Somme in Richtung Péronne und Albert.

27. SEPTEMBER–10. OKTOBER

WESTFRONT, *FRANKREICH*
Der „Wettlauf zum Meer" setzt sich mit der Schlacht bei Artois fort. Falkenhayn befiehlt seinen endlich verstärkten Truppen, die linke Flanke der gegnerischen

▲ *Australische Infanterie bei der Einschiffung für ihren Transport an die Westfront in Melbourne.*

◀ *Österreichisch-ungarische Truppen, von schweren Maschinengewehren gedeckt, in Galizien beim Sturm im Oktober gegen russische Einheiten.*

Truppen anzugreifen. Aber Joffre zieht Truppen von seiner äußersten Rechten und aus anderen Teilen Frankreichs zusammen, um den Angriff abzuwehren. Wieder wird als Ergebnis nur die Frontlinie ausgedehnt, jetzt bis an die Lys im französisch-belgischen Grenzgebiet. In den nächsten Tagen sammeln sich die britischen Expeditionskorps, um sich

▶ *Deutsche Kriegsgefangene werden von britischen Eskorten ins Hinterland gebracht. Als sich das Jahr 1914 dem Ende neigt, beenden Erschöpfung, schwere Verluste und schlechtes Wetter die Kämpfe an der Westfront.*

auf den Höhepunkt des „Wettlaufs" vorzubereiten.

28. SEPTEMBER–1. NOVEMBER

OSTFRONT, *GALIZIEN*

Obwohl Hindenburgs 19 deutschen Divisionen 60 russische gegenüberstehen, greift seine Neunte Armee die russischen Truppen westlich der Vistula an und erreicht den Fluß südlich der polnischen Hauptstadt Warschau am 9. Oktober. Angesichts des russischen Widerstandes wird die Offensive nach drei Tagen beendet.

Hindenburg, der die russischen Pläne einer Invasion von Schlesien gestört hat, beginnt am 17. Oktober einen vorsichtigen geordneten Rückzug. Südlich von Hindenburgs Armee gelingen auch den österreichisch-ungarischen Truppen einige Fortschritte, bevor sie zum Rückzug gezwungen werden.

Am 1. November wird Hindenburg zum Oberbefehlshaber über die Ostfront befördert, aber ihm wird erklärt, daß er wegen des Bedarfes an der Westfront nicht auf Verstärkung rechnen kann. Trotz allem plant er einen Präventivschlag in der Gegend um Lodz.

6. OKTOBER

WESTFRONT, *BELGIEN*

Die belgischen Verteidiger von Antwerpen stehen kurz davor, komplett abgeschnitten zu werden. Man einigt sich auf eine Evakuierung der Überreste des belgischen Heeres. Die Evakuierung dauert bis zum 8. Oktober, und die geflohenen Truppen landen zwischen Seebrügge und Ostende. Antwerpen ergibt sich am 10. Oktober.

11. OKTOBER

MITTLERER OSTEN, *TÜRKEI*

Der Kommandant der türkischen Dritten Armee berichtet, daß Armenier desertieren und Armenien von Rußland Waffen erhält.

▼ *Ganze Landstriche werden in Belgien überflutet, um den deutschen Vormarsch gegen die von den Briten benutzten Kanalhäfen aufzuhalten.*

13. OKTOBER

HEIMATFRONT, *GROSSBRITANNIEN*

Die ersten kanadischen Truppen landen in Plymouth.

16. OKTOBER

HEIMATFRONT, *NEUSEELAND*

Nach Ankunft einer stärkeren Marineeskorte brechen die neuseeländischen Expeditionskorps von Wellington aus nach Europa auf.

17. Oktober

17. Oktober

HEIMATFRONT, *AUSTRALIEN*
Ca. 20.000 Soldaten schiffen sich ein, um an der Westfront zu kämpfen.

18.–28. Oktober

WESTFRONT, *FRANKREICH/BELGIEN*
Als Eröffnung für die Schlacht an der Yser befiehlt Feldmarschall Sir John French am 18. Oktober den britischen Expeditionskorps, gegen Menin in Belgien und Lille in Frankreich vorzurücken. Diesem Zug kommen die Deutschen zuvor, als sie einige Tage vorher leichte Erfolge erzielen und die von den Briten benutzten Kanalhäfen erobern. Falkenhayn hatte zuvor massive Verstärkung in den Sektor gezogen.

Mit Hilfe der Franzosen sind die britischen Truppen in der Lage, dem deutschen Angriff standzuhalten, aber zu einem hohen Preis. Die belgischen Kräfte im Norden können den deutschen Vormarsch nicht aufhalten. Schließlich läßt König Albert alle Schleusen auf dem Kanal öffnen. Mit diesem verzweifelten Akt bringen die Belgier den deutschen Vormarsch durch die tiefer gelegenen Regionen des Küstenlandes zum Stillstand.

Am 19. Oktober greift das frisch eingetroffene I. Korps unter General Sir Douglas Haig die deutschen Truppen aus seinen Stellungen um Ypern herum an. Haigs Angriff beendet die deutsche Offensive, und die Briten stärken ihren eigenen Gegenangriff.

Dieser endet aber wegen des schweren Regens, der die Felder von Flandern in Morast verwandelt hat, und wegen des zähen deutschen Widerstandes an der Frontspitze bei Ypern als kompletter Fehlschlag. Die französischen und britischen Verluste in dieser ersten Runde der 1. Schlacht von Ypern sind hoch. Die Gefechte um Ypern herum dauern noch bis in den späten November an.

20. Oktober

SEEKRIEG, *NORDSEE*
Die britische *Glitra* ist das erste durch ein U-Boot versenkte Handelsschiff. Es wird vom deutschen *U-17* kurz vor der norwegischen Küsten gestellt, geentert und versenkt.

23. Oktober

MITTLERER OSTEN, *MESOPOTAMIEN*
Einheiten der britischen Indienarmee landen von ihrer Basis in Bahrain aus, wo sie britische Raffinerien verteidigen, im türkisch kontrollierten Mesopotamien am persischen Golf. Die begrenzten Attacken reichen aus, um die Türkei zu zwingen, ihre Garnison im Süden Meso-

▼ ***Britische Truppen ziehen als Teil einer Artilleriebatterie während der ersten Schlacht von Ypern durch die verlassenen Straßen eines belgischen Dorfes.***

▲ *Soldaten der britischen Indienarmee besetzen in den Gefechten um Ypern herum eine Straßenböschung im späten Oktober.*

◀ *Türkische Truppen vor den Stadtmauern der osmanischen Hauptstadt Konstantinopel.*

potamiens zu räumen. Basra, der Haupthafen der Region, dicht am Zusammenfluß von Euphrat und Tigris gelegen, fällt am 23. November in britische Hand.

29. OKTOBER

POLITIK, *TÜRKEI*

Die Regierung erklärt den Krieg. Die Erklärung wird durch ein Bombardement der russischen Schwarzmeerhäfen Odessa, Sewastopol und Theodosia durch die türkische Marine unter Vizeadmiral Wilhelm von Souchon angekündigt. Die früheren deutschen Schiffe *Goeben* und *Breslau* sind Teil der Flotte.

Durch den türkischen Kriegseintritt auf Seiten der Mittelmächte sind die Dardanellen, der russische Zugang zum Mittelmeer, blockiert. So können Frankreich und Großbritannien keine militärische Ausrüstung mehr an Rußland liefern. Ebenso wird der Nahrungsmittelhandel der russischen Ukraine unterbrochen.

29. OKTOBER–24. NOVEMBER

WESTFRONT, *BELGIEN*

Generalstabschef Erich von Falkenhayn hat stetig die deutsche Vierte und Sechste Armee rund um das von den Briten gehaltene Ypern verstärkt, um zu den Häfen Calais und Boulogne durchzubrechen. Die deutschen Truppen erfreuen sich eines 6:1-Vorteils und sind an mittlerer und schwerer Artillerie überlegen. Die Offensive startet gut, und obwohl Großbritannien und Frankreich Reservetruppen nachziehen, stehen die deutschen Truppen am 31. Oktober südlich von Ypern kurz vor dem Durchbruch. In verzweifelten Gefechten können sie aber abgewehrt werden. Im frühen November unternehmen die deutschen Armeen einen erneuten Versuch und nehmen am 11. November die Stadt Dixmunde (nördlich von Ypern) ein. Doch die Briten stoppen die deutschen Angriffe noch am selben Tag. Trotz mehrerer deutscher Vorstöße in den nächsten Tagen sind die schlimmsten Kämpfe vorbei. Der erste Schneefall am 12. November kündigt das Ende der Feldzüge an. Diese 1. Schlacht von Ypern ist ein teuer erkaufter Erfolg für Großbritannien und

▶ *Eine deutsche 150-mm-Haubitze kommt bei der Eröffnung des Hauptangriffes gegen Ypern zum Einsatz. Das Gefecht endet mit einem Patt, bei dem sich beide Seiten in Schützengräben verschanzen.*

Frankreich. Die Hälfte der britischen Expeditionskorps ist verloren. Beide Seiten beginnen Schützengräben zu graben, die sich bald von der Nordsee bis zur Schweizer Grenze erstrecken.

1. NOVEMBER

SEEKRIEG, *PAZIFIK*
Eine mächtige Schwadron deutscher Kriegsschiffe unter Admiral Maximilian von Spee fügt Vizeadmiral Sir Christopher Cradocks Schwadron vor Coronel in Chile eine schwere Niederlage zu.

Spee, dessen Schiffe in chilenischen Gewässern Kohle von deutschen Schiffen aufgenommen haben, führt die schweren Kreuzer *Gneisenau* und *Scharnhorst* und die leichten Kreuzer *Dresden*, *Leipzig* und *Nürnberg* am Nachmittag bei schwerer See in das Gefecht.

Cradocks Kräfte, zwei alte schwere Kreuzer, die *Good Hope* und die *Monmouth*, und zwei leichte Kreuzer, die *Glasgow* und die *Otranto*, ein aufgerüstetes Passagierschiff, werden schnell zusammengezogen, um sich Spee zu stellen. Das betagte Schlachtschiff *Canopus* hat Cradock bei den Falklandinseln gelassen, da es mit dem Rest seiner Schwadron nicht mithalten konnte.

Spees schwere Kreuzer zerschmettern mit ihren weitreichenden Hauptgeschützen Cradocks Kreuzer und machen seine Manöver zunichte. Die *Good Hope* und die *Monmouth* sinken am frühen

▶ Eine deutsche Mine hat den Bug eines britischen Schiffes zerstört. Deutsche Schiffe und U-Boote haben bei dem Versuch, Großbritannien von Versorgungsgütern abzuschneiden, unzählige Minen in britischen Gewässern verlegt.

▼ Admiral Maximilian von Spee, Sieger der Schlacht von Coronel (links außen).

▶ Der deutsche schwere Kreuzer Gneisenau – eines der Schiffe von Admiral von Spee in der Schlacht von Coronel.

▶ ***Ein britischer Seehafen nach der Bombardierung durch die deutsche Marine.***

Abend. Mit ihnen Cradock. Die *Glasgow* und die *Otranto* fliehen im Schutz der Dunkelheit. Die britische Regierung, die fürchtet, daß von Spee Kurs in den Atlantik nimmt, um ihren Handel zu unterbrechen, sendet eine Schwadron von Kriegsschiffen unter Vizeadmiral Sir F. D. Sturdee aus, die von Spee abfangen soll.

LUFTKRIEG, *DEUTSCHLAND*
Der Oberbefehlshaber der deutschen Marine Großadmiral von Tirpitz fordert massive Bombenangriffe auf London.

2. NOVEMBER

POLITIK, *SERBIEN/RUSSLAND*
Beide Länder erklären der Türkei den Krieg. Das I. kaukasische Korps fällt an fünf Punkten in das türkisch kontrollierte Armenien ein, wird aber am 11. November zum Rückzug gezwungen.

3. NOVEMBER

SEEKRIEG, *NORDSEE*
Deutsche Kriegsschiffe beginnen, viele Städte der englischen Ostküste zu bombardieren und zu verminen. Die Überfälle erreichen am 16. Dezember mit dem

▶ *Einheimische Truppen werden von deutschen Offizieren in Ostafrika ausgebildet.*

Angriff schwerer Kreuzer unter Admiral Franz von Hipper auf die Häfen Withby und Hartleport ihren Höhepunkt.

Obwohl die schnellen Attacken kaum militärische Auswirkungen haben, erschüttern die zivilen Opfer und Zerstörungen die britische Bevölkerung. Militärisch bedeutsamer ist die Verminung der britischen Küstengewässer.

3.–4. NOVEMBER

AFRIKA, *DEUTSCH-OSTAFRIKA*
Ein britischer Wasserlandangriff auf den von deutschen Soldaten verteidigten Hafen Tanga wird von General Paul von Lettow-Vorbeck abgewehrt. Seine Truppen bestehen aus einigen deutschen Kompanien und einheimischen Einheiten, den Askaries. Tanga markiert den Beginn einer vierjährigen Guerillakampagne, die von Lettow-Vorbeck in ganz Ostafrika führt und die fast ohne deutsche Hilfe immer mehr britische und Commonwealthtruppen ausschaltet.

5.–30. NOVEMBER

BALKAN, *SERBIEN*
Angesichts einer erneuten österreichisch-ungarischen Offensive gegen Belgrad muß General Radomir Putnik seine Truppen, die die Stellung außerhalb der Hauptstadt halten und denen die Munition ausgeht, zurückziehen. Es gelingt ihm nicht, den Einfall der Angreifer am 2. Dezember in Belgrad zu verhindern.

7. NOVEMBER

POLITIK, *TÜRKEI*
Die Regierung erklärt Belgien den Krieg.

8. November

SPIONAGE, *GROSSBRITANNIEN*
Das Marineoberkommando formiert die Dekodierungseinheit „Room 40", die der Mittelpunkt aller britischen Spionageoperationen wird.

10. November

FERNER OSTEN, *JAPAN*
Nach einer Belagerung, die im August begann, können die Japaner die formale Übergabe der deutschen Basis in Tsingtao erzwingen.

11.–25. November

OSTFRONT, *GALIZIEN*
Die deutsche Neunte Armee, die seit Hindenburgs Beförderung von General August von Mackensen befehligt wird, greift die russischen Truppen an.

Mackensens Hauptziel ist es, einen Keil zwischen die Erste und Zweite russische Armee zu treiben und jede einzeln zu bekämpfen. General von Rennenkampfs

▶ Die japanische Belagerungsartillerie nimmt vor einem Infanterieangriff gegen ihre Verteidigung den deutschen Hafen Tsingtao in China unter Beschuß.

▼ Serbische Kräfte greifen im späten November die größeren österreichisch-ungarischen Kräfte an, die die Hauptstadt Belgrad bedrohen.

Erste Armee wird überwältigt und die Zweite bei Lodz eingekesselt.

Durch einen ungewöhnlich schnellen russischen Gegenstoß wendet sich das Blatt gegen die Deutschen, und eine von Mackensens Angriffsspitzen, General Reinhard von Scheffer-Boyardels XXV. Reservekorps, wird umstellt. Scheffer-Boyardel beweist herausragende Führungsfähigkeiten mit einem Ausbruch aus dem Kessel durch ein neuntägiges Rückzugsgefecht, bei dem es ihm trotz des harten Winters gelingt, 16.000 russische Gefangene zu nehmen und 60 Artilleriegeschütze zu erobern.

Obwohl Rußland die deutsche Offensive gegen Lodz abgewehrt hat, bleibt

▶ ***Überlebende des deutschen schweren Kreuzers* Gneisenau *schwimmen nach der Schlacht vor den Falklandinseln auf die* Inflexible *zu.***

▼ ***Russische Soldaten, die bei den Gefechten bei Lodz gefangengenommen wurden, warten auf die Ankunft des Transports in die Gefangenenlager.***

schen Verlustlisten weisen 170.000 Mann (von 400.000 Beteiligten) auf.

4. DEZEMBER

MITTLERER OSTEN, *MESOPOTAMIEN*
Bei der ersten Schlacht von Qurna wird eine erste britische Landungseinheit von türkischen Truppen abgewehrt, aber die Stadt geht am 9. Dezember verloren.

8. DEZEMBER

SEEKRIEG, *ATLANTIK*
Admiral Maximilian von Spee wird nach seinem Sieg bei Coronel von dem britischen Abfangkommando überrascht. Er beabsichtigt, die britischen Versorgungs- und Kommunikationseinrichtungen in Port Stanley auf den Falklandinseln zu zerstören, weiß aber nicht, daß zwei Tage zuvor eine britische Schwadron unter Admiral Sir F. D. Sturdee eingetroffen ist und nun auf ihn wartet.

Als er die britischen Schiffe sieht, befiehlt von Spee seinen Schiffen den

▼ ***Der britische Kreuzer Kent nach einem Gefecht mit einem deutschen Schiff während des Kampfes um die Falklandinseln.***

die strategische Initiative bei Hindenburg, der trotz zahlenmäßiger Unterlegenheit die russischen Pläne, Schlesien, das Herz der deutschen Industrie, zu erobern, vereitelt hat. Deutschland hat in der Schlacht 35.000 Verluste (Tote oder Verwundete) erlitten; die russischen Verluste betragen wahrscheinlich das Dreifache.

1. DEZEMBER

MITTLERER OSTEN, *KAUKASUS*
Russische Truppen erobern Sarai und Batumi.

3.–9. DEZEMBER

BALKAN, *SERBIEN*
Serbische Kräfte unter General Radomir Putnik, die mit französischer Munition ausgestattet wurden, greifen die österreichisch-ungarischen Einheiten in Serbien an. Die Schlacht bei Kolubra stellt einen großen Sieg für Serbien dar. Die österreichisch-ungarische Armee bricht unter den Attacken zusammen und muß sich ganz zurückziehen.

Der österreichisch-ungarische Kommandant General Oskar Potiorek wird wegen seiner vernichtenden Niederlage entlassen und durch Erzherzog Eugen ersetzt. Die österreichisch-ungarischen Verluste in diesem Feldzug sind hoch, fast 50 % oder 230.000 Mann. Die serbi-

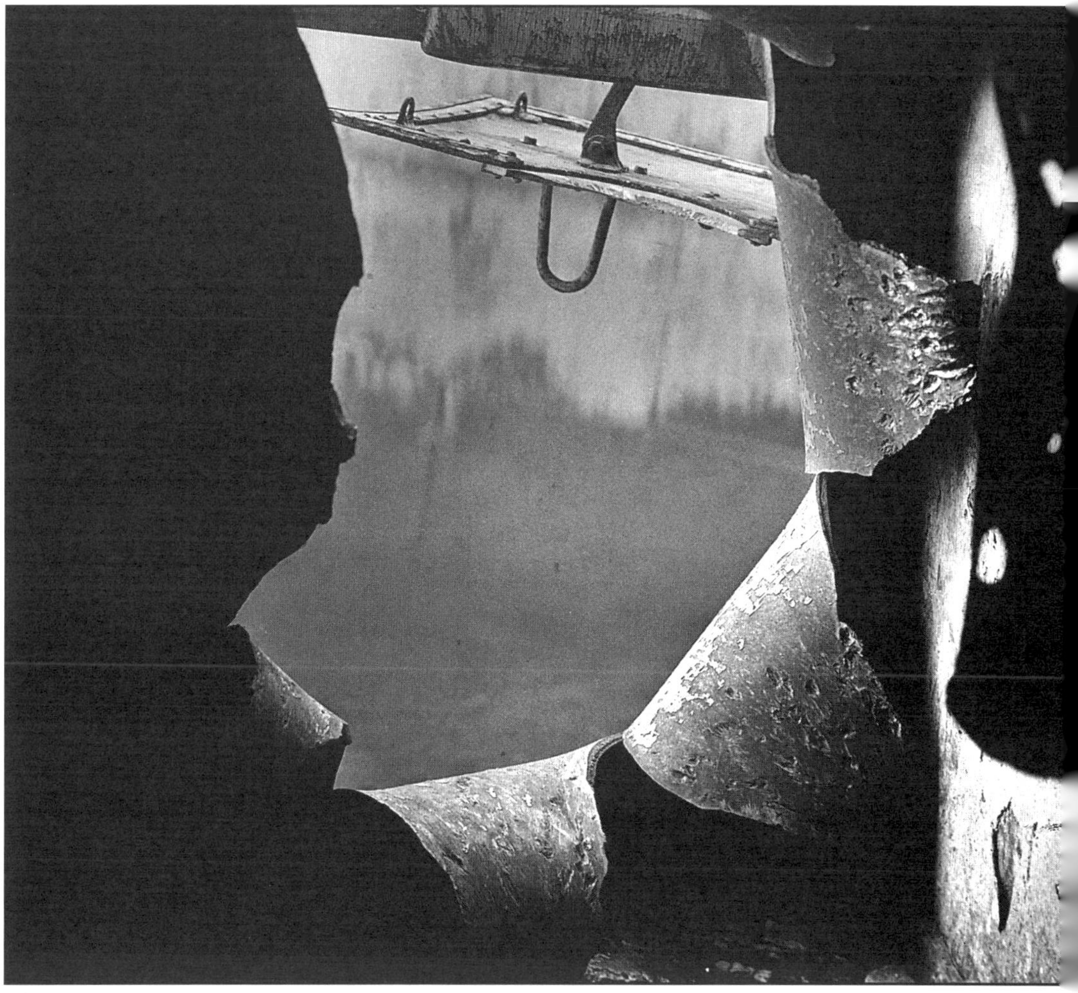

Rückzug. Sturdees Schlachtschiffe der „Dreadnought"-Klasse, die *Inflexible* und die *Invincible*, nehmen die Verfolgung auf – unterstützt von einigen gepanzerten Kreuzern unter Konteradmiral Stoddart. Als die Schiffe Port Stanley verlassen, eröffnet die *Canopus*, die aufgrund ihres Alters hier als ständige Kanonenbasis steht, das Feuer auf von Spees Schiffe.

Spees Lage ist aussichtslos: Die britischen Kriegsschiffe sind schneller und besser gepanzert. Sein Flaggschiff, die *Scharnhorst*, wird als erster seiner schweren Kreuzer versenkt, die *Gneisenau* folgt kurz darauf. Seine leichten Kreuzer *Nürnberg* und *Leipzig* werden von den Kreuzern *Kent* und *Cornwall* versenkt.

Spees letztem Schiff, dem leichten Kreuzer *Dresden*, gelingt die Flucht. Sie wird drei Monate später von der *Kent* und der *Glasgow* in chilenischen Gewässern gestellt. Daraufhin versenkt die Besatzung die *Dresden* selbst.

▶ ***Die türkische Artillerie im Einsatz bei Enver Paschas großer Armenien-Offensive.***

◀ ***Britische Artilleriebesatzungen machen Geschosse scharf und bereiten eine leichte Feldkanone hinter einer rudimentären Deckung für den Einsatz bei Ypern vor.***

14. DEZEMBER

WESTFRONT, *FRANKREICH/BELGIEN*
Trotz des schlechten Wetters und der wachsenden deutschen Truppenstärke, unternehmen Frankreich und Großbritannien eine Hauptoffensive entlang der Westfront, von der Nordsee bis Verdun. Sie glauben, daß sie den Deutschen, die viele Einheiten an die Ostfront abgezogen haben, zahlenmäßig überlegen sind. Aber sie unterschätzen die Stärke des

▼ ***Der deutsche Kreuzer* Dresden *sinkt auf den Grund, nachdem er von seiner Besatzung vor Chile versenkt wurde.***

Auch die Verluste an der Ostfront sind erschreckend hoch. Deutschland hat 275.000 Opfer zu beklagen, Österreich-Ungarn fast 1 Million und Rußland mehr als 1,8 Millionen.

Auf dem Balkan hat Österreich-Ungarn 225.000 und Serbien 170.000 Mann verloren.

18. DEZEMBER

POLITIK, *GROSSBRITANNIEN*
Um ihre Position im Mittelmeer und im Mittleren Osten zu sichern, erklärt die britische Regierung ein Protektorat über Ägypten und sendet Truppen, um den Suezkanal zu schützen. Er verbindet Großbritannien mit den Ölregionen am persischen Golf und seiner Hauptkolonie Indien.

MITTLERER OSTEN, *ARMENIEN*
Trotz des fortschreitenden Winters führt Enver Pascha eine Offensive gegen russische Truppen in Armenien und im Kaukasus durch. Sie beginnt am 21. Dezember und zwingt drei russische Divisionen bis zum Ende des Jahres zum Rückzug.

29. DEZEMBER

MITTLERER OSTEN, *KAUKASUS*
Der russische Kommandant General Worontsow vereitelt den türkischen Vormarsch auf Kars im Kaukasus in der Schlacht bei Sarikamish, aber die Kämpfe gehen weiter. Keiner Seite gelingt ein Sieg.

deutschen Schützengrabensystems und die Qualitäten der deutschen Soldaten. Die meisten der Angriffe enden erfolglos am 24. Dezember. Nur in der Champagne, wo Frankreich einige Fortschritte gemacht hat, dauern die Kämpfe den Winter über bis 1915 an. Überall sonst hören die Gefechte auf, da beide Seiten erkennen, daß ein schneller Sieg unmöglich ist.

Der 1. Weltkrieg dauert erst sechs Monate, als er schon zu in der Kriegsgeschichte bis dahin einmaligen Verlusten geführt hat. Allein an der Westfront haben Belgien, Frankreich und Großbritannien mehr als 1 Million Soldaten verloren. Deutschland allein ungefähr 675.000.

EREIGNISSE

WEIHNACHTEN 1914

Weihnachten 1914 waren die Soldaten an der Westfront erschöpft und durch das Ausmaß der Verluste, die sie seit August erlitten hatten, zutiefst schockiert. Im Morgengrauen des 25. Dezember hörten die britischen Soldaten in ihren Schützengräben um Ypern Weihnachtslieder aus den deutschen Stellungen. Sie sahen, daß Weihnachtsbäume vor den deutschen Gräben aufgestellt worden waren. Die deutschen Soldaten kletterten aus ihren Gräben und näherten sich vorsichtig der Mitte des Niemandslandes, von wo aus sie die britischen Soldaten aufforderten, mit ihnen zu feiern. Beide Seiten trafen sich inmitten des zerschossenen Gebietes, tauschten Geschenke aus, sprachen miteinander und spielten Fußball.

Solche Begegnungen waren an der Linie, an der sich britische und deutsche Truppen gegenüberlagen, nicht selten. Die Verbrüderung dauerte eine Woche an, bis die Vorgesetzten den Abbruch befahlen. Zwischen Deutschen und Franzosen gab es diese Waffenruhen nicht.

Britische und deutsche Soldaten kommen sich im Niemandsland bei Ypern während der weihnachtlichen Waffenruhe 1914 näher.

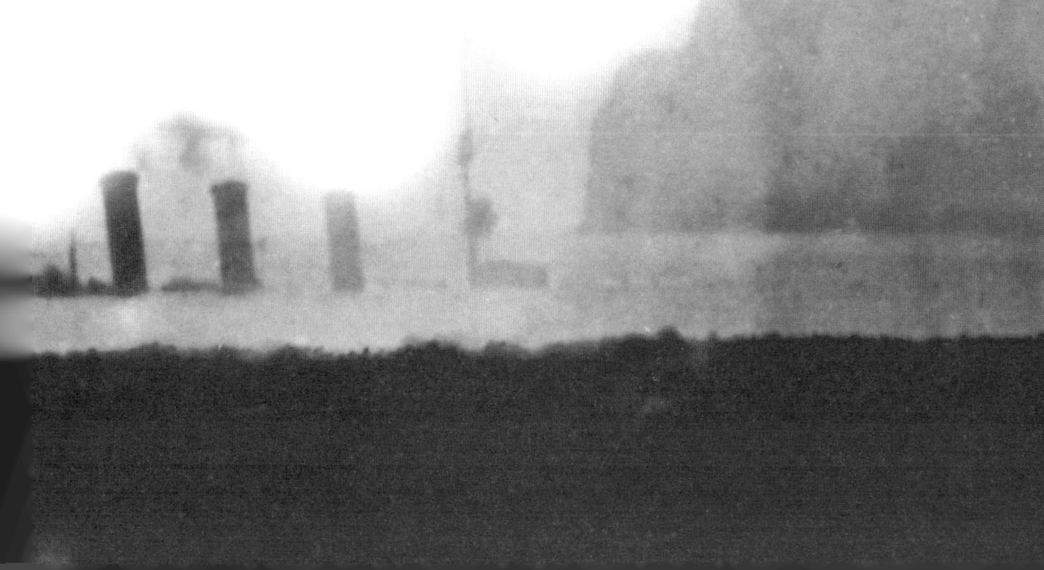

1915

Im folgenden Jahr weitete der Krieg sich aus – Italien stellte sich auf die Seite Frankreichs und Großbritanniens und Bulgarien auf die der Mittelmächte. Beide Blöcke waren unsicher, wo ihre militärische Macht strategisch am besten einzusetzen sei. Die Zahl der Opfer stieg, je länger sich der erschöpfende Stellungskrieg hinzog. Die neutralen Staaten, besonders die USA, bekamen mittlerweile ebenfalls die Auswirkungen des Krieges zu spüren.

1.–3. Januar

MITTLERER OSTEN, *KAUKASUS*
Die Schlacht im Kaukasus, die im Dezember 1914 begann, wird fortgesetzt. 100.000 russische Soldaten stehen einem türkischen Angriff auf Kars gegenüber. Enver Pascha, dessen 95.000 Soldaten schwer unter der Kälte leiden, leitet den Sturmangriff mangelhaft. Ein plötzlicher russischer Gegenstoß zwingt Pascha zum Rückzug bis Erzurum.

Fast 30.000 Türken werden in der Schlacht getötet, nur knapp 19.000 der Geflohenen sind in Erzurum noch einsatzbereit. Enver Pascha gibt sein Kommando ab. Der russische Kommandant General Worontsow zeigt wenig Elan bei der Verfolgung und wird von General Nikolaj Judenitsch abgelöst.

11. Januar

POLITIK, *GROSSBRITANNIEN*
Griechenland lehnt das Angebot des britischen Außenministers Sir Edward Grey, als Gegenleistung für eine militärische Unterstützung Serbiens türkisches Gebiet zu erhalten, ab. Weitere ähnliche Vorschläge werden in den folgenden Wochen zurückgewiesen, vor allem weil Griechenland britisch-französische Truppen zum Schutz seiner Souveränität verlangt.

13. Januar

POLITIK, *ÖSTERREICH-UNGARN*
Außenminister Graf Leopold von Berchtold tritt zurück. Die Amtsnachfolge tritt der ungarische Baron Burian an.
POLITIK, *GROSSBRITANNIEN*
Ein Kriegsrat beschließt einen Seeangriff gegen die Türkei, um die Dardanel-

◀ Türkische Kavallerie, die im Kaukasus gegen Rußland vorgeht, in ihrem Feldlager.

▼ Deutsche Zerstörer bei der Rettung der Überlebenden der auf der Doggerbank versenkten Blücher.

◀ *Djemel Pascha (links), Kommandant der türkischen Truppen, die den britisch kontrollierten Suezkanal angreifen.*

len und damit die Versorgungswege nach Rußland wieder zu öffnen. Frankreichs Zustimmung dazu wird erbeten und am 26. Januar erteilt. Der Erste Lord der Admiralität, Sir Winston Churchill, ist der Hauptverfechter dieser Operation.

14. JANUAR

MITTLERER OSTEN, *PALÄSTINA*
25.000 türkische Soldaten greifen aus Beersheba die britischen Verbände in Ägypten an, die dort den Suezkanal verteidigen. Ihr Kommandant ist Djemal Pascha, der türkische Marineminister.

19.–20. JANUAR

LUFTKRIEG, *GROSSBRITANNIEN*
Deutschland fliegt den ersten Luftangriff mit Zeppelinen. Zwei Zeppeline, *L3* und *L4*, bombardieren Ostengland und töten 20 Zivilisten.

24. JANUAR

SEEKRIEG, *NORDSEE*
Ein Scharmützel zwischen der englischen und der deutschen Hochseeflotte hat seine Ursache zum Teil in der öffentlichen Besorgnis über die Mühelosigkeit der deutschen Seeangriffe auf britische Häfen der Ostküste. Am 23. Januar setzt Admiral Hippers Schwadron (die *Blücher*, die *Derfflinger*, die *Moltke* und die *Seydliz*) mit Deckung von Zerstörern, leichten Kreuzern und Luftschiffen zum Angriff auf britische Häfen und die Fischereiflotte an. Aber Großbritannien hat bereits Admiral Sir David Beatty mit seinen Kriegsschiffen von Scapa Flow nach Rosyth in Südschottland verlegt, von wo aus er das deutsche Eindringen in die Nordsee leichter abfangen kann. Durch Abhören des deutschen Funkverkehrs ist Großbritannien über Hippers Züge informiert. Am 24. Januar treffen sich Beatty und Hipper auf der Doggerbank in der Nordsee. Hipper befiehlt, von den Briten überrascht, den Rückzug, wird aber bald von den schnelleren und besser bewaffneten britischen Schiffen gestellt. Als erstes Schiff wird die *Blücher* kurz nach Mittag versenkt. Beattys Flaggschiff, die *Lion*, erleidet durch das Feuer der *Derfflinger* so schwere Schäden, daß sie ausfällt. Als Beatty sein Kommando auf die *Princess Royal* verlegt, entsteht solche Verwirrung, daß Hipper die Flucht gelingt.

Die Schlacht auf der Doggerbank dämmt die deutschen Vorstöße in der Nordsee ein, enthüllt aber auch Schwächen der britischen Vorgehensweise zur

▼ *Admiral Franz von Hipper führte die deutsche Schlachtkreuzerschwadron in der Schlacht auf der Doggerbank. Er konnte einen größeren britischen Verband ausmanövrieren.*

▲ *Der Maschinenraum eines deutschen U-Boots. Diese U-Boote wurden eingesetzt, um Deutschlands Feinde von der Versorgung abzuschneiden.*

▼ *General August von Mackensen (links) war einer der erfolgreichsten deutschen Kommandanten an der Ostfront.*

See. Beattys Schiffe erzielten bei 958 Schüssen nur 73 Treffer. Auch verlief die Befehlskette zwischen den Schiffen langsam und wenig eindeutig.

Die Briten werten es jedoch als großen Erfolg, daß Hipper sich nach Verlust eines Schiffes zurückziehen mußte. Auf britischer Seite weiß man nicht, daß auch die *Seydlitz* schwere Schäden davon getragen hat; ein Brand in einem ihrer Geschütztürme hatte 159 Seeleute getötet. In Deutschland geht man den Ursachen für diesen Brand nach und führt neue Sicherheitsbestimmungen ein.

29. JANUAR

POLITIK, *GROSSBRITANNIEN*
Regierungsminister David Lloyd George schlägt dem Kriegsrat vor, britisch-französische Truppen ins griechische Saloniki zu schicken, um die Balkanstaaten zu ermutigen, Österreich-Ungarn den Krieg zu erklären. Griechenland lehnt das Angebot ab.

30. JANUAR

SEEKRIEG, *ÄRMELKANAL*
Zwei britische Schiffe werden ohne Vorwarnung vom deutschen U-Boot *U-20* torpediert. Damit ist eine neue Eskalation des Seekriegs erreicht. Bis dahin hielten die U-Boote die anvisierten Schiffe an und erlaubten der Besatzung, vor der Versenkung von Bord zu gehen.

31. JANUAR

POLITIK, *ÖSTERREICH-UNGARN*
Als sich die Beziehungen zwischen den einstigen Dreibund-Partnern Österreich-Ungarn und Italien verschlechtern, verlegt Österreich-Ungarn 30 Bataillone, um die lange und bergige Grenze nach Italien zu schützen.

POLITIK, *SÜDAFRIKA*
Die Wehrpflicht für erwachsene Männer wird eingeführt.
OSTFRONT, *RUSSLAND*
Unter General August von Mackensen greift die Neunte Armee Warschau an. Dieser Vorstoß in der Schlacht von Bolymow wird von einem Beschuß der russischen Stellungen durch 600 Artilleriegeschütze mit 18.000 Giftgasgranaten eröffnet - der erste Einsatz von Giftgas in diesem Krieg. Aber die Kälte und der starke Wind vermindern den Effekt des Gases so weit, daß die Russen ihn kaum bemerken und ihre Verbündeten nicht davon benachrichtigen. Ein russischer Gegenstoß am 6. Februar bringt den Rückgewinn von an die Neunte Armee verlorenem Gebiet um den Preis von 40.000 Toten. Deutschland verliert 20.000 Soldaten.

In Wirklichkeit ist Bolymow ein Ablenkungsmanöver, um Rußland von der tatsächlichen deutschen und österreichisch-ungarischen Offensive abzulenken. Von Feldmarschall von Hindenburg ist die für den 7. Februar angesetzte Offensive als massiver Zangenangriff geplant.

Aus dem Norden sollen die deutsche Achte und Zehnte Armee Rußland rund um die Masurische Seenplatte herum angreifen.

Aus ihren Stellungen im Süden entlang der Karpaten sollen drei weitere Armeen einen Schlag nach Galizien, das

WAFFEN

GASKRIEG

1915 wurde zum ersten Mal Gas eingesetzt. Zuerst von Deutschland, später auch von Großbritannien und Frankreich. Die ersten Angriffe wurden mit Zylindern, die in den vorderen Unterständen installiert waren, durchgeführt. Sie brauchten günstigem Wind, der die Wolken auf den Feind zutrieb. Diese Methode wurde schnell als unbefriedigend eingestuft, und man entwickelte Gasgeschosse. Der deutsche Einsatz von Gasgranaten an der Ostfront war kaum effektiv. Frankreich entwickelte die besseren Vorrichtungen. Sie bestanden aus einem Geschoß, daß nur mit Gas und einem kleinen Sprengsatz zum Aufbrechen des Gehäuses gefüllt war.

Es kamen verschiede Arten von Gas zum Einsatzt. Xylol-Bromid war ein Tränengas. Danach folgte Chlorgas. Schnell wurden tödliche Gase entwickelt, hauptsächlich Phosgen und Senfgas. Senfgas war am meisten gefürchtet: Es griff nicht nur die Lunge an, sondern verbrannte auch die Haut, zerstörte den Blutfluß und konnte zur Erblindung führen. Es blieb noch bis zu drei Tagen nach einem Angriff aktiv.

Der britische Livins-Gasgranatenwerfer war eine einfache Stahlröhre, die im Boden versenkt wurde. Eine Gasgranate wurde darin mit einer elektrischen Zündung abgefeuert.

▲ Deutsche Artilleristen machen in Galizien eine 150-mm-Haubitze „Krupp" feuerbereit. Das Rohr muß noch aufgerichtet werden.

▲ *Russische Truppen erhalten Munitionsnachschub. Trotz zahlenmäßiger Stärke fehlte es der russischen Armee doch an vielerlei Ausrüstung.*

▼ *Deutsche Truppen ziehen vorwärts bei ihrem Versuch, die Belagerung von Przemysl zu durchbrechen.*

seit 1914 großteilig von Rußland besetzt ist, führen. Die deutsche und österreichisch-ungarische Armee, die unter dem Kommando von General Alexander von Linsingen steht, hat Befehl, gegen die Festung von Lemberg zu ziehen, die am 3. September 1914 von russischen Truppen eingenommen worden war.

Der Angriff wird von General Pflanzer-Baltins österreichisch-ungarischer Siebenter Armee unterstützt. General Boroevic von Bojnas Dritte Armee wird mit dem Durchbruch durch die russischen Stellungen um Przemysl beauftragt, dessen Garnison seit September 1914 belagert wird.

1. FEBRUAR

POLITIK, *DEUTSCHLAND*

Die Regierung stimmt einem unbegrenzten U-Boot-Einsatz zu – jetzt dür-

fen selbst Schiffe aus neutralen Ländern ohne Vorwarnung versenkt werden.

HEIMATFRONT, *DEUTSCHLAND*
In der Hauptstadt Berlin wird eine Brot- und Mehlrationierung eingeführt.

3. FEBRUAR

MITTLERER OSTEN, *ÄGYPTEN*
Die Türken versuchen, den Suezkanal zu überqueren, werden aber von der Indienarmee abgewehrt. Sie fallen nach 20.000 Mann Verlust bis Bersheeba zurück.

4. FEBRUAR

POLITIK, *DEUTSCHLAND*
Die Befehlshaber verkünden eine U-Boot-Blockade Großbritanniens ab dem 18. Februar. Alle Schiffe werden zu legitimen Zielen erklärt.

▲ ***Erfolge der deutschen und österreichisch-ungarischen Armeen 1915 an der Ostfront.***

▼ ***Indische Truppen unter britischen Offizieren besetzen während ihrer Verteidigung des Suezkanals einen flachen Schützengraben.***

▲ ***Deutsche Truppen setzen nach der Schlacht an der Masurischen Seenplatte ihren Vormarsch nach Nordrußland fort.***

7.–22. FEBRUAR

OSTFRONT, *OSTPREUSSEN*
Feldmarschall von Hindenburg beginnt seinen Zangenangriff, indem er seine Achte und Zehnte Armee gegen die russische Zehnte vorgehen läßt. Die Achte greift während eines Schneesturmes an. Sie führt trotzdem einen harten Schlag gegen die linke Flanke der russischen Zehnten Armee.

Am 8. Februar greift General von Eichhorns Zehnte Armee die rechte Flanke der russischen Zehnten Armee an.

Sie werden trotzdem in den Wald von Augustow gedrängt, wo ein komplettes Desaster nur knapp vom XX. russischen Korps verhindert werden kann. Es muß sich am 21. Februar ergeben, aber sein Einsatz hat den anderen drei Korps der Zehnten Armee die Flucht aus dem Kessel ermöglicht. Die russische Frontlinie wird um 112 km nach hinten gedrängt. Deutschland macht während dieser zweiten Schlacht an den Masurischen Seen 90.000 Gefangene.

Nach dieser russischen Niederlage wurde eilig die Zwölfte Armee unter General Wenzel von Plehve formiert, die bereits am 22. Februar einen Gegenangriff geführt hat.

12. FEBRUAR

POLITIK, *DEUTSCHLAND*
Kaiser Wilhelm II. erteilt den Befehl zur Fortführung des Luftkriegs gegen Großbritannien. Eine Liste von entscheidenden Zielen, inklusive Treibstofflagern, Werften und Militärbasen, wird ausgegeben. Wohngebiete und königliche Paläste sind ausdrücklich ausgenommen.

14. FEBRUAR

POLITIK, *TÜRKEI*
Das Dreipersonenkomitee „für Verbindung und Fortschritt" stimmt einem

▲ ***Deutsche Kavallerie eskortiert einige der 60.000 beim Fall von Czernowitz genommenen russischen Gefangenen ins Hinterland.***

Genozid gegen Armenier zu, die an der Nordgrenze zu Rußland leben und im Verdacht stehen, enge Beziehungen zu Rußland zu unterhalten.

17. Februar

OSTFRONT, *GALIZIEN*
General Karl von Pflanzer-Baltins österreichisch-ungarische Siebente Armee erobert im Zuge des vereinten deutsch/österreichisch-ungarischen Vordringens nach Galizien die Stadt Czernowitz.

Andernorts gibt es wegen des schlechten Wetters, der Mängel in der österreichisch-ungarischen Armee und des russischen Widerstandes kaum Fortschritte. General Alexander von Linsingens Armee gelingt es nicht, Lemberg zu erreichen, und General von Bojnas Dritte Armee kann die belagerte Garnison in Przemysl nicht befreien.

19. Februar

SEEKRIEG, *MITTELMEER*
Einige britische und französische Kriegsschiffe unter Vizeadmiral Sackville Carden beschießen türkische Forts, die den Seeweg zwischen dem Mittelmeer und dem Schwarzen Meer schützen.

Die Einsätze gegen die Forts werden in den folgenden Wochen intensiviert.

20. Februar

MITTLERER OSTEN, *ÄGYPTEN*
Australische und neuseeländische Truppen erhalten in Ägypten den Befehl, am Dardanellen-Einsatz teilzunehmen.

22. Februar

AFRIKA, *SÜDWESTAFRIKA*
Der Premierminister der Südafrikanischen Union, General Louis Botha, führt die Aufklärung in Deutsch-Südwestafrika.

In den nächsten Wochen wird an vier Punkten eine Invasionsarmee von 43.000 Mann zusammengezogen. Deutschland hat nur 9.000 Mann. Die Invasion beginnt am 7. März.

24. Februar

HEIMATFRONT, *ÖSTERREICH-UNGARN*
Die Regierung übernimmt die Leitung der Getreide- und Mehlversorgung.

▲ *Russische Truppen marschieren bei dem Versuch, den anstürmenden Feind aufzuhalten, durch eine Stadt in Galizien.*

▼ *Österreichisch-ungarische Soldaten besetzen den Schützenauftritt eines Schützengrabens in Galizien.*

1. März

POLITIK, *GROSSBRITANNIEN*
Die Regierung erklärt mit französischer Rückendeckung, daß sie die Ein- und Ausfuhr von Gütern aller Art von und nach Deutschland verhindern wird. Damit beginnt das marinegeführte Wirtschaftsembargo. Die USA und auch andere Länder protestieren dagegen.

LUFTKRIEG, *FRANKREICH*
Die erste spezialisierte Jagdflugzeugeinheit wird von dem Kommandanten Baron de Tricornet aufgestellt. Die Piloten der Einheit fliegen zweisitzige Parasol-Flugzeuge.

6. März

POLITIK, *ÖSTERREICH-UNGARN*
Der österreichisch-ungarische Generalstabschef, Conrad von Hötzendorf, setzt den deutschen Generalstabschef Erich von Falkenhayn davon in Kenntnis, daß ein Krieg mit Italien unvermeidbar ist.

10. März

POLITIK, *GROSSBRITANNIEN*
Kriegsminister Lord Kitchener teilt General Sir Ian Hamilton mit, daß er die Bodentruppen im Angriff gegen die türkische Gallipoli-Halbinsel führen soll. Die erste Landung ist für April angesetzt.

LUFTKRIEG, WESTFRONT
Das Königlich-Britische Flugcorps entwickelt fünf Neuerungen, um die Offensive bei Neuve Chapelle zu unterstützen: ein „Uhrwerk", mit dem Beobachter die Bahn eines Artillerieschusses auf einer Zelluloidplatte aufzeichnen können; die Koordinierung von Bombeneinsätzen mit Bodenangriffen; Patrouillen zur Erkennung deutscher Gegenangriffe; Photomosaik-Abbildungen des deutschen Schützengrabensystems und Schutzpatrouillen für britischen Truppen auf dem Schlachtfeld.

▼ *Berittene südafrikanische Truppen machen sich für den Sturm auf Deutsch-Südwestafrika bereit. Einige südafrikanische Truppen verweigern den Briten die Unterstützung und beginnen eine kurze, erfolglose Rebellion.*

▲ *Eine getarnte britische Haubitze leitet den Angriff bei Neuve Chapelle am 10. März mit einem 35minütigen Beschuß ein.*

10.–13. März

WESTFRONT, *FRANKREICH*
Feldmarschall Sir John Frenchs Expeditionskorps starten eine begrenzte Offensive bei Neuve Chapelle. Nach einem kurzen Bombardement durch 350 Artilleriegeschütze greifen britische und indische Divisionen auf einer 3660 m breiten Front an. Die Anfangserfolge sind gut – Neuve Chapelle fällt, ebenso einige deutsche Grabenlinien. Aber Munitionsmangel und deutsche Gegenstöße wirken dem Angriff entgegen. Die britischen Einheiten graben sich auf dem gewonnenen Gelände ein und wehren die weiteren deutschen Attacken ab. Am 13. Februar, dem Ende der Offensive, betragen die britischen Verluste 11.500 Tote. Großbritannien folgert, daß im Artilleriefeuer der Schlüssel zum Erfolg beim Stellungskrieg liegt.

18. März

AFRIKA, *SÜDWESTAFRIKA*
General Louis Botha führt 21.000 Soldaten in der Hauptinvasion nach Deutsch-Südwestafrika.

▼ *Britische Soldaten bemannen einen Schützengraben in der ersten Frontlinie. Im weiteren Kriegsverlauf graben sie sich tiefer ein, und ihre Gräben werden um Unterstände und Stacheldraht erweitert.*

◀ *Eine russische 280-mm-Haubitze vor der österreichisch-ungarischen Festung Przemysl, die am 22. März fällt.*

▲ *Eine französische 155-mm-Kanone. Obwohl bereits veraltet, wird sie wegen des Mangels an Artilleriegeschützen verwendet.*

SEEKRIEG, *MITTELMEER*

Der letzte Versuch, die Dardanellen allein durch Marinekräfte freizuschießen, schlägt fehl. Drei Schiffe von Konteradmiral John de Robecks Flotte werden durch türkische Minen versenkt und drei weitere schwer beschädigt. De Robeck befiehlt seinen verbleibenden Schiffen den Rückzug.

De Robeck weiß nicht, daß die türkischen Truppen längst vor dem Zusammenbruch stehen – sie haben kaum noch Munition, und viele ihrer Geschütze sind unbrauchbar. Großbritannien und Frankreich treiben ihre Planungen für einen Landangriff auf Konstantinopel über die Gallipoli-Halbinsel voran. Ihre Truppen sammeln sich bereits für die Landung. Doch die Probleme bei der Verschiffung von Truppen und Geräten verschieben die Operation in den späten April. Die Türkei, die sich der Gefahr einer Invasion bewußt ist, verstärkt ihre Verteidigung. General Liman von Sanders wird die Verantwortung über 60.000 türkische Soldaten in der Region übertragen.

▶ *Konteradmiral John de Robeck mißlingt der Dardanellen-Durchbruch mit Marinekräften.*

22. März

OSTFRONT, *GALIZIEN*

Die 110.000 Mann starke Garnison in Przemysl ergibt sich nach dem letzten vergeblichen Befreiungsversuch durch die österreichisch-ungarische Dritte Armee an die russische Armee. Sie hatte seit Anfang Februar unter Dauerbeschuß gelegen.

27. März

HEIMATFRONT, *GROSSBRITANNIEN*

Die Presse beginnt mit einer Kampagne gegen die Kürzung von Artilleriemunition, als Sir John French einen Brief zu diesem Thema in der *Times* veröffentlichen läßt. Seine Vorgesetzten sind empört.

5. April

WESTFRONT, *FRANKREICH*

Frankreich führt seine Erste und Dritte Armee in einen Angriff gegen die Frontspitze von St. Mihiel in den Argonnen. Das Vorankommen wird durch schlechtes Wetter und die deutsche Verteidigung behindert. Die Attacke verläuft innerhalb weniger Wochen im Sande, aber kleinere Gefechte setzen sich in den folgenden Monaten fort.

▲ *Türkische Kavalleristen reiten durch ein armenisches Dorf. Die Armenier werden als christliche Minderheit in einem moslemischen Land verfolgt.*

8. April

POLITIK, *TÜRKEI*
Türkische Truppen stoppen die Unterstützung für die Russen in Armenien und beginnen, gegen den armenischen Unabhängigkeitswunsch vorzugehen. Eine systematische Kampagne von großer Brutalität folgt: Die Männer werden getötet, während Frauen und Kinder deportiert werden. Schätzungen zufolge sind bis September eine Million Armenier erschossen oder ausgehungert worden. 200.000 weitere müssen vom Christentum zum Islam konvertieren. Die Überlebenden revoltieren gegen die türkische Übermacht.

12. April

MITTLERER OSTEN, *MESOPOTAMIEN*
Ein türkischer Vorstoß gegen die britische Basis in Basra wird in Schaiba abgewehrt. Obwohl sie zahlenmäßig unterlegen sind, fügen die britischen Truppen der Türkei hohe Verluste zu.

13. April

POLITIK, *DEUTSCHLAND*
Kaiser Wilhelm II. stimmt den Forderungen seiner Strategen zu, daß sich die deutschen Bemühungen auf die Ost-

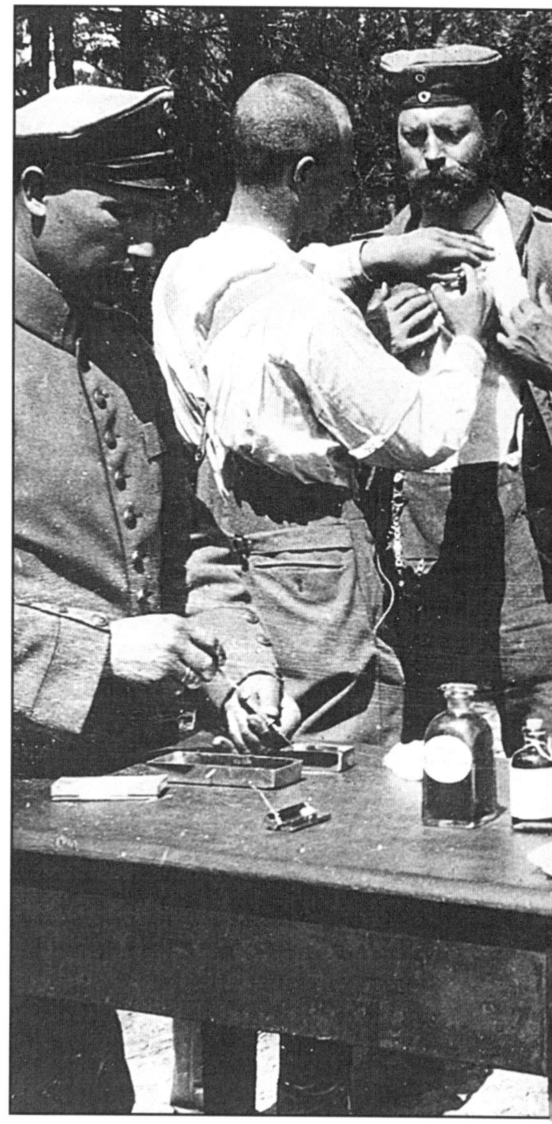

STRATEGIE & TAKTIK

OST GEGEN WEST

Auf beiden Seiten befanden sich die Strategen 1915 in einem Dilemma: Wo war der Krieg am besten zu gewinnen? An der Westfront hielt Deutschland belgisches und französisches Territorium und brauchte nicht mehr anzugreifen. Es konnte seine Verteidigungslinien ausbauen, Gegenangriffe durchführen und wenn nötig unwichtige Gebiete aufgeben. An der Ostfront, wo es fließende Kämpfe gab, die mehr der deutschen Vorliebe für schwungvolle Flankenangriffe entsprachen, sah die Lage anders aus. Deutschland hatte schon einige spektakuläre Siege an der Ostfront erzielt, mußte aber auch viele Kräfte zur Unterstützung Österreich-Ungarns abgeben.

Wäre Rußland erst umfassend geschlagen, könnte Deutschland Truppen von der Ost- an die Westfront verlegen, um einen Vernichtungsschlag gegen Frankreich und Großbritannien zu führen. Hindenburg und Ludendorff bevorzugten einen Angriff mit allen Kräften gegen Rußland. Falkenhayn hingegen meinte, daß der Krieg nur an der Westfront gewonnen werden könne und Siege über Rußland kaum Auswirkungen auf die Gesamtlage hätten. Hindenburg und Ludendorff gewannen mit Unterstützung von Kaiser Wilhelm II. die Debatte.

Großbritannien sah sich vor einem ähnlichen Dilemma. Einige, vorrangig die Politiker, glaubten, daß an der Westfront nur hohe Verluste und keine Gewinne zu machen seien. Die anderen Fronten, der Balkan und der Mittlere Osten, seien besser geeignet, um eine der schwächeren Mittelmächte, Österreich-Ungarn oder die Türkei, außer Gefecht zu setzen. Ihre Gegner, vor allem höhere Militärs, meinten, daß Deutschland nur an der Westfront geschlagen werden könne. Zuletzt bekamen die Politiker 1915 ihren Willen.

▲ Deutsche Soldaten bei der Choleraimpfung an der Ostfront.

◄ Die deutschen Bemühungen an der Ostfront nehmen zu, weil die Schwäche Österreich-Ungarns immer offensichtlicher wird und man daran glaubt, daß Rußland schnell besiegt werden könne.

front konzentrieren müssen, besonders im Licht der jüngsten österreichisch-ungarischen Fehlschläge. Acht Divisionen werden von der Westfront in den Süden von Krakau verlegt. Am 16. April wird die neue Elfte Armee unter General von Falkenhayn formiert. Falkenhayn reist nach Osten, um den Gesamtbefehl über die kommende Offensive zu führen, obwohl er glaubt, daß ein Sieg nur an der Westfront erzielt werden kann.

Die Offensive verlangt, daß Generalfeldmarschall von Hindenburg im Norden von Warschau die ihm gegenüberliegenden russischen Verbände durch begrenzte Angriffe schlägt. Der Hauptangriff wird im Süden von Mackensens Elfter Armee geführt. Sie startet einen breiten Angriff mit Richtung auf die Städte Gorlice und Tarnow. Österreichisch-ungarische Einheiten nehmen ebenfalls teil.

14. April

POLITIK, *GRIECHENLAND*
Die griechische Regierung weist ein erneutes Angebot zurück, das ihr türkische Gebiete in Aussicht stellt, falls Griechenland in den Krieg gegen die Mittelmächte eintritt.

▶ ***Der holländische Flugzeugingenieur Anthony Fokker entwickelt eine Apparatur, mit der ein Maschinengewehr durch einen laufenden Propeller schießen kann.***

17. April

SEEKRIEG, *MITTELMEER*
Dem britischen *E17* gelingt als erstem U-Boot der Durchbruch durch die türkische Verteidigung (Forts, Minen, Netze) in den Dardanellen. Weitere folgen und erzielen einige Erfolge gegen den deutschen und türkischen Schiffsverkehr im Schwarzen Meer.

19. April

TECHNIK, *DEUTSCHLAND*
Unter Anthony Fokkers Leitung entwickeln Flugzeugtechniker ein mechanisches Unterbrechergetriebe, das es ermöglicht, Maschinengewehre durch laufende Flugzeugpropeller abzufeuern. Dies treibt die Entwicklung von erstklassigen Einsitzer-Jagdflugzeugen voran.

20. April

MITTLERER OSTEN, *ARMENIEN*
1.300 armenische Rebellen und 30.000 Zivilisten werden von den Türken in der Stadt Van belagert. Sie halten durch, bis die Belagerung am 19. Mai von russischen Truppen gebrochen wird.

22. April

WESTFRONT, *BELGIEN*
Die zweite Schlacht von Ypern beginnt mit dem ersten Einsatz von Chlorgas an der Westfront. Deutschland hält 4.000 Gaszylinder bereit, die es für die Eröffnung eines Angriffs seiner Vierten Armee einsetzt. Ohne Schutz gegen das Gas fliehen viele Einheiten aus ihren

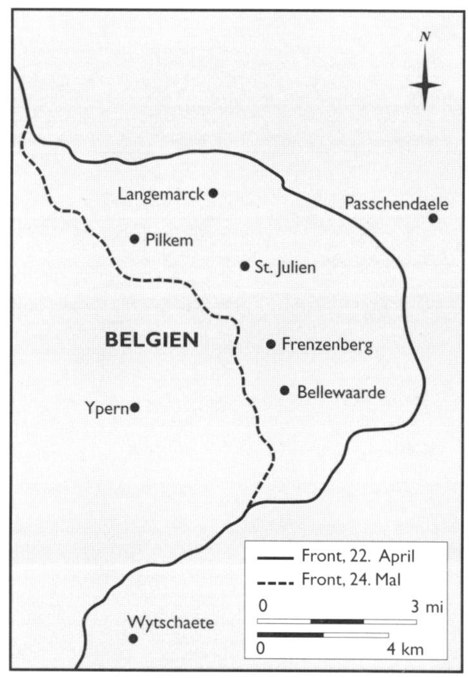

▶ ***Die zweite Schlacht von Ypern dauert von April bis Mai 1915. Deutschland gelingt es, die britisch gehaltene Frontspitze bei Ypern zu reduzieren.***

▼ ***Das britische U-Boot E11 wird nach einem erfolgreichen Ausfall gegen den feindlichen Schiffsverkehr im Schwarzen Meer bei seiner Ankunft in England gefeiert.***

▲ *Deutsche Soldaten in einem Reservegraben mit dem Vorläufer der Gasmaske, einem Gazetuch, das vor Mund und Nase gebunden wird.*

▶ *Deutsche MG-Schützen transportieren ihre Maxim-MGs an die Front.*

Stellungen an der Frontspitze und öffnen damit eine 8 km breite Lücke in der Front. Ein zweiter Gasangriff folgt am nächsten Tag.

24. April

WESTFRONT, ***BELGIEN***
Deutschland setzt erneut Gas ein, nun in der Offensive gegen die Frontspitze von Ypern. Der Angriff konzentriert sich auf St. Julien, wo die kanadische Erste Division liegt. Sie improvisieren einen Gasschutz aus mit Wasser oder Urin getränkten Taschentüchern und verhindern einen größeren Durchbruch.

25. April

MITTLERER OSTEN, ***TÜRKEI***
Die Invasion von Gallipoli beginnt. Der Plan sieht drei Landungen mit insgesamt 30.000 Soldaten vor. Als erstes

PERSÖNLICHKEITEN

MUSTAPHA KEMAL

Mustapha Kemal, der spätere Atatürk und Begründer der modernen Türkei, ist auch heute noch ein Nationalheld in der Türkei. Als Berufssoldat diente er im türkisch-italienischen Krieg (1912–1913) und in den Balkankriegen (1912–1913). Durch sein großes Engagement verhinderte er, daß Großbritannien und Frankreich 1915 aus ihrem Überraschungsangriff auf die Gallipoli-Halbinsel Kapital schlagen konnten.

Nach Gallipoli diente Kemal im Kaukasus und in Syrien. Hier brüskierte sein radikaler Vorschlag, türkische Provinzen im Mittleren Osten dem Feind zu überlassen, seine Vorgesetzten. Er wurde im Dezember 1917 auf unbestimmte Zeit aus Krankheitsgründen suspendiert, doch im Spätsommer 1918 wieder zurückbeordert – nur um Augenzeuge der Niederlage der Türkei zu werden.

Nach dem 1. Weltkrieg wurde Kemal Kopf einer Gegenregierung gegen Konstantinopel und kämpfte gegen den Zerfall der Türkei. 1922 griff er von seiner Basis in Ankara aus die Hauptstadt an und erreichte den Abzug der Besatzer.

Im Oktober 1923 wurde er zum Präsidenten der neuen Türkischen Republik ernannt und machte Ankara zur Hauptstadt. Er führte weitreichende Reformen zur Modernisierung des Landes durch. Kemal genoß großes öffentliches Ansehen, und man verlieh ihm 1934 den Titel Atatürk – Vater der Türken.

▲ *Ein britisches Feldlazarett in Belgien während der Kämpfe um Ypern. Sanitäter versorgen die Leichtverwundeten.*

landen britische Truppen am Kap Helles. Dann die Truppen des ANZAC (Australian and New Zealand Army Corps) nördlich von Kap Helles bei Ari Burun. Die dritte Landung von französischen Truppen auf der gegenüberliegenden Seite der Dardanellen ist ein Ablenkungsangriff.

Alle Angriffe werden durch Schiffsfeuer unterstützt. Das 80 km nördlich vom Kap Helles gelegene Bulair wird von Kriegsschiffen angegriffen, um General Liman von Sanders Vorgehen abzulenken.

Die Landung verläuft nicht reibungslos. Am Kap Helles landet die 29. britische Division an fünf Stränden zugleich im intensiven Feuer der einheimischen Verteidiger. Trotz hoher Verluste erreichen Teile dieses Kommandos ihr Einsatzziel am 28. April – die Kommandohöhen von Achi Baba und die Stadt Krithia. Doch geht alles sehr chaotisch zu, und einige Einheiten machen zur Überbrückung Teepause. Die Türkei wirft Truppen nach vorn und besetzt zwei Stellungen, von denen aus sie die Landungsstrände beschießen können.

Die ANZAC-Truppen sollen ebenfalls eine Anhöhe nehmen – die Hügelkette von Chunuk Bair. Das Gebiet wird nur schlecht verteidigt, und den ANZAC gelingt es fast, es einzunehmen. Nur die schnelle Reaktion von Mustapha Kemal, der gerade rechtzeitig Reservetruppen

▼ *Deutsche Soldaten genießen eine Pause vor der Eröffnung der Schlacht gegen Gorlice und Tarnow, die Anfang Mai kapitulieren.*

in den Sektor verlegt hat, verhindert, daß die ANZAC ihr Hauptziel erreichen.

26. April

POLITIK, *ITALIEN*
Die Regierung ist mit einem Krieg gegen die einstigen Verbündeten einverstanden. Ihr wurden im Siegesfall Gebiete versprochen. Österreich-Ungarn zieht Verstärkungstruppen aus Serbien und von der Ostfront an seine Grenzen zu Italien.

28. April

MITTLERER OSTEN, *TÜRKEI*
Britische Soldaten stürmen gegen die türkischen Stellungen um die Stadt Krithia auf Gallipoli. Sie dringen nur 3 km weit an der Küste vor und erleiden 3.000 Mann Verlust. Die verstärkten Verteidigungstruppen führen eine Reihe Gegenangriffe durch.

1. Mai

OSTFRONT, *GALIZIEN*
Der deutsche Angriff gegen Gorlice und Tarnow beginnt, eingeleitet von einem vierstündigen Artilleriefeuer mit 600 Granaten - konventionelle ebenso wie Gasgranaten. Die deutschen und österreichisch-ungarischen Truppen stürmen entlang einer 45 km breiten Front und zerschlagen die russische Dritte Armee. Gorlice fällt am 2., Tarnow am 6. Mai. Die deutschen Armeen schlagen aus ihren frühen Erfolgen Kapital und dringen in den nächsten Wochen tiefer nach Galizien vor.

▲ **Eine türkische Granate explodiert knapp neben einem der britischen Landungspiers am Kap Helles an der Spitze der Gallipoli-Halbinsel.**

▼ **Die britisch-französische Landung auf Gallipoli war ein kostspieliger Fehlschlag.**

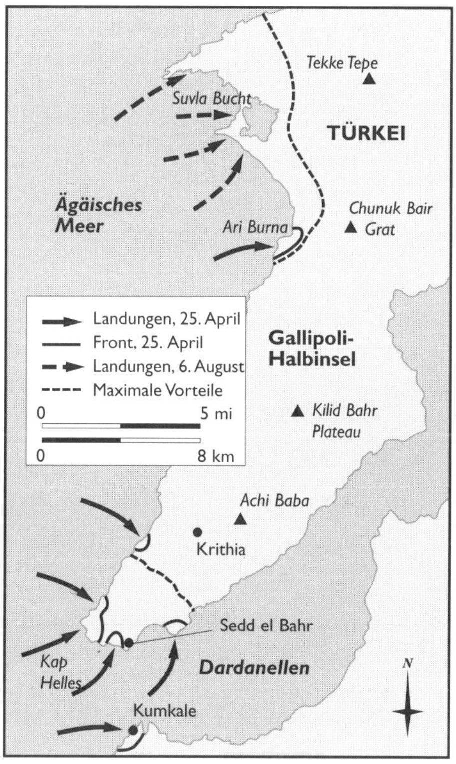

SEEKRIEG, *ATLANTIK*
Das deutsche *U-30* versenkt das erste amerikanische Handelsschiff, die *Gulflight*.

6. Mai

WESTFRONT, *BELGIEN*
Der Kommandant der britischen Zweiten Armee bei Ypern, General Sir Horace Smith-Dorrien, wird durch General Herbert Plumer abgelöst, als er vorschlägt, daß ein taktischer Rückzug den Druck auf die Frontspitze nehmen könnte. Sein Vorgesetzter Feldmarschall French ist damit nicht einverstanden und befiehlt weitere Gegenangriffe, von denen keiner zu nennenswerten Landgewinnen führt.

MITTLERER OSTEN, *TÜRKEI*
Die britischen Truppen versuchen erneut, die Stadt Krithia einzunehmen. Der Sturm erstirbt nach nur 550 m und 6.500 Mann Verlust. Der britische Kommandant General Sir Ian Hamilton erhält weitere Verstärkung.

7. Mai

SEEKRIEG, *ATLANTIK*
Das deutsche U-Boot *U-20* versenkt die *Lusitania*. Unter den Toten sind 124 US-Bürger.

▲ *Der britische Dampfer* **Lusitania***, der von New York nach Italien verkehrt, wird vor der irischen Küste von einem deutschen U-Boot versenkt. Sein Verlust verhärtete die US-amerikanischen Ressentiments gegen Deutschland.*

8. Mai

WESTFRONT, *BELGIEN*
In der zweiten Schlacht von Ypern nehmen deutsche Truppen den Höhenzug von Frenzenberg ein und halten ihn trotz mehrerer Gegenangriffe.

9. Mai

WESTFRONT, *FRANKREICH*
General Sir Douglas Haig, Kommandant der Ersten britischen Armee, greift auf beiden Seiten von Neuve Chapelle an. Sein Ziel ist die Sicherung der 2,7 km vor der Stadt liegenden Hügel von Aubers. Großbritannien unterstützt eine französische Hauptoffensive im Artois. Das Sperrfeuer zur Eröffnung ist nicht koordiniert und unterminiert kaum die deutsche Verteidigung. Auch bestehen Zweifel über die Qualität und Quantität der gestellten Artilleriegranaten. Der Angriff, der nur geringe Fortschritte macht, wird am nächsten Tag eingestellt. Großbritannien hat 11.600 Soldaten verloren.

Während die Briten bei den Hügeln von Aubers Rückzugsgefechte führen, eröffnen die Franzosen die zweite Schlacht von Artois. Angeführt von General Pétains Korps dringen sie in 90 Minuten 6 km weit vor und erreichen die Hügel von Vimy. Zunehmende Verluste überzeugen Pétain, von weiteren Frontalangriffen auf die Erhebung abzusehen. Das Gefecht geht weiter und konzentriert sich auf die Stadt Souchez.

11. Mai

MITTLERER OSTEN, *MESOPOTAMIEN*
Der Kommandant der verstärkten britischen Kräfte General Sir John Nixon entwirft eine Offensive, um Bagdad zu erobern. Ihm ist nicht klar, daß die Türkei ihre Truppen gerade in dieser Region verstärkt.

12. Mai

AFRIKA, *SÜDWESTAFRIKA*
Südafrikanische Truppen unter General Louis Botha besetzen die Hauptstadt Windhuk.

Bei einem Treffen mit dem deutschen Gouverneur am 20. Mai verlangt Botha die bedingungslose Kapitulation.

13. Mai

POLITIK, *GROSSBRITANNIEN*
Die Regierung stimmt zu, alle Ausländer im wehrfähigen Alter, die aus feindlichen Staaten stammen, zu internieren.

15. MAI

WESTFRONT, *FRANKREICH*
Der Kommandant des britischen Expeditionskorps Feldmarschall Sir John French verbleibt unter dem Druck, die französische Offensive zu unterstützen, im Artois und befiehlt seiner Ersten Armee unter General Sir Douglas Haig, Festubert anzugreifen. Der erste Angriff findet im Schutz der Dunkelheit statt und wird von einem 60-minütigen Artilleriefeuer auf die deutschen Gräben eingeleitet.

Sie erzielen schnell einige Landgewinne, aber Regen, Nebel und deutscher Widerstand verhindern eine weitere Ausbeute. Der britische Mangel an Artilleriegeschossen nimmt bedrohliche Ausmaße an.

▼ *Ein einsamer Soldat während des Gefechtes bei Festubert.*

▲ *Deutsche Verwundete und Gefangene suchen mit ihren britischen Bewachern bei Aubers Zuflucht in einem Granattrichter.*

19. MAI

MITTLERER OSTEN, *TÜRKEI*
Die ANZAC (knapp 17.000 Mann) wehren auf Gallipoli einen türkischen Gegenangriff mit 40.000 Soldaten ab und fügen ihnen Verluste von 3.000 Toten zu.

23. MAI

POLITIK, *ITALIEN*
Die italienische Regierung erklärt, daß sie mit Österreich-Ungarn – jedoch nicht mit Deutschland – im Krieg liege. Die kommenden Kämpfe konzentrieren sich auf die bergigen Gebiete Norditaliens im Trentino und am Isonzo. Der Hauptvorstoß wird entlang des Flusses Isonzo geführt, in Richtung auf den österreichisch-ungarischen Hafen Triest. Italien hofft auch auf einen Vorstoß, um den bedrängten Serben zu helfen.

24. MAI

WESTFRONT, *BELGIEN*
Der deutsche Angriff gegen die britische Frontspitze bei Bellewards (Ypern), ist anfangs erfolgreich, später gehen aber alle Gewinne durch Gegenstöße verloren. Mit dem Ausgang der Kämpfe am 25. Mai endet auch die zweite Schlacht von Ypern. Großbritannien hat in dieser Offensive 35.000 Mann verloren, Deutschland 58.000 und Frankreich knapp 10.000. Die Stellungen bei Ypern sind auf eine Tiefe von 5 km reduziert worden.

25. MAI

POLITIK, *GROSSBRITANNIEN*
Eine Koalitionsregierung aus 12 liberalen und 8 konservativen Politikern wird gebildet. Der liberale David Lloyd George wird Minister für Munition.

26. MAI

POLITIK, *GROSSBRITANNIEN*
Nach dem Fehlschlag der Marineangriffe auf die Dardanellen wird der Erste Lord der Admiralität, Sir Winston Churchill, durch Premierminister Her-

▲ *Australische Infanteristen erwarten bei Gallipoli den Sturmbefehl.*

▼ *Winston Churchill (Mitte, mit Rohrstock), aufgenommen nach seiner Entlassung aufgrund des Fiaskos bei Gallipoli.*

▲ *Französische Soldaten, die im Frühjahr 1915 bei den Kämpfen um die Frontspitze von Ypern gefangengenommen wurden.*

bert Asquith seines Postens enthoben. Im November wird Churchill von der gesamten Regierung wegen der mißlungenen Gallipoli-Operation fallengelassen. Er geht an die Westfront.

SEEKRIEG, *ADRIA*
Italien beginnt eine Seeblockade gegen Österreich-Ungarn.

27. MAI

WESTFRONT, *FRANKREICH*
Der britische Angriff bei Festubert wird beendet. Feldmarschall French erklärt seiner Regierung, daß keine weiteren Angriffe ausgeführt werden könnten, solange kein Nachschub an Artilleriegranaten komme. Großbritannien hat ein Gebiet von 1,6 km Breite und 2,7 km Tiefe gewonnen – und dabei 16.000 Soldaten verloren. Die deutschen Verluste belaufen sich auf 5.000 Mann.

LUFTKRIEG, *DEUTSCHLAND*
Französische Voisin-Bomber führen ihren ersten Langstreckeneinsatz durch. Sie bombardieren die „Badische Anilinfabrik" in Ludwigshafen.

31. MAI

MITTLERER OSTEN, *MESOPOTAMIEN*
Unter Befehl von General John Nixon schlägt General Charles Townshend die türkischen Kräfte bei Qurna. Townshend kommandiert eine Division, die von Kanonenbooten unterstützt wird, und soll die Möglichkeit eines Vorstoßes gegen Bagdad prüfen. Mit einem zweiten Wasserlandangriff wird Amara am 3. Juli eingenommen. Der erkrankte Townshend aber muß ins Lazarett.

1. JUNI

POLITIK, *DEUTSCHLAND*
Die Regierung entschuldigt sich offiziell bei den USA für die Versenkung des Tankschiffes *Gulflight* vor den Scilly-Inseln am 1. Mai.

2. JUNI

POLITIK, *DEUTSCHLAND*
Kaiser Wilhelm II. unterstützt gegen den Widerstand Hindenburgs und Ludendorffs den Plan einer begrenzten Einkesselung der russischen Truppen an der Frontspitze bei Warschau.

Der Plan sieht vor, daß General von Gallwitz' Zwölfte Armee südlich von Warschau zuschlägt, während deutsche und österreichisch-ungarische Verbände inzwischen den Durchbruch zwischen Gorlice und Tarnow nutzen sollen, um nach Norden vorzudringen.

HEIMATFRONT, *GROSSBRITANNIEN*
Ein Gesetz zur Produktion von Kriegsmunition wird erlassen. Masseneinstellungen von 46.000 Arbeiterinnen folgen, um die Produktion gleich in der ersten Woche voranzutreiben.

3. JUNI

OSTFRONT, *GALIZIEN*
Dank des Durchbruches bei Gorlice-Tarnow im vergangenen Monat gelingt die Rückeroberung der Festung von Przemysl.

▶ *Der britische General Sir Charles Townshend, dem trotz Resourcenmangel der Angriff auf Bagdad befohlen wurde.*

4. JUNI

MITTLERER OSTEN, *TÜRKEI*

Auf Gallipoli versuchen britische Truppen zum dritten Mal die Eroberung von Krithia. 30.000 Mann greifen an, ihnen gelingt aber bei 6.500 Verlusten nur der Gewinn einiger hundert Meter. Zunehmende Verluste und ausbleibender Erfolg machen weitere Verstärkung notwendig. Doch die Zweifel am Sinn der Operation wachsen.

6.–7. JUNI

LUFTKRIEG, *GROSSBRITANNIEN*

Deutsche Zeppeline führen einen Angriff gegen Häfen der Ostküste und Londons. Der Angriff des deutschen Zeppelins *L9* gegen den Hafen Hull dauert 20 Minuten. Die Hauptattacke richtet sich gegen London. Drei Luftschiffe führen ihren Angriff mit unterschiedlichem Erfolg durch.

LZ38 kehrt zu seiner Basis bei Brüssel zurück, wird dort aber von einem britischen Marineflieger zerstört. An anderer Stelle verfolgt Flugleutnant R. Warneford trotz heftigen Schutzfeuers den Zeppelin *LZ34* von Ostende bis Gent und zerstört ihn mit einem Bombardement; *LZ39* kehrt sicher heim.

16. JUNI

WESTFRONT, *FRANKREICH*

Die zweite Schlacht von Artois setzt sich mit einem Angriff von 20 Divisionen gegen die deutschen Stellungen fort, die mittlerweile Verstärkung erhalten haben. Die Offensive ist auf den Hü-

◀ *In den Munitionsfabriken der kriegsführenden Nationen müssen zunehmend Frauen die Arbeit der Männer übernehmen.*

▼ *Deutsche Truppen marschieren in Przemysl ein.*

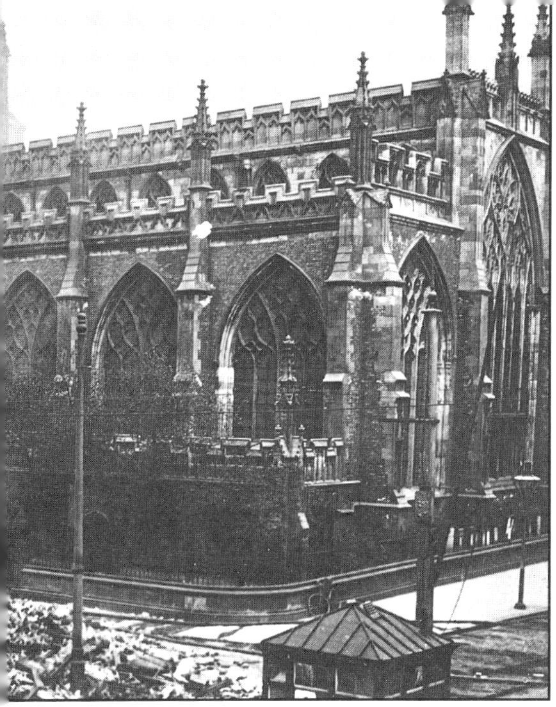

◀ *Britische Feuerwehrleute und Retter durchkämmen die Ruinen eines Hauses nach einem deutschen Luftschiffangriff auf Hull.*

gel von Vimy gerichtet, aber nur einer Division gelingt es, kurzzeitig auf dem Kommandohügel Fuß zu fassen.

18. JUNI

WESTFRONT, *FRANKREICH*
Obwohl die Kämpfe sich noch bis zum Ende des Monats hinziehen, findet die zweite Schlacht von Artois doch ein abruptes Ende. Frankreich hat 65 km^2 der von deutschen Truppen besetzten Gebiete zurückgewonnen. Die Verluste sind auf beiden Seiten hoch.

22. JUNI

OSTFRONT, *GALIZIEN*
Die österreichisch-ungarische Zweite Armee gewinnt die Festung von Lemberg zurück, die im September 1914 in russische Hände fiel. Auch dieser Sieg gelingt dank des von General August von Mackensen durchgeführten Durchbruchs bei Gorlice-Tarnow. Mackensen wird am selben Tag zum Generalfeldmarschall befördert.

◀ *Französische Kanoniere stehen bereit, um in der zweiten Schlacht von Artois das Feuer zu eröffnen.*

▼ *Österreichisch-ungarische Soldaten bemannen Gräben hoch über dem Isonzo.*

23. JUNI–7. JULI

WESTFRONT, *ITALIEN*
Italien eröffnet die erste Schlacht am Isonzo, eine Serie von elf Gefechten an der österreichisch-ungarischen Grenze, die bis 1918 andauert. Es ist geplant, den Hafen Triest, dessen Einwohner zu zwei Dritteln Italiener sind, zu erobern. Dazu müssen aber zunächst einige Hindernisse überwunden werden – zuerst der Isonzo selbst, der sich tief ins Gebirge eingegraben hat.

Den 200.000 Italienern, die den österreichisch-ungarischen Truppen anfangs zahlenmäßig 2:1 überlegen sind, gelingt in der Eröffnungsphase ein Erfolg, doch die am 30. Juni begonnene Offensive endet als Fehlschlag. Die italienischen Truppen greifen auf einer Front von 32 km Breite an, gewinnen aber nur eine einzige Stellung am Ostufer.

Ein erneuter Angriff am 5. Juli bringt ihnen wenig ein. Die italienische Zweite Armee unter General Pietro Frugoni und Graf Aostas Dritte Armee führen den Angriff. Trotz einer Überlegenheit von 1:6 können sie nur 1,6 km weit vorstoßen. Die Verluste sind hoch. Italien verliert 5.000 Mann, davon allein 4.000 in der Schlacht bei Gorizia. Die österreichisch-ungarischen Verluste belaufen sich auf 10.000 Soldaten.

24. JUNI

POLITIK, *FRANKREICH*
Bei einem Treffen in Chantilly stimmen General Joffre und Feldmarschall

French darin überein, daß die Westfront der Schlüssel zum Sieg sei. Sie planen eine Großoffensive für den Spätsommer. Beide brauchen Zeit, um Verstärkung zu sammeln.

HEIMATFRONT, *USA*
70.000 Menschen nehmen am deutsch-amerikanischen Treffen im New Yorker Madison Square Garden teil.

9. JULI

AFRIKA, *SÜDWESTAFRIKA*
Die übriggebliebenen deutschen Truppen ergeben sich der südafrikanischen Übermacht.

HEIMATFRONT, *GROSSBRITANNIEN*
Kriegsminister Lord Kitchener hält in der Londoner Guildhall eine Rede, die neue Rekruten anlocken soll. Bis Ende des Monats folgen mehr als zwei Millionen Männer seinem Ruf. Viele von ihnen sind sich der auf sie zukommenden Schrecken noch nicht bewußt. Dementsprechend sorglos ziehen sie in den Krieg.

11. JULI

POLITIK, *USA*
Außenminister Robert Lansing hält in einer privaten Notiz fest: „Wir dürfen Deutschland nicht erlauben, diesen Krieg zu gewinnen oder schadlos daraus hervorzugehen."

SEEKRIEG, *AFRIKA*
Das deutsche Kaperschiff *Königsberg* zieht sich auf dem Fluß Rufidji nach einem Beschuß durch zwei britische Monitore schwer beschädigt zurück. Die *Königsberg* wird von der Besatzung versenkt, doch ihre Hauptgeschütze werden gerettet und später für deutsche Landeinsätze in Ostafrika benutzt.

13. JULI

OSTFRONT, *POLEN*
General von Gallwitz' deutsche Zwölfte Armee eröffnet mit 12.000 Mann auf einer 40 km breiten Front ihre Offensive gegen die Frontspitze bei Warschau. Bis zum 17. Juli stößt sie 8 km weit vor. Es wird berichtet, daß die russische Kampfmoral sinkt. Deutsche Truppen kommen am 5. August in Warschau an. Die Stellungen um die russisch besetzte Stadt fallen unter Angriffen aus Norden und Süden.

▲ ***Eine Kolonne italienischer Infanterie, die Bersagliari, zieht in der ersten Schlacht am Isonzo durch ein Dorf.***

17. JULI

POLITIK, *GROSSBRITANNIEN*
Britische Frauen organisieren sich in einem Protestmarsch, bei dem sie eine stärkere Beteiligung am Kriegsgeschehen fordern.

POLITIK, *BULGARIEN*
Obwohl Bulgarien seine fortdauernde Neutralität erklärt, unterzeichnet es ein Geheimabkommen mit Deutschland und Österreich-Ungarn.

▼ ***Eine österreichisch-ungarische Expedition mustert die gefallenen Italiener nach der ersten Schlacht am Isonzo.***

Als Teil dieses Abkommens erhält Bulgarien 1.550 km² türkisches Grenzgebiet.

18. Juli–3. August

WESTFRONT, *ITALIEN*

Italien und Österreich-Ungarn treffen in der zweiten Schlacht am Isonzo aufeinander. Der italienische Generalstabschef Luigi Cadorna hat mehr Artillerie an die Front geschickt, um einen Durchbruch nach Triest zu erzielen. Auf seiner Seite hat Österreich-Ungarn die Stellungen nur um zwei Divisionen verstärkt – die jedoch ausreichen.

Die Schlacht beginnt mit einem kleinen, aber exakt ausgeführten Sperrfeuer. Der italienischen Zweiten und Vierten Armee gelingt ein Anfangserfolg. Sie nehmen am 22. Juli über 4.000 österreichisch-ungarische Gefangene. Aber mangels schwerer Artillerie und Ge-

▲ ***Das zerstörte deutsche Kaperschiff* Königsberg *liegt im Rufiji auf Grund. Nachdem es schwere Schäden durch britische Kriegsschiffe erlitten hatte, befahl sein Kapitän die Versenkung des Schiffes. Die Waffenanlagen werden für den Landkrieg weiter benutzt.***

▼ ***Ein einzelner deutscher Soldat bewacht nach der Schlacht um Warschau eine Gruppe russischer Gefangener.***

schossen verlangsamt sich der Vorstoß und kommt vor den stacheldrahtgeschützten Schützengräben Österreich-Ungarns zum Stillstand. Die wenigen Fortschritte werden von Österreich-Ungarn wieder zunichte gemacht, und die Schlacht endet am 3. August.

24. JULI

MITTLERER OSTEN, *MESOPOTAMIEN*
Der britische Generalmajor George Gorringe, dem befohlen war, mit Unterstützung von General Charles Townshends Vorstoß am benachbarten Tigris entlang des Euphrat in Richtung Bagdad vorzudringen, besiegt die türkische Defensive 160 km vor Basra bei Nasrije.

1. AUGUST

POLITIK, *DEUTSCHLAND*
Deutschlands Strategen stimmen über die Notwendigkeit überein, Serbien so schnell wie möglich, vorzugsweise mit bulgarischer Hilfe, zu besiegen. Der Sieg über Serbien würde Kräfte für die Ostfront freistellen.

LUFTKRIEG, *FRANKREICH*
Der deutsche Pilot Max Immelmann erzielt seinen ersten Luftsieg. Zum Teil liegt das an seiner Maschine, einer Fokker *F1*, die mit dem neuen Unterbrechergetriebe ausgerüstet ist. Es beginnt eine Phase deutscher Luftdominanz über der Westfront, die sogenannte „Fokkergeißel".

▲ General Luigi Cadorna, italienischer Generalstabschef von 1914 bis 1917.

4. AUGUST

SPIONAGE, *BELGIEN*
Die in Großbritannien geborene Krankenschwester Edith Cavell wird von Deutschen verhaftet, da sie an der Fluchthilfe für über 200 Kriegsgefangene beteiligt war. Sie wird von einem deutschen Kriegsgericht, das am 7. Oktober zusammentritt, verurteilt und fünf Tage später hingerichtet. Ihre letzten Worte: „Patriotismus ist nicht genug.

Ich darf gegen keinen Menschen Haß oder Bitterkeit hegen."

6. AUGUST

MITTLERER OSTEN, *TÜRKEI*
In dem Versuch, aus der Sackgasse auf Gallipoli herauszukommen, greifen britische Truppen in der Suvla-Bucht -im Norden der Halbinsel gegenüber der ursprünglichen Landungsstelle bei Ari Burun - zu Wasser und zu Land an. Sie wollen die türkischen Verteidiger im Süden umfassen. Gleichzeitig gehen die

▼ Österreichisch-ungarische Artillerie beschießt italienische Stellungen am Isonzo.

◀ *Ein Fokker-Jagdeinsitzer E I. Mit seiner Hilfe gelingt es Deutschland 1915, seine Luftüberlegenheit auszubauen.*

ANZAC-Truppen gegen die Hochebene von Chunuk Bair an.

Obwohl die ANZAC mit Entschlossenheit angreifen, sind ihre wenigen Gewinne teuer erkauft. Sie erobern am 8. August kurzzeitig den Gipfel von Chunuk Bair, werden aber zwei Tage später von Mustapha Kemal wieder zurückgedrängt. Die Landung bei Suvla trifft auf keinen Widerstand, doch der Kommandant Frederick Stopford nutzt die Lage nicht aus, so daß sich türkische Truppen auf dem Plateau über der Suvla-Bucht sammeln können.

12. August

TECHNIK, *GROSSBRITANNIEN*
Britische Erfinder nehmen die Arbeit am ersten gepanzerten Kettenfahrzeug

▼ *Britische Matrosen eskortieren den Sarg der exekutierten Krankenschwester Edith Cavell bei seiner Ankunft in England.*

17. August

der Welt auf. „Little Willie", so sein Spitzname, wird am 8. September zum ersten Mal vorgeführt.

Der Vorschlag, den Churchill am 24. Dezember macht, daß die Geheimwaffe offiziell als Wassertank bezeichnet werden solle, wird angenommen. So geht der Ausdruck „Tank" für Panzer vor allem in die englische Umgangssprache ein.

17. August

MITTLERER OSTEN, *TÜRKEI*

Der Kommandant der Gallipoli-Operation General Sir Hamilton fordert bei Kriegsminister Lord Kitchener weitere 95.000 Mann Verstärkung an. Die politische Bestürzung über die ständig steigenden Verluste bei Gallipoli wächst.

▲ *Britische Streitkräfte marschieren unter General Sir Charles Townshends Kommando gegen Kut-el-Amara.*

▼ *Eine Gruppe türkischer Gefangener, die während eines britischen Angriffs auf die Stadt Krithia gemacht wurden.*

19. August

SEEKRIEG, *IRISCHE SEE*

Das deutsche U-Boot *U-24* versenkt den Liniendampfer *Arabic*; unter den Toten befinden sich drei US-Bürger. Die Proteste in der USA nehmen zu.

20. August

POLITIK, *ITALIEN*

Italien erklärt der Türkei den Krieg.

21. August

POLITIK, *RUSSLAND*

Zar Nikolaus II. übernimmt persönlich das Kommando über die russische Armee und entläßt Großfürst Nikolaj Nikolajewitsch – trotz dessen ausgleichenden Einflusses bei der deutsch/österreichisch-ungarischen Einkesselungsoffensive an der Frontspitze bei Warschau.

Nikolajewitsch wird an den Kaukasus abkommandiert, während General Mikhail Alexejew als Generalstabschef eingesetzt wird.

25. AUGUST

OSTFRONT, *RUSSLAND*
Die aus dem Süden in den Rücken der Frontspitze von Warschau vorgestoßenen Truppen von General von Linsingen nehmen Brest-Litowsk ein.

26. AUGUST

POLITIK, *DEUTSCHLAND*
Die Regierung kündigt an, daß Handelsschiffe, später auch Passagierschiffe, nicht mehr ohne Vorwarnung angegriffen und versenkt werden.

27. AUGUST

MITTLERER OSTEN, *MESOPOTAMIEN*
Dem von seinem Krankenlager aus Indien zurückgekehrten General Sir Charles Townshend wird der Vorstoß gegen Kut-el-Amara, einer türkischen Hauptbasis am Tigris 480 km nördlich der britischen Basis Basra, befohlen. Er glaubt, daß seine Truppen von knapp 11.000 Mann nicht ausreichen.

Die am 12. September beginnende Offensive wird durch die große Hitze, fehlenden Nachschub über den Fluß und die Notwendigkeit, zwei Divisionen Infanterie zum Schutz der Verbindungswege abzustellen, stark behindert. Trotz allem erreicht er Kut-el-Amara am 16. September. Die türkischen Verteidiger unter Nur-du-Din Pascha verfügen über 10.000 verschanzte Soldaten und fast 40 Artilleriegeschütze.

28. AUGUST

POLITIK, *RUSSLAND*
Die Regierung weist ein deutsches Friedensange-

▲ *Ein früher Versuch, die Fähigkeit von Kettenfahrzeugen beim Überwinden von kleinen Hindernissen zu testen. Das Fahrzeug ist ein* **Killen Strait Tractor**, *ausgerüstet mit einem Drahtschneider.*

▼ *Australische Soldaten stürmen mit aufgepflanzten Bajonetten gegen die türkischen Schützengräben bei Gallipoli.*

WAFFEN

DER STOKES-MÖRSER

Im Oktober 1914 beklagten sich britische Soldaten bitterlich über eine deutsche Waffe, die eine Granate über eine Entfernung von 550 m verschießen konnte. Als Antwort darauf kopierten die Briten einfach einen eroberten deutschen Minenwerfer und verlangten von ihren Waffenherstellern, ein ähnliches Gerät zu entwickeln.

Bis Mitte 1915 waren die Entwürfe für eine solche Waffe weit davon entfernt, realisierbar zu sein. Wie der Minenwerfer waren die meisten nur Miniaturhaubitzen – groß, teuer und den Anforderungen eines Grabensystemes nicht gewachsen. Doch der Ingenieur William Stokes hatte einen revolutionären Entwurf: Seine Waffe bestand aus einem kurzen Lauf, einer Fußplatte und einem Zweibein, das unter dem Lauf verstellt wurde und so eine Ausrichtung des Feuers erlaubte. Bei Versuchsschüssen war der Mörser bemerkenswert zielgenau. Stokes entwickelte danach eine Granate die beim Aufschlag, und nicht nach eingestellter Zündzeit explodierte.

Stokes Gerät war simpel, günstig und einfach in der Handhabung. Es bewies 1918 seinen Wert, als der erschöpfende Grabenkrieg endete. Die Deutschen mußten ihre schweren Geräte zurücklassen, während die Stokes-Grabenmörser und ihre Munition schnell nach vorn getragen werden konnten.

Seine leichte Transportierbarkeit und hohe Feuerrate machten den Stokes-Grabenmörser zur Grundlage aller folgenden Entwicklungen.

▲ ***Deutsche 150-mm-Haubitzen werden an ihre neuen Stellungen an der Westfront verlegt.***

bot zurück und erklärt, daß es erst Frieden geben kann, wenn der letzte deutsche Soldat Rußland verlassen hat.

6. SEPTEMBER

POLITIK, *BULGARIEN*
Der bulgarische Vertreter Oberst Gancev trifft sich mit den deutschen Generalstabschefs Falkenhayn und Hötzendorf. Sie unterzeichnen einen Militärpakt gegen Serbien. Bulgarien erläßt am 22. September einen Mobilmachungsbefehl.

18. SEPTEMBER

POLITIK, *DEUTSCHLAND*
Die Regierung beugt sich US-Protesten und zieht ihre U-Boote ab, die von Südwesten her Großbritannien und den Kanal angreifen. Viele werden ins Mittelmeer verlegt, wo sie im Oktober mit einem großen Feldzug beginnen.

OSTFRONT, *RUSSLAND*
Als Höhepunkt der Offensive gegen die Frontspitze von Warschau erobern die Deutschen Wilna. In nur wenigen Monaten ist Rußland zum Rückzug aus Galizien und Polen (um 480 km) gezwungen worden. Trotz weiterer Kämpfe an der Ostfront bewegt sich hier in den letzten Monaten des Jahres nichts mehr. Starke Regenfälle verwandeln die Straßen in einen Morast, und ein Vorankommen wird unmöglich.

Die russischen Truppen müssen eine schwere Schlappe einstecken, können aber, nicht zuletzt dank dem gerade entlassenen Großfürsten Nikolajewitsch, aus dem Kessel ausbrechen. Sie haben bis Jahresende 2 Millionen Mann verloren, Deutschland/Österreich-Ungarn knapp 1 Million.

24. SEPTEMBER

MITTLERER OSTEN, *KAUKASUS*
Der russische Großfürst Nikolajewitsch kommt als Oberkommandant im Kaukasus an und behält General Nikolaj Yudenich als ranghöchsten Offizier bei. Sie planen für 1916 einen Hauptangriff gegen die Türkei.

25. SEPTEMBER

WESTFRONT, *FRANKREICH*
Nach einem dreitägigen Bombardement mit 2.000 Geschützen eröffnen zwei französische Armeen mit einem Angriff auf einer 24 km breiten Front gegen deutsche Truppen die zweite Schlacht in der Champagne. Sie ist einer von drei simultan beginnenden Hauptangriffen an der Westfront. Das Ziel ist es, Rußland, das unter schweren Attacken leidet, zu helfen und die deutschen Armeen zu schwächen.

Es werden frühe Erfolge erzielt – im Zentrum des Vorstoßes gewinnen die Franzosen bis zu 2,7 km. Am zweiten Tag gelingt es ihnen, bis zur zweiten deutschen Verteidigungslinie durchzubrechen. Die Schlacht dauert bis November an, fährt sich aber zunehmend fest.

▲ *Französische Wachen führen deutsche Gefangene während des Höhepunktes der Schlacht in der Champagne ins Hinterland.*

Der zweite französische Angriff, zugleich die dritte Schlacht bei Artois, befreit die Stadt Souchez. Nach fünf Tagen wird kurzzeitig die Kommandohöhe von Vimy zum dritten Mal.eingenommen. Weitere Erfolge halten sich in Grenzen und kosten viele Opfer. Die Gefechte dauern bis zum November an, doch Frankreich kann seine Anfangserfolge nicht ausbauen. Frankreich hat 48.000 Mann, Deutschland 30.000 verloren.

Beim dritten Angriff der Offensive, der Schlacht von Loos, greift General Haigs Erste Armee zwischen Lens und dem La-Bassée-Kanal an. Großbritannien setzt, da ihm Artilleriegranaten fehlen, zum ersten Mal von seiner Seite aus Gas ein. Aber ungünstige Winde treiben einen Teil des Gases zurück, und das Gelände – stark befestigte Dörfer und Schlackenhalden – erschweren das Vordringen. Der erste Vorstoß bringt 3,6 km. Die Sturmtruppen erobern einen Teil der Hohenzollernschanze, das Dorf Loos, und den Hügel 70.

Die zweite deutsche Verteidigungslinie hält stand. Die französischen Truppen, die die britischen unterstützen sollen, kommen nur langsam voran und werden am Morgen des 26. September abgewehrt. Deutsche Gegenangriffe gewinnen die Hohenzollernschanze zurück. Die Kämpfe dauern noch bis Oktober an.

27. SEPTEMBER

POLITIK, *GRIECHENLAND*

Die Regierung erlaubt es 150.000 britischen und französischen Soldaten, sich in Saloniki eine Operationsbasis einzurichten, um Serbien zu unterstützen. Die Verstärkung wird von zwei Generälen, Maurice Sarrail und Bryan Mahon, kommandiert.

27.–28. SEPTEMBER

MITTLERER OSTEN, *MESOPOTAMIEN*

General Sir Charles Townshend greift erneut Kut-el-Amara an. Der Angriff gelingt und fügt der Türkei 5.300 Mann Verlust, inklusive 1.300 Kriegsgefangenen, zu. Nur-du-Din Pascha zieht seine Verbände bis zur nächsten Verteidigungsmöglichkeit bei Ctesiphon südlich von Bagdad zurück. Die britischen Verluste steigen auf 1.230 Mann.

30. SEPTEMBER

MITTLERER OSTEN, *TÜRKEI*

Die 10. britische Division wird aus der stagnierenden Schlacht um Gallipoli abgezogen und nach Saloniki verlegt.

2. OKTOBER

POLITIK, *BULGARIEN*

Bulgarien erklärt sich bereit, in der kommenden Serbieninvasion auf Seiten der Mittelmächte zu kämpfen.

6. OKTOBER

WESTFRONT, *FRANKREICH*

Die zweite Schlacht in der Champagne setzt sich mit einer erneuten französischen Offensive gegen die deutsche

▼ *Der Truppenaufbau in Saloniki geht weiter. Hier warten französische Soldaten auf ihren Abmarsch.*

◀ *Britische Verwundete in den zerschossenen Straßen einer Stadt nach der Schlacht von Loos am 13. Oktober.*

Front fort. Frankreich erzielt kaum Gewinne. Die Kämpfe ziehen sich bis in den November hin und enden in einer Pattsituation. Die französischen Verluste liegen am 6. Oktober bei 144.000, die deutschen bei 85.000 Mann.

BALKAN, *SERBIEN*
Zwei österreichisch-ungarische Armeen eröffnen die Invasion von Serbien an der Nordgrenze. Dem ersten Vorstoß folgen zwei bulgarische Armeen, die am 14. Oktober von Osten her angreifen. Eine zieht gegen Nis, die andere auf Skopje. Die vereinte Aktion wird von Generalfeldmarschall von Mackensen befehligt. Zahlenmäßig weit unterlegen, flieht die serbische Armee vor einer Umfassung und zieht sich nach Südwesten zurück.

8. Oktober

MITTLERER OSTEN, *TÜRKEI*
Zusätzlich zu den Problemen, die sich für die Truppen in ihren Gräben auf Gallipoli stellen, zerstören Stürme viele ihrer Piers, die sie für die Verladung von Nachschub und ihrer Verwundeten brauchen.

9. Oktober

BALKAN, *SERBIEN*
Österreichisch-ungarische Truppen besetzen Belgrad, während andere den serbischen Verbündeten Montenegro angreifen.

11. Oktober

POLITIK, *GROSSBRITANNIEN*
Kriegsminister Lord Kitchener wägt die Risiken der Evakuierung von Gallipoli ab und erklärt, daß „diese Aufgabe das verheerendste Ereignis in der Geschichte des britischen Empire" wäre. Der Gallipoli-Kommandant General Sir Hamilton, schätzt, daß ein solcher Einsatz einen Verlust von 50% der Truppen bedeuten würde.

13. Oktober

LUFTKRIEG, *GROSSBRITANNIEN*
Im schwersten Zeppelin-Überfall des Jahres greifen fünf deutsche Luftschiffe verschieden Ziele an. In London töten die Bomben von *L13*, *L14* und *L15* 150 Menschen. An anderen Orten sterben 49 Zivilisten oder werden verwundet.

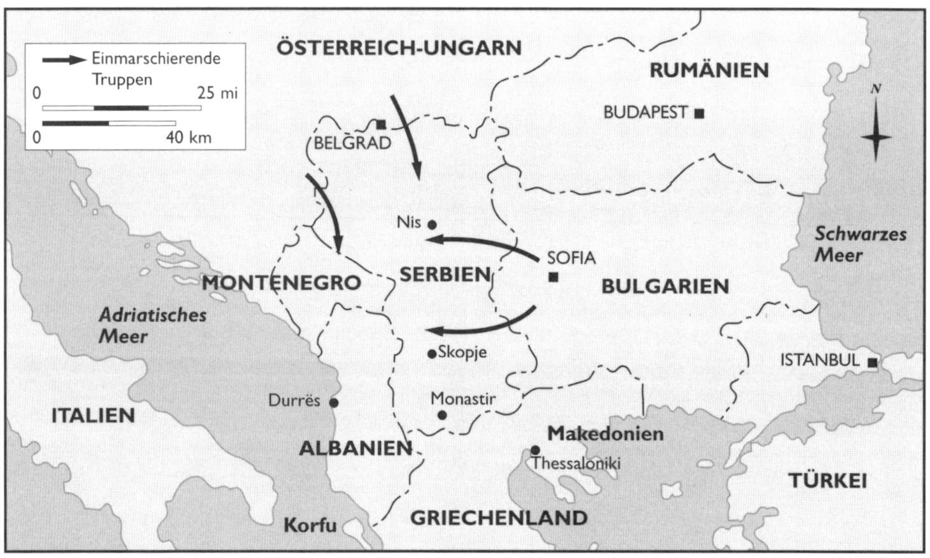

13.–14. Oktober

WESTFRONT, *FRANKREICH*
Die 46. britische Division erobert am Ende der Schlacht von Loos Teile der Hohenzollernschanze und wehrt erfolgreich deutsche Gegenangriffe ab. Großbritannien verliert 62.000 Mann, Deutschland 26.000. Der Kommandant des britischen Expeditionskorps, Feldmarschall Sir John French, wird für den schlechten Einsatz seiner Reserve in der Schlacht verantwortlich gemacht, und Stimmen nach seiner Ablösung werden laut.

14. Oktober

POLITIK, *BALKAN*
Bulgarien und Serbien erklären einander den Krieg.

15. Oktober

POLITIK, *GROSSBRITANNIEN*
Die Regierung erklärt Bulgarien, das in Serbien einmarschiert ist, den Krieg. Montenegro, ein enger Verbündeter Serbiens, folgt auf dem Fuße.

16. Oktober

POLITIK, *FRANKREICH*
Die Regierung erklärt Bulgarien den Krieg.

MITTLERER OSTEN, *TÜRKEI*
General Sir Hamilton, der Kommandant der Gallipoli-Truppen, erhält die Nachricht von seiner Ablösung durch General Sir Charles Monro, der sein Kommando am 28. Oktober übernimmt. Monro fordert als erstes Winterkleidung an.

◀ ***Der Zwillingsspitzen-Angriff 1915 gegen Serbien verbindet deutsche, österreichisch-ungarische und bulgarische Truppen.***

▼ ***Ein Sonderkommando der deutschen Kavallerie zieht durch Serbien.***

▲ ***Ein deutscher Zeppelin wird während eines Angriffs auf London von Suchscheinwerfern angestrahlt.***

18. Oktober–4. November

WESTFRONT, *ITALIEN*
Italienische Verbände stürmen erneut gegen fie Verteidigungslinie Österreich-Ungarns am Isonzo an. Obwohl sie mehr als eine Million Geschosse für einen dreitägigen Beschuß zur Eröffnung des Angriffs gelagert haben, gelingen den Italiern kaum Fortschritte. Jeder Bodengewinn wird ihnen sofort wieder abgenommen. Starker Regen und Schlamm verlangsamen den Angriff zusätzlich.

Der Angriff wird am 4. November beendet. Italien hat 67.000 Tote zu beklagen, Österreich-Ungarn hat 42.000 Soldaten verloren.

19. Oktober

POLITIK, *ITALIEN/RUSSLAND*
Italien und Rußland erklären Bulgarien den Krieg.

24. Oktober

BALKAN, *SERBIEN*
Einfallende bulgarische Einheiten verhindern einen Zusammenschluß zwischen den aus Saloniki nach Norden vorstoßenden britisch-französischen Truppen und der eingeschlossenen serbischen Armee.

5. November

BALKAN, *SERBIEN*
Die bulgarische Erste Armee nimmt den wichtigen Eisenbahnknotenpunkt Nis ein. Das bedeutet, daß sich die Eisenbahnverbindung nun ungehindert von Deutschland und Österreich-Ungarn bis in die Türkei erstreckt.

7. November

SEEKRIEG, *MITTELMEER*
Das österreichische U-Boot *U-38* beschießt und torpediert die zwischen

New York und Italien verkehrende *Ancona.* Unter den 208 Toten sind 25 US-Bürger. Die österreichische Reaktion auf die US-Proteste wird als nicht ausreichend zurückgewiesen.

10. NOVEMBER–2. DEZEMBER

WESTFRONT, *ITALIEN*

Italien und Österreich-Ungarn schlagen die vierte Schlacht am Isonzo. Die italienische Offensive wird von einem vierstündigen Beschuß eingeleitet. Obwohl die Italiener hart kämpfen, erzielen sie wenige Erfolge. Sie verlegen sich darauf, eines ihrer Hauptziele, die Stadt Gorizia, am 18. November durch Artilleriefeuer dem Erdboden gleichzumachen.

Das Gefecht endet am 2. Dezember, und Italien hat kaum Fortschritte vorzuweisen. Wieder sind die Verluste auf beiden Seiten hoch: 49.000 Italiener und 30.000 Österreich-Ungarn.

▼ *Ctesiphon, der Schauplatz der Schlacht zwischen türkischen und britischen Streitkräften.*

▲ *Nach Monaten erfolgloser Angriffe und zunehmender Verluste beginnt Großbritannien mit der Evakuierung der Gallipoli-Halbinsel.*

11. NOVEMBER

MITTLERER OSTEN, *MESOPOTAMIEN*

Die Briten setzen ihren Sturm gegen die türkischen Stellungen bei Ctesiphon fort. Nur-du-Din Paschas Truppen sind auf 18.000 Mann und 45 Artilleriegeschütze verstärkt worden.

Auf der anderen Seite verfügt General Charles Townshend über 10.000 Infanteristen, 1.000 Kavalleristen und 30 Artilleriegeschütze für seinen Angriff.

20. NOVEMBER

POLITIK, *KANADA*

Die Regierung erklärt Bulgarien und der Türkei den Krieg.

23. NOVEMBER

POLITIK, *USA*

Die US-Regierung weist das deutsche Angebot, 1.000 Dollar für jeden getöteten amerikanischen Passagier der am 7. Mai versenkten *Lusitania* zu zahlen, zurück.

MITTLERER OSTEN, *TÜRKEI*

Der britische Kriegsminister Lord Kitchener, der seit dem 10. November auf Erkundungsmission in Gallipoli ist, rät zur Evakuierung.

Er tritt am 24. November die Rückreise an. Bis zum 7. Dezember, als die Regierung der Evakuierung der Stellungen in der Suvla-Bucht und in Ari Burun zustimmt, gibt es keine klaren Beschlüsse.

22.–26. NOVEMBER

MITTLERER OSTEN, *MESOPOTAMIEN*

Großbritannien greift die türkischen Stellungen bei Ctesiphon (32 km südlich ihres Hauptzieles Bagdad) an. Der erste Sturm durchdringt die türkische Front, aber General Townshend fehlen die Reservetruppen, um den Erfolg auszubauen, und türkische Gegenstöße stabilisieren die Lage wieder.

Als die türkischen Truppen erneut Verstärkung erhalten, ordnet Townshend am 25. November schließlich den Rückzug seiner Verbände nach Kut-el-Amara an.

Während Townshends weitaus kleinere Truppe 4.600 Mann verloren hat, liegen die türkischen Verluste bei 6.200. Die Briten werden nur begrenzt verfolgt und kommen am 3. Dezember erschöpft in Kut-el-Amara an.

23. NOVEMBER

BALKAN, *SERBIEN*

Die 200.000 Mann der übel zugerichteten serbischen Armee beginnen einen 160-km-Rückzugsmarsch nach Albanien. Vier Kolonnen machen sich an die Überquerung der Berge, die Serbien und Albanien trennen. Tausende serbischer Soldaten sterben an Hunger und Unterkühlung.

◀ *Spezialisierte italienische Bergtruppen, die Alpini, marschieren zu ihren Bergstellungen.*

3. DEZEMBER

POLITIK, *FRANKREICH*
General Joseph Joffre wird Oberbefehlshaber aller französischen Truppen der Westfront.

6. DEZEMBER

POLITIK, *FRANKREICH*
Britische und französische Strategen treffen sich erneut in Chantilly und einigen sich auf einen Plan für eine Generaloffensive an der Westfront für 1916. Sie stimmen ebenfalls darin überein, ihre zunehmende Präsenz in Saloniki beizubehalten.

7. DEZEMBER

MITTLERER OSTEN, *MESOPOTAMIEN*
Türkische Truppen belagern die geschwächten britischen Truppen bei Kut-el-Amara. Eine Aufforderung am 9. Dezember, sich zu ergeben, weisen die Briten zurück. Ihnen wird später mitgeteilt, daß eine Befreiungsarmee aufgestellt werden soll.

Die Stadtgarnison wehrt mehrere Angriffe ab, und die türkischen Truppen graben sich ein.

8. DEZEMBER

MITTLERER OSTEN, *TÜRKEI*
Die Evakuierung der Brückenköpfe Suvla und Ari Burun beginnt. Entgegen großer Bedenken wird sie dank der minutiösen Planungsarbeit von General William Birdwood mit Erfolg ausgeführt. Die Türkei greift nicht in die Verschiffung der 83.000 Soldaten, 186 Artilleriegeschütze, 1.700 Fahrzeuge und 4.500 Transporttiere ein. Der Vorgang wird am 20. Dezember abgeschlossen. Nur die Truppen am Kap Helles verbleiben in ihren Stellungen.

12. DEZEMBER

SEEKRIEG, *ADRIA*
Alliierte Kriegsschiffe beginnen mit der Ausschiffung der serbischen Armee aus Albanien. Die Operation dauert bis 1916 an.

17. DEZEMBER

POLITIK, *GROSSBRITANNIEN*
Feldmarschall Sir John French wird als Kommandant des britischen Expeditionskorps von General Sir Douglas Haig abgelöst.

21. DEZEMBER

POLITIK, *DEUTSCHLAND*
22 der 44 sozialdemokratischen Abgeordneten stimmen im Reichstag gegen weitere Anleihen zur FInanzierung des Krieges.

26. DEZEMBER

SEEKRIEG, *NORDSEE*
Der deutsche Handelsstörer *Möwe* verläßt Bremen. Er versenkt bis zu seiner Heimkehr am 4. März 1916 14 Schiffe.

27. DEZEMBER

MITTLERER OSTEN, *TÜRKEI*
Die britische Regierung ist mit einer Evakuierung von Kap Helles am nächsten Morgen einverstanden.

28. DEZEMBER

POLITIK, *GROSSBRITANNIEN*
Die Regierung beschließt die Einführung der Wehrpflicht für erwachsene Männer.

29. DEZEMBER

POLITIK, *WESTFRONT*
General Joseph Joffre und General Sir Douglas Haig treffen sich. Sie diskutieren über einen Angriff entlang des Somme-Sektor im Jahr 1916.

▼ *Schwere serbische Artillerie bereitet sich darauf vor, das Feuer auf anstürmende österreichisch-ungarische Soldaten zu eröffnen.*

1916

In einem Jahr der großen, kostspieligen Offensiven versuchte Deutschland, die französische Armee bei Verdun zu zerschlagen. Es bedurfte des ganzen Einsatzes Großbritanniens und Rußlands, um Frankreich zu helfen. Die deutschen Armeen blieben an der Somme, obwohl sie hohe Verluste erlitten hatten. Rußland stand kurz davor, Österreich-Ungarn zur Aufgabe zu zwingen. Die ersten (vergeblichen) Friedensversuche wurden unternommen.

1. JANUAR

MITTLERER OSTEN, *ARABIEN*
Im türkisch kontrollierten Arabien stimmt der Großscheich Hussein einer Allianz mit Großbritannien zu und fordert Geld, um Gewehre und Nahrung zu kaufen. Die britische Regierung ist damit einverstanden. Die Rebellion beginnt im Mai.

AFRIKA, *KAMERUN*
Britische Truppen besetzen Jaunde, die Hauptstadt dieser deutschen Kolonie. Der Feldzug hatte, von anderen Kolonialmächten unterstützt, im August 1914 begonnen. Die deutschen Verteidiger lassen sich durch den Fall der Hauptstadt nicht entmutigen. Sie ziehen sich langsam in die spanische Kolonie Muni (knapp 200 km von Jaunde entfernt) zurück.

SEEKRIEG, *TECHNOLOGIE*
Im Rahmen des U-Boot-Kriegs führt Großbritannien die Wasserbombe ein. Aber schon 1917 wird der Nachschub dieser Waffenart knapp.

2. JANUAR

SEEKRIEG, SCHWARZES MEER
Großbritannien beendet seine erfolgreiche U-Boot-Kampagne gegen den türkischen Schiffsverkehr. 50% der türkischen Handelsschiffe sind versenkt, dem Rest fehlt es an Treibstoff.

▼ Britische und einheimische Soldaten bedienen eine 115-mm-Haubitze im westafrikanischen Kamerun.

▶ *Einheimische Träger der deutschen Armee, die in Ostafrika unter General Paul von Lettow-Vorbeck operiert. Die Deutschen vermeiden Stellungsgefechte und gehen mit schnellen Schlägen gegen isolierte feindliche Garnisonen und Bahnlinien vor.*

▼ *Türkische Soldaten bereiten sich auf ihre Verladung nach Bagdad vor. Sie sollen den Druck auf die belagerte britische Garnison von Kut-el-Amara und deren Befreiungstruppen verstärken.*

4. JANUAR

POLITIK, *ÖSTERREICH-UNGARN*
Generalstabschef Graf Conrad von Hötzendorf vertraut Premierminister Graf István Tisza an: „Die Möglichkeit, die russische Kriegsmaschinerie zu zerstören, steht außer Frage; England kann nicht besiegt werden; es muß so bald wie möglich Frieden gemacht werden, oder wir werden schwer geschwächt, wenn nicht sogar vernichtet."

MITTLERER OSTEN, *MESOPOTAMIEN*
Großbritannien versucht zum ersten Mal, das seit Dezember 1915 belagerte Kut-el-Amara zu erreichen. Das 19.000 Mann starke Tigriskorps unter General Fenton Aylmer sieht sich als Befreiungsarmee mehr als 30.000 türkischen Soldaten gegenüber. Sie stoßen am 9. Januar in der Schlacht von Scheich-Saad aufeinander.

6. JANUAR

AFRIKA, *OSTAFRIKA*
Der südafrikanische General Jan Christian Smuts übernimmt das Kommando des an Lungenentzündung erkrankten Generals Sir Horace Smith-Dorrien. Er beginnt einen Feldzug, um die deutschen Kolonien in Ostafrika zu erobern. Ende des Jahres steht er kurz vor dem Erfolg, kann aber die kleine Armee unter General Paul von Lettow-Vorbeck nicht schlagen, die sich auf einen höchst effektiven Guerillakrieg verlegt hat.

▼ *General Paul von Lettow-Vorbeck führt die deutschen und einheimischen Soldaten, die gegen britische, belgische und portugiesische Kolonien in Ostafrika vorgehen.*

▼ *In überwältigender Stärke marschieren österreichisch-ungarische Soldaten in Serbien ein.*

◀ Die angesichts deutscher, österreichisch-ungarischer und bulgarischer Angriffe zum Rückzug gezwungenen serbischen Soldaten erwarten ihre Evakuierung im albanischen Durazzo.

▶ Der britische Panzerprototyp „Mother“ wird geprüft. Man vertraut darauf, daß Panzer die Sackgasse an der Westfront aufbrechen können.

8. JANUAR

BALKAN, *MONTENEGRO*
50.000 hauptsächlich österreichisch-ungarische Soldaten führen einen von Artillerie, Luftwaffe und Marine gestützten Angriff durch.

Sie erzielen rasch Fortschritte, und Montenegro kapituliert am 17. Januar.

MITTLERER OSTEN, *TÜRKEI*
Mit der Verladung der letzten Truppen (17.000 Soldaten und 40 Geschütze) am Kap Helles wird die Evakuierung der Gallipoli-Halbinsel ohne Verluste beendet. Großbritannien, das Commonwealth und Frankreich haben 252.000 Mann, die Türkei etwa 250.000 verloren.

10. JANUAR

MITTLERER OSTEN, *ARMENIEN*
Die türkische Dritte Armee ist nach der Schlacht von Köprüköy an der türkisch/russischen Grenze gezwungen, sich bis Erzurum zurückzuziehen. Die Schlacht leitet eine große russische Offensive unter General Nikolaj Judenitsch ein.

12. JANUAR

BALKAN, *ALBANIEN*
Die Evakuierung der serbischen Armee über den Hafen Durazzo beginnt. Sie zieht nach Korfu, das entgegen der Proteste des neutralen Griechenlands von französischen Marinesoldaten besetzt wurde.

15. JANUAR

POLITIK, *USA*
Empörung entsteht, als bekannt wird, daß pro-deutsche Vertreter vom deutschen Militärattaché in Washington Franz von Papen Zahlungen erhalten haben. Papen ist auf Druck der US-Regierung nach Deutschland abberufen worden.

16. JANUAR

MITTLERER OSTEN, *MESOPOTAMIEN*
Der Kommandant der britischen Befreiungsarmee General Fenton Aylmer erhält vom Befehlshaber der belagerten Truppen in Kut-el-Amara die Nachricht, daß er nur noch über Rationen für zwei bis drei Wochen verfügt.

21. JANUAR

MITTLERER OSTEN, *MESOPOTAMIEN*
Die britische Befreiungsarmee wird von türkischen Truppen in der Schlacht von Hanna aufgehalten. Am selben Tag

◀ Admiral Reinhard Sheer, seit dem späten Januar Oberbefehlshaber der deutschen Hochseeflotte.

WAFFEN

ZEPPELINE

Der erste Zeppelin-Einsatz gegen Großbritannien fand in der Nacht vom 19. auf den 20. Januar 1915 statt. Bis 1918 wurden 55 ähnliche Einsätze durchgeführt, davon die meisten in den Jahren 1915 und 1916.

Zuerst konnte Großbritannien wenig gegen die Angriffe aus großer Höhe unternehmen. Doch der Beginn koordinierter Luftabwehr aus Luftschiffabwehrkanonen mit Suchscheinwerfern und hochfliegenden Jägern machte die Zeppeline verwundbarer. Sie wurden zunehmend durch Langstreckenbomber, vor allem die zweimotorigen Gotha, ersetzt, deren erster Einsatz im April 1917 erfolgte. Zeppeline wurden andernorts weiterhin als Bomber eingesetzt, vor allem aber in der Seeaufklärung.

Der Namensgeber der Luftschiffe, Graf Ferdinand von Zeppelin, hatte kurz nach der Jahrhundertwende Luftschiffe mit Aluminiumrahmen hergestellt, die mit einer dünnen Haut überzogen waren. Im Rahmen befanden sich gasgefüllte Säcke für den Auftrieb. 1914 besaß Deutschland eine Flotte von 18 Zeppelinen. Die meisten konnten eine Höhe von 6.100 m und eine Geschwindigkeit von 130 km/h erreichen.

Zwei Zeppeline, die in ihrem riesigen Hangar vor Anker liegen.

wird die Garnison von Kut-el-Amara auf halbe Ration gesetzt, auch wenn die Entdeckung eines Gerstenvorrats die Lage etwas entschärft. In den folgenden Wochen bringen die Briten mehr Truppen ins Spiel und entwerfen neue Pläne für die Befreiungsaktion. Am 7. März beginnt sie erneut.

24. JANUAR

POLITIK, *DEUTSCHLAND*
Admiral Reinhard Sheer wird zum Generalstabschef der deutschen Hochseeflotte ernannt. Sheer tritt für ein offensives Vorgehen gegen die englische Flotte ein. Er will die britische Marine in eine Entscheidungsschlacht locken. Im Februar erteilt Kaiser Wilhelm II. seine Zustimmung zu dieser Vorgehensweise.

27. JANUAR

POLITIK, *DEUTSCHLAND*
Der deutsche Generalstabschef General Erich von Falkenhayn vollendet seine Pläne für eine Offensive gegen die französischen Festungen von Verdun. Er hatte den Angriff schon im Dezember 1915 vorgeschlagen und volle Unterstützung durch den Kaiser erhalten. Falkenhayn plant, Frankreich bei Verdun massive Verluste zuzufügen, um die Moral und die Kampfkraft der französischen Soldaten zu untergraben. Der Beginn der Operation wird auf den 12. Februar angesetzt. Deutschland hat 1.220 zusätzliche Geschütze um die Stadt herum aufgestellt und bis zum 1. Februar mehr als 2,5 Millionen Granaten an die Front geliefert.

29. JANUAR

LUFTKRIEG, *FRANKREICH*
In Paris gibt es einen zweiten und letzten Zeppelinangriff. Bis Januar 1918 wird Paris nicht mehr aus der Luft angegriffen.

TECHNOLOGIE, *GROSSBRITANNIEN*
Der erste Panzer „Mother" durchläuft unter großer Geheimhaltung seine erste Testreihe. Sie wird ein voller Erfolg, und der Kommandant des britischen Expeditionskorps ordert am 11. Februar 40 Stück. Später wird die Bestellung auf 100 erhöht.

31. JANUAR

LUFTKRIEG, *GROSSBRITANNIEN*
Deutsche Luftschiffe führen ihren ersten Angriff gegen Industriegebiete in Mittel- und Nordwestengland. Sieben Zeppeline greifen an, verursachen aber vergleichsweise geringen Schaden. Bei seiner Rückkehr stürzt *L11* am 2. Februar über der Nordsee ab.

1. FEBRUAR

SEEKRIEG, *ÄRMELKANAL*
Die britische *Franz Fischer* wird als erstes Handelsschiff aus der Luft versenkt. Es ist eines von insgesamt drei Schiffen, die von Zeppelinen versenkt werden.

7. FEBRUAR

LUFTKRIEG, *WESTFRONT*
Großbritannien stellt seine erste Schwadron einsitziger Jagdflugzeuge auf.

9. FEBRUAR

BALKAN, *ALBANIEN*
Die Evakuierung der restlichen serbischen Armee wird über verschiedene albanische Häfen beendet.

11. FEBRUAR

POLITIK, *DEUTSCHLAND*
Kaiser Wilhelm II. läßt zu, daß deutsche U-Boote bewaffnete Dampfer angreifen, verbietet aber den Beschuß von Passagierschiffen. Der Befehl tritt am 29. Februar in Kraft. Am selben Tag kommt man überein, die Offensive in Verdun wegen Schnee und Regen auf den 21. Februar zu verlegen.

14. FEBRUAR

POLITIK, *GROSSBRITANNIEN/FRANKREICH*
Großbritannien und Frankreich bekräftigen, daß es ohne Garantie und Wiederherstellung der belgischen Neutralität keinen Frieden mit Deutschland geben kann. Die Strategen legen die Somme-Offensive für den 1. Juli fest.

16. FEBRUAR

MITTLERER OSTEN, *ARMENIEN*
Als Fortsetzung der Winteroffensive nimmt General Nikolaj Judenitsch Erzurum ein und setzt seinen Vormarsch fort.

21. FEBRUAR

WESTFRONT, *VERDUN*
Die deutsche Offensive wird durch ein neunstündiges Sperrfeuer aus 1.240 Artilleriegeschützen eingeleitet. Sie verschießen Gas- und Explosivgranaten auf einen 13 km breiten Frontabschnitt nördlich von Verdun. Darauf folgen 6.000 spezialisierte Sturmsoldaten, die teilweise mit Flammenwerfern ausgerüstet sind. Sie machen den Weg für die 140.000 Mann starken Truppen aus Kronprinz Wilhelms Fünfter Armee frei. Angesichts dieser Attacken verliert Frankreich Boden.

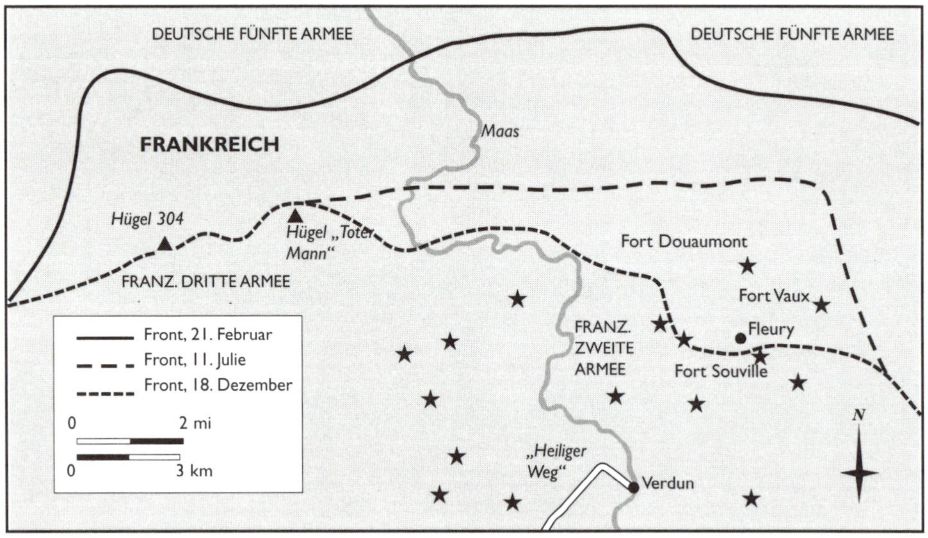

▲ ***Die Schlacht von Verdun, die von Februar bis November dauert, ist für Deutschland und Frankreich ein Zermürbungskrieg mit hohen Verlusten.***

▼ ***Deutsche Infanterie marschiert nach Verdun.***

22. FEBRUAR

POLITIK, *RUSSLAND*
In einem unbedachten Zug ernennt das russische Oberkommando den 68jährigen General Alexej Kuropatkin zum Oberkommandanten der Nordfront. Der vorsichtige Kuropatkin ist Veteran des Russisch-Japanischen Krieges (1904–1905). Er hat den Posten bis Juli inne.

◀ ***Deutsche Artilleristen bedienen eine 210-mm-Haubitze, die gegen Verdun gerichtet ist.***

▲ ***Französische Nachschubtransporte für Verdun auf dem „Heiligen Weg" („La Voie Sacrée").***

WESTFRONT, *VERDUN*
Die französischen Kommandanten einigen sich auf den „Heiligen Weg" („*La Voie Sacrée*") als Route für Verstärkung und Nachschub. Dieser Weg ist eine enge Straße, die sich von Bar-Le-Duc bis Verdun erstreckt. Die Straße gerät hin und wieder unter deutschen Artilleriebeschuß, wird aber schnell von eigens dafür abgestellten Arbeitern wiederhergestellt.

Bei Verdun treffen die deutschen Attacken, die etwas Bodengewinn einbringen, auf verbissene französische Gegenangriffe.

23. Februar

POLITIK, *GROSSBRITANNIEN*
Die Regierung ruft das Blockadeministerium unter Lord Robert Cecil ins Leben. Es soll für die Koordination der Versuche zuständig sein, die deutschen Nachschubwege zur See abzuschneiden.

POLITIK, *PORTUGAL*
Auf britisches Verlangen setzt Portugal 70 deutsche Schiffe fest und lehnt Deutschlands Forderung ab, sie weiterfahren zu lassen.

24. Februar

POLITIK, *RUSSLAND*
Das Oberkommando beschließt eine Offensive an der Ostfront, um den Franzosen bei Verdun etwas Erleichterung zu verschaffen. General Joseph Joffre bestätigt die dringende Notwendigkeit, am 2. März eine Offensive zu beginnen.

WESTFRONT, *VERDUN*
Deutschland durchbricht die zweite französische Verteidigungslinie und stürmt gegen die dritte, in der Fort Douaumont (eine der Schlüsselstellungen der Stadt) liegt.

25. Februar

WESTFRONT, *VERDUN*
Fort Douaumont fällt in deutsche Hände. General Pétain übernimmt die Verantwortung für die französischen Truppen bei Verdun. Er verstärkt sie und verlegt sich nach dem Motto „An uns werden sie nicht vorbeikommen" („*Ils ne passeront pas*") auf defensive Taktiken anstatt auf teure Gegenangriffe.

Er verbessert auch die Nachschubwege, optimiert die Koordination des Artilleriefeuers und führt ein System ein, nach dem Einheiten, die hohe Verluste erlitten haben, aus dem Kampf gezogen werden, um sich erholen zu können.

PERSÖNLICHKEITEN

MARSCHALL HENRI-PHILIPPE PÉTAIN

Pétain (1856–1951) wurde in den späten 1870er Jahren zum Offizier ernannt. 1914 erhielt er sehr schnell den Rang eines Generals, und 1916 wurde ihm die Verantwortung für die französischen Truppen bei Verdun übertragen.

Pétain, der sich als Verteidigungsstratege auszeichnete, schätzte die Lage als kritisch, jedoch nicht als verloren ein. Er verbesserte die Zustände: Die Nachschub- und Verstärkungswege nach Verdun wurden gesichert, die Schützengrabenbesatzungen regelmäßiger abgelöst und die Stärke der Artillerie erhöht. Diese Reformen stärkten die französische Kampfmoral und erlaubten Frankreich, gegen Deutschland standzuhalten sowie selbst zur Offensive überzugehen.

1917 meuterte die französische Armee, und Pétain, dessen Verhältnis zu den Soldaten gut war, wurde zum Oberbefehlshaber ernannt. Er ging strikt gegen die Anführer vor, führte aber auch Reformen ein und sorgte so dafür, daß die Armee weiterkämpfte.

Nach dem 1. Weltkrieg wurde er zum Marschall befördert. Pétain wurde nach dem deutschen Einmarsch 1940 Premierminister und unterzeichnete einen Waffenstillstand mit Deutschland. Zwischen 1940 und 1944 war Pétain in der Vichy-Regierung und arbeitete in dieser Funktion in bestimmten Grenzen mit Deutschland zusammen, wurde jedoch von Hitler mit Versprechungen hingehalten. 1945 wurde er des Verrates für schuldig befunden und von der provisorischen Regierung Charles de Gaulles (ebenfalls ein Veteran von Verdun) zum Tode verurteilt. Später wurde die Strafe in lebenslange Haft umgewandelt.

TECHNOLOGIE, *FRANKREICH*
Die französische Armee bestellt 400 Panzer beim Hersteller Schneider.

28. FEBRUAR

WESTFRONT, *VERDUN*
Die Notstände an der Front erhöhen sich, als plötzliches Tauwetter das zerpflügte Schlachtfeld in Morast verwandelt.

29. FEBRUAR

POLITIK, *DEUTSCHLAND*
Der deutsche Kanzler von Bethmann Hollweg gibt Kaiser Wilhelm zu bedenken, daß ein weiterer unbegrenzter U-Boot-Einsatz unweigerlich die USA in den Krieg hineinziehen werde.
WESTFRONT, *ITALIEN*
Benito Mussolini wird zum Stabsunteroffizier befördert.

2. MÄRZ

POLITIK, *GROSSBRITANNIEN*
Die Regierung verkündet, daß alle unverheirateten Männer von 18 bis 42 der Kriegsdienstpflicht unterliegen.
POLITIK, *DEUTSCHLAND*
Deutsche Strategen beauftragen einige ihrer Kommandanten im besetzten Frankreich und Belgien, eine Einheit aus 50.000 bewaffneten Arbeitern aufzustellen.
WESTFRONT, *VERDUN*
Capitain Charles de Gaulle, einer der Verteidiger von Fort Vaux, wird verwundet und von deutschen Soldaten gefangengenommen. Mit Fort Douaumont gilt Vaux als eine der Schlüsselstellungen der Stadtverteidigung.

4. MÄRZ

POLITIK, *DEUTSCHLAND*
Admiral Alfred von Tirpitz, Staatssekretär für die Marine, kann Kaiser Wilhelm II. und seine Berater nicht von der Dringlichkeit eines unbegrenzten U-Boot-Einsatzes überzeugen. Er hat das Gefühl, daß seine Position unterminiert wird.

6. MÄRZ

POLITIK, *GROSSBRITANNIEN*
Die Regierung gründet ein nationales Landfrauenkorps, um die landwirtschaftliche Produktion zu erhöhen und männliche Arbeiter für den Militärdienst freizustellen.
WESTFRONT, *VERDUN*
Die Deutschen eröffnen eine Offensive nordöstlich der Stadt. Bei den Kämpfen um Fort Vaux versuchen sie, die Hügel „Toter Mann" und 304 einzuehmen.

▲ Französische Soldaten suchen Schutz in einem der Schützengräben am Hügel „Toter Mann".

9. MÄRZ

POLITIK, *DEUTSCHLAND*
Deutschland erklärt Portugal den Krieg, denn die deutschen Schiffe sind noch immer nicht freigelassen. Österreich-Ungarn schließt sich am 15. März an.

11. MÄRZ

WESTFRONT, *ITALIEN*
Italien beginnt die 5. Schlacht am Isonzo. Der Angriff soll teils auch den Druck

▼ Der Hügel „Toter Mann" bei Verdun zeigt die Folgen ausgiebigen Artilleriefeuers.

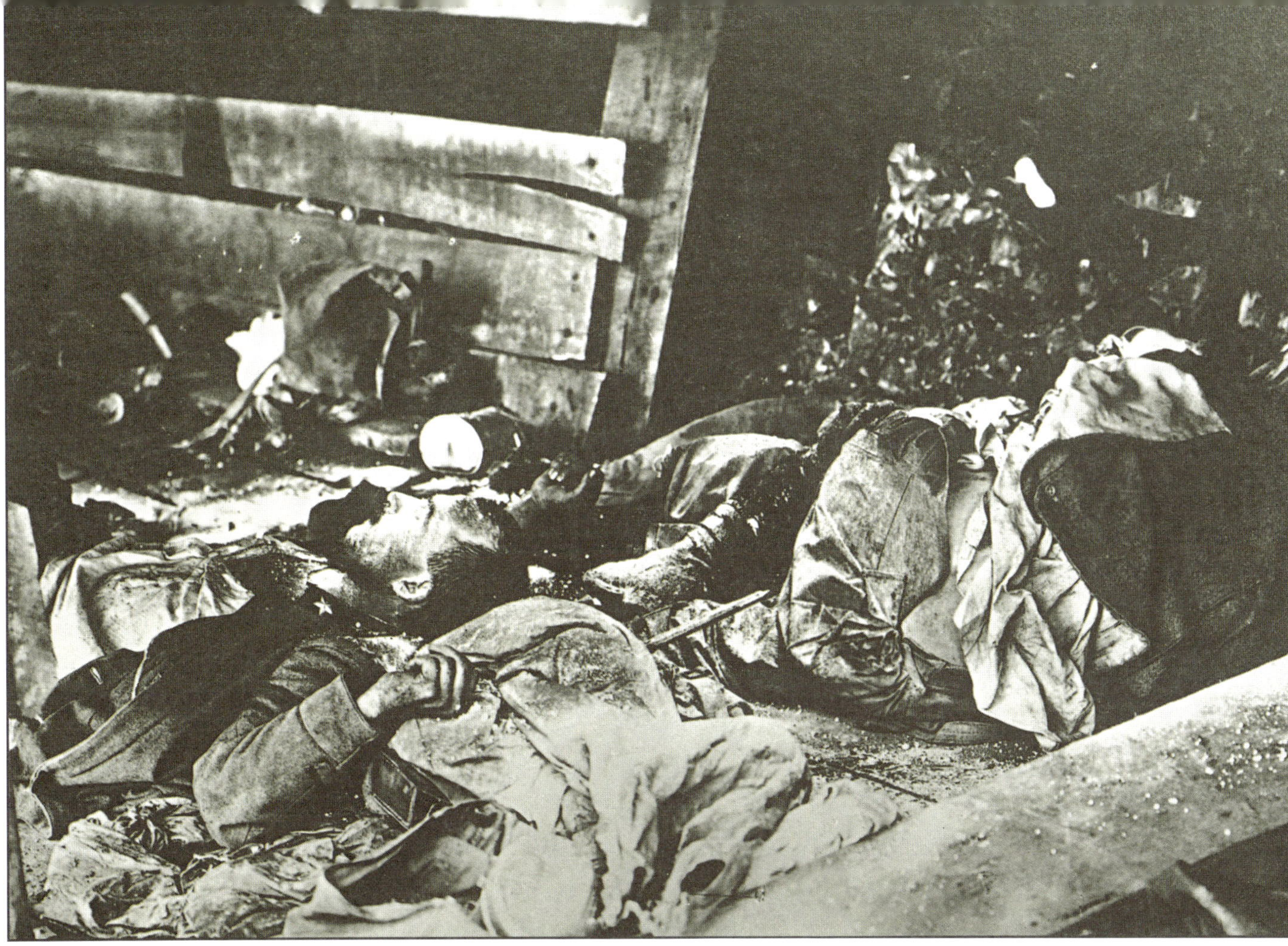

▲ *Italienische Soldaten, die bei der Schlacht zwischen Österreich-Ungarn und Italien am Isonzo fielen.*

auf die französischen Kämpfe bei Verdun verringern. Wegen schlechten Wetters und Mangels an Artillerie ziehen sich die Kampfhandlungen in die Länge. Auf keiner Seite wird viel Boden gewonnen oder verloren. Ende des Monats kommen die Kämpfe in diesem Sektor zum Erliegen.

MITTLERER OSTEN, *MESOPOTAMIEN*
Nach der unzulänglichen Führung seiner Truppen in der Schlacht um die Kasematten von Dujaila am 8. März wird General Fenton Aylmer als Kommandant des Tigris von General George Gorringe abgelöst. Der britische Angriff wird vertagt und erst am 5. April wieder aufgenommen.

12. März

POLITIK, *DEUTSCHLAND*
Der Staatssekretär des Marineministeriums Admiral Alfred von Tirpitz tritt zurück. Er glaubt, man habe ihn in bezug auf die Rolle der Marine und den Einsatz der U-Bootflotte nicht hinreichend konsultiert.

15. März

POLITIK, *USA*
Präsident Woodrow Wilson befiehlt General John Pershing den Einmarsch in Nordmexiko, um den Rebellenführer Pancho Villa aufzuspüren. Seine Rebellen haben bei Santa Isabel 16 US-amerikanische Bergarbeiter getötet und den Ort Columbus in New Mexico angegriffen. Villa wird dennoch nicht gefaßt.

18. März

OSTFRONT, *RUSSLAND*
Rußland startet wieder eine Offensive, um Frankreich den Überlebenskampf bei Verdun zu erleichtern. Der russische Angriff, die 1. Schlacht am Narotschsee, besteht aus zwei Vorstößen in die Gebiete des Narotschsees und Wilnas. Sie werden von einem achtstündigen Bombardement auf die deutschen Stellun-

▶ *Die Zahl der russischen Gefangenen verdeutlicht den deutschen Sieg am Narotschsee. Etwa 120.000 Soldaten wurden getötet, verwundet oder gerieten in Gefangenschaft.*

19. MÄRZ

gen aus 1.200 Geschützen eingeleitet. Die russische Zweite Armee stürmt gegen die deutsche Zweite Armee. Knapp 350.000 russische Soldaten sehen sich nur 75.000 deutschen und 300 Kanonen gegenüber.

Trotz ihrer zahlenmäßigen Überlegenheit erzielen sie jedoch kaum Erfolge – gerade 1,6 km auf einer Frontbreite von 3,2 km, um den Preis von 15.000 Menschenleben. Wegen der hohen Verluste verlegen sich die Russen auf Nachtangriffe. Aber die Vorstöße in diesem unter Wasser stehendem Terrain sind schwer. Die Schlacht dauert bis Mitte April an.

LUFTKRIEG, *WESTFRONT*
Der deutsche Pilot Ernst Udet erzielt den ersten seiner 62 bestätigten Siege im Luftkampf.

19. MÄRZ

MITTLERER OSTEN, *ÄGYPTEN*
General Sir Archibald Murray löst General Sir John Maxwell als Kommandant der britischen Truppen in Ägypten ab.

22. MÄRZ

SEEKRIEG, *ATLANTIK*
Das *U-68* wird als erstes U-Boot in einem Gefecht vor der irischen Küste mit der *Farnborough* durch eine Wasserbombe versenkt.

Die *Farnborough* ist ein sogenanntes „Q-Schiff", d. h. ein bewaffnetes Schiff, das als normales Handelsschiff getarnt ist.

4. APRIL

OSTFRONT, *RUSSLAND*
General Alexej Alexejewitsch Brussilow, einer der fähigsten russischen Kommandanten, erhält den Oberbefehl über die vier Armeen an der Südwestfront.

5. APRIL

SEEKRIEG, *ADRIA*
Bei der größten See-Evakuierung aller Zeiten vollenden Kriegsschiffe den Abzug der letzten 260.000 serbischen Soldaten aus Albanien. Zwar gibt es dabei keine serbischen Verluste, aber es werden 19 französische, britische und italienische Schiffe versenkt.

6. APRIL

MITTLERER OSTEN, *MESOPOTAMIEN*
Die britischen Befreiungskräfte kommen nur langsam in Richtung Kut-el-Amara voran. In der 1. Schlacht von Sannaiyat (24 km vor Kut) können

▲ *Ein einsamer deutscher Soldat beobachtet von einem eroberten französischen Schützengraben aus das Fort Vaux.*

▼ *Britische Truppen bewachen türkische Soldaten, die bei dem Versuch, die Belagerung von Kut-el-Amara zu durchbrechen, gefangengenommen wurden.*

sie die türkischen Truppen nur um 500 m zurückdrängen. Die Briten erleiden schwere Verluste und sind ihrem Ziel kaum nähergekommen. Bei einem weiteren Gefecht bei Sannaiyat am 9. April verliert Großbritannien seine schwer erkämpften Gewinne wieder.

9. APRIL

WESTFRONT, *VERDUN*

Deutschland führt im Nordwesten von Verdun einen Hauptangriff gegen das Hügelland.

Die meisten Angriffe werden abgewehrt, aber die Deutschen erobern den Hügel „Toter Mann". General Pétain ermuntert seine Soldaten.

11. APRIL

BALKAN, *KORFU*

Die serbische Armee bricht auf, um sich mit den wachsenden Kräften im griechischen Saloniki zu vereinigen.

14. APRIL

OSTFRONT, *RUSSLAND*

Die russische Offensive am Narotschsee wird beendet. Die Schlacht, die Mitte März begann, hat zu enormen russischen Verlusten (112.000 Mann) geführt, aber kaum nennenswerte Erfolge erbracht.

Die zahlenmäßig geringeren Deutschen verzeichnen 20.000 Mann Verlust. Zar Nikolaus II., der jetzt über Ruß-

▲ Einheiten der serbischen Armee kommen nach ihrer Evakuierung aus Albanien in Saloniki an.

▼ Ein deutscher Soldat führt eine Gruppe russischer MG-Schützen, die am Narotschsee in Gefangenschaft geraten sind.

▲ *Ein britisches Flugzeug wird mit Lebensmitteln für Kut-el-Amara beladen.*

lands Strategie bestimmt, berät sich mit General Brussilow, der einer Sommeroffensive zustimmt. Brussilow weist seine Armeen an, sich für einen Angriff am 11. Mai vorzubereiten, sie könnten aber nicht mit Verstärkung rechnen.

15. April

MITTLERER OSTEN, *MESOPOTAMIEN*
Britische Flugzeuge werfen Lebensmittel über der belagerten Garnison Kut-el-Amara ab. General Townshend hatte gemeldet, daß seine Vorräte nur noch bis zum 29. April reichten. Die Befreiungsarmee wurde am vorangegangenen Tag abgewehrt.

18. April

MITTLERER OSTEN, *ARMENIEN*
Russische Truppen erobern den türkischen Schwarzmeerhafen Trebizond.

20. April

SPIONAGE, *IRLAND*
Der irische Unabhängigkeitskämpfer Roger Casement kommt mit einem deutschen U-Boot, das Waffen für die Nationalisten an Bord hat, in Irland an. Er wird am 21. April festgenommen und wegen Hochverrats angeklagt. Am 29. Juni wird er verurteilt und am 3. Juli hingerichtet.

21. April

POLITIK, *IRLAND*
Irische Nationalisten revoltieren gegen die britische Herrschaft. Der Osteraufstand konzentriert sich auf Dublin, wo

▼ *Die Spuren der Kämpfe in Dublin, wo britische Soldaten einen Aufstand irischer Nationalisten brutal niedergeschlagen haben.*

▶ *Mitglieder der britischen Garnison von Kut-el-Amara nach ihrer Freilassung aus türkischer Gefangenschaft durch einen Gefangenenaustausch.*

▼ *Karl Liebknecht spricht in Berlin zu Arbeitern. Liebknecht gründete den Spartakusbund, der sich gegen die Fortführung des Krieges einsetzte.*

die Rebellen sich in mehreren öffentlichen Gebäuden verbarrikadieren. Großbritannien verhängt das Kriegsrecht und seine Soldaten befreien die besetzten Gebäude.

Der Aufstand endet am 1. Mai. Den Unabhängigkeitskämpfern wird der Prozeß gemacht. Mehr als ein Dutzend werden exekutiert, 79 erhalten Gefängnisstrafen. Britische Befürchtungen, die irischen Truppen an der Westfront könnten ebenfalls rebellieren, erweisen sich als unbegründet.

23. April

MITTLERER OSTEN, *MESOPOTAMIEN*
Nachdem die Nahrungsrationen nahezu aufgebraucht sind und die Befreiungsarmee kaum vorwärts gekommen ist, bittet der Kommandant der Garnison von Kut-el-Amara um Erlaubnis, Verhandlungen zur Übergabe der Garnison an die Türkei aufnehmen zu dürfen.

25. April

SEEKRIEG, *NORDSEE*
Vier deutsche Schlachtkreuzer nehmen die Häfen Great Yarmouth und Lowestoft 20 Minuten lang unter Beschuß.

Nach dem Eintreffen britischer Marinestreitkräfte müssen sich die vier Kreuzer bei Yarmouth zurückziehen.

29. April

MITTLERER OSTEN, *MESOPOTAMIEN*
Kut-el-Amara ergibt sich. 13.000 Soldaten werden gefangengenommen. 2.500 Kranke und Verwundete werden von der Türkei freigelassen, der Rest wandert in die Gefangenschaft. 4.800 von ihnen sterben noch an Seuchen, Krankheit oder Unterernährung.

1. Mai

POLITIK, *DEUTSCHLAND*
Karl Liebknecht, der gemeinsam mit Rosa Luxemburg den Spartakusbund gegründet hat, wird wegen einer Antikriegsveranstaltung vor 10.000 Berliner Arbeitern verhaftet.

SPIONAGE, *HOLLAND*
Die niederländische Tänzerin Margaretha Zelle, besser bekannt unter ihrem Künstlernamen Mata Hari, wird, wie es heißt, von den Deutschen als Spionin angeworben.

WESTFRONT, *VERDUN*
General Henri-Philippe Pétain wird zum Kommandanten der französischen Zentralarmee-Gruppe befördert. Sein Nachfolger bei Verdun wird General Robert Nivelle, der als aggressiver gilt. Er plant einen großen Gegenangriff.

◀ **Die niederländische Tänzerin Mata Hari soll für Deutschland spioniert haben. Doch bestehen bis heute etliche Zweifel über den Wahrheitsgehalt dieser Beschuldigung.**

2. Mai

BALKAN, *GRIECHENLAND*
Französische und andere Teile der in Saloniki gebildeten multinationalen Truppe stürmen und besetzen Florina, das dicht an der serbischen Grenze und 40 km vom feindlich besetzten Monastir entfernt liegt.

LUFTKRIEG, *GROSSBRITANNIEN*
Deutsche Zeppeline fliegen gegen Ziele an der Ostküste. Eines der Luftschiffe, *L20*, wird auf der Heimfahrt am 3. Mai von einem Sturm zerstört.

5. Mai

MITTLERER OSTEN, *ARABIEN*
Mit britischer Unterstützung initiiert der Großscheich von Mekka Hussein einen Aufstand in seiner Provinz. Er verfügt zwar über 50.000 Mann, hat aber nur 10.000 Gewehre. In Arabien sind 10.000 türkische Soldaten stationiert. Ein früher Angriff bei Medina durch Husseins Sohn Feisal wird zurückgeschlagen. Aber die Revolte zwingt die Türkei, zum Schutz ihrer Kommunikationsverbindungen, einige der Soldaten, die in Ägypten den Briten gegenüberliegen, abzuziehen.

9. Mai

POLITIK, *GROSSBRITANNIEN/FRANKREICH*
Mit Zustimmung Rußlands unterzeichnen Großbritannien und Frankreich das geheime Sykes-Picot-Abkommen. Es ist nach den beiden Chefunterhändlern Sir Mark Sykes und George Picot benannt und beinhaltet Pläne zur Teilung der Türkei nach einem alliierten Sieg. Türkisch besetzte Gebiete sollen unter den verschiedenen Verbündeten aufgeteilt werden. Das Abkommen wird Italien im August bekanntgegeben. 1917 kommt man überein, daß auch Italien Gebiete im Mittleren Osten erhalten wird.

▲ *Französische Kolonialsoldaten aus Französisch-Indochina (heute Vietnam) in ihrem Lager in Saloniki.*

▼ *Britische Schiffe vor Anker im süditalienischen Hafen Taranto. Sie sind Teil der Otranto-Blockade der Adria.*

13. Mai

MITTLERER OSTEN, *ARABIEN*
Die Eroberung der heiligen Stadt Mekka ist der erste Erfolg der arabischen Re-

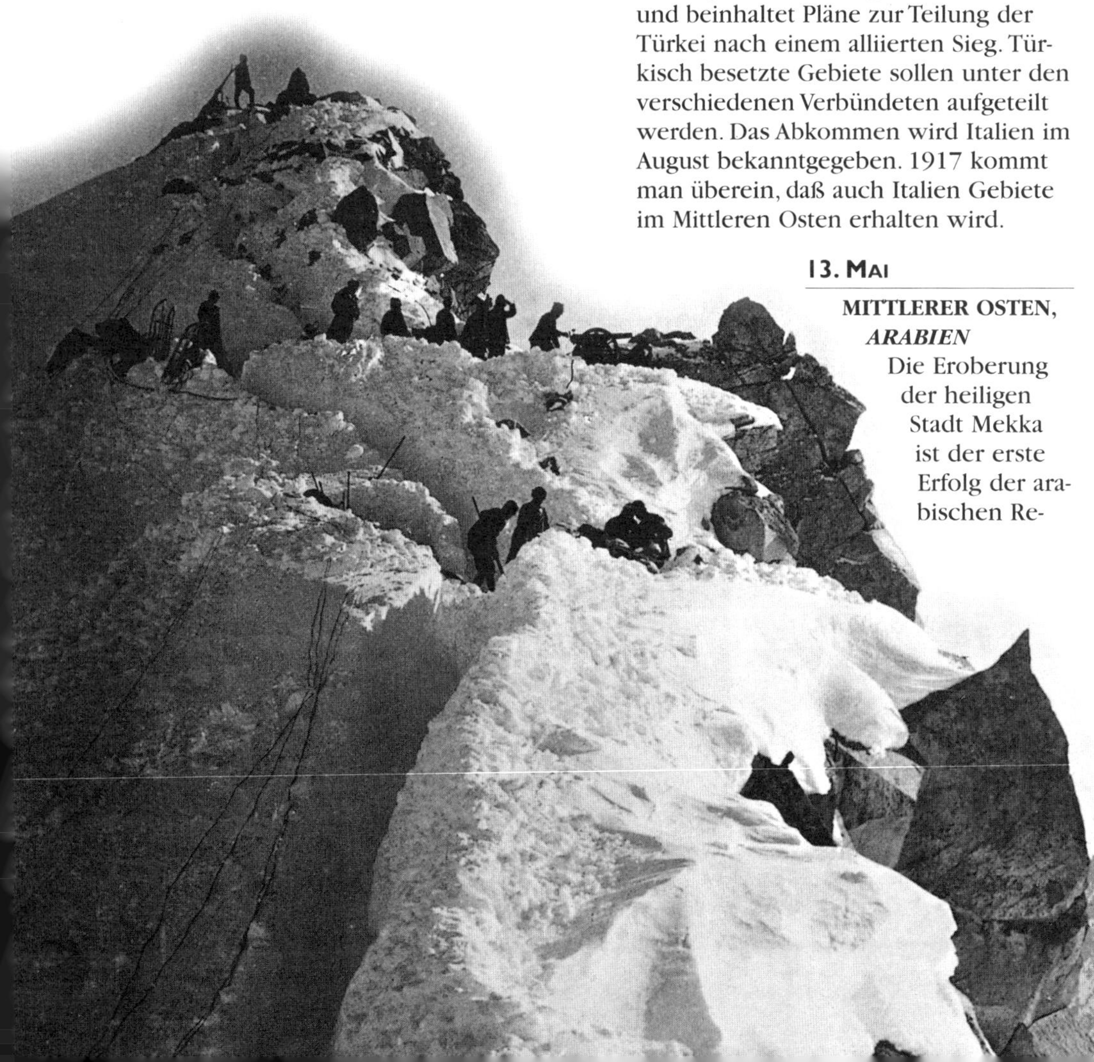

◀ *Italienische Soldaten besetzen einen Posten auf einem Berggipfel im Trentino. Österreich-Ungarn greift hier Mitte Mai an.*

▶ *Mit einem österreichisch-ungarischen Grabenmörser wird im Trentino das Feuer auf italienische Soldaten eröffnet.*

volte gegen die Türkei. Eine weitere türkische Niederlage folgt am 16. Mai mit dem Fall von Jeddah nach Luft- und Seeangriffen.

SEEKRIEG, *ADRIA*
Das Österreichisch-ungarische U-Boot *U-6* wird das einzige bestätigte Opfer aller an der Otranto-Blockade beteiligten Kriegsschiffe. Die Blockade ist eine offene Kette kleiner Schiffe, die sich durch die südliche Adria erstreckt. Sie soll die Adria für deutsche und österreichisch-ungarische Schiffe blockieren.

14. MAI

POLITIK, *CHINA*
Die chinesische Regierung unterstützt Frankreichs Kriegsbemühungen mit 200.000 Arbeitern.

15. MAI

WESTFRONT, *ITALIEN*
Österreich-Ungarn trifft Italien unvorbereitet mit einem Großangriff im Trentino an der italienischen Nordgrenze. Die

von langer Hand vorbereitete Offensive wird auf einer Breite von 32 km eröffnet. Dank seiner Bergsoldaten macht Österreich-Ungarn trotz des bergigen Landes einigen Gewinn. Die österreichisch-ungarische Elfte und Dritte Armee unter Erzherzog Eugen durchbricht in den folgenden Tagen die Reihen von Roberto Brusatis italienischer Erster Armee. Am 20. Mai befiehlt der italienische Oberbefehlshaber General Cadorna der Ersten Armee, bis auf den letzten Mann zu kämpfen.

17. MAI

POLITIK, *USA*
Präsident Woodrow Wilson erklärt, daß die USA eventuell in den Krieg eingreifen müssen und auf Beteiligung an allen Friedensverhandlungen bestehen.

20. MAI

POLITIK, *ITALIEN*
Die Regierung erbittet von Rußland angesichts der Misere im Trentino eine schnelle Teilungsoffensive an der Ostfront.

▼ *Durch österreichisch-ungarisches Artilleriefeuer im Trentino getötete italienische Soldaten.*

25. MAI

POLITIK, *GROSSBRITANNIEN*
Der „Military Service Act" tritt in Kraft. Alle Männer zwischen 18 und 41 Jahren müssen sich für den Militärdienst bereit halten. Wer zuvor zurückgestellt wurde, wird erneut gemustert.

26. MAI

WESTFRONT, *ITALIEN*
Österreich-Ungarn nutzt den Erfolg der Trentino-Offensive, um seine Aufmerksamkeit auf das Asiago-Hochland zu verlegen. Seine Einnahme würde den Weg nach Norditalien freigeben. Italien zieht sich am 29. Mai aus dem Hochland zurück.

▲ Der britische Schlachtkreuzer **Queen Mary** *geht nach einem Granattreffer der* **Derfflinger** *am Skagerrak in einer Rauchwolke auf.*

◄ Der Kommandant der britischen Flotte Admiral Sir John Jellicoe am Skagerrak.

Aber die österreichisch-ungarische Offensive verliert an Tempo, da es große Schwierigkeiten bereitet, Artilleriegeschütze durch das Bergland zu transportieren.

27. MAI

POLITIK, *USA*
Präsident Woodrow Wilson schlägt die Gründung einer internationalen Körperschaft zur Friedenssicherung auf dem Meer vor.

30. MAI

SEEKRIEG, *NORDSEE*
Durch „Room 40" vorgewarnt, sticht die britische Flotte in See, um einen Ausfall der Hochseeflotte zu verhindern. Der größere Teil der Schiffe unter Admiral Sir John Jellicoe kommt aus Scapa Flow und Invergordon. Eine starker Verband aus Schlachtkreuzern startet unter Admiral Sir David Beatty bei Rosyth. Sie wollen sich auf der Jütlandbank vor Dänemark vereinigen. Die Hochseeflotte wird nicht vor dem 31. Mai in See stechen.

31. MAI

SEEKRIEG, *NORDSEE*
Die Schlacht am Skagerrak (auch als die Schlacht von Jütland bezeichnet) zwischen der britischen und der Hochseeflotte beginnt am Nachmittag mit einem Schußwechsel zwischen leichten Kreuzern. Das Hauptgefecht beginnt ge-

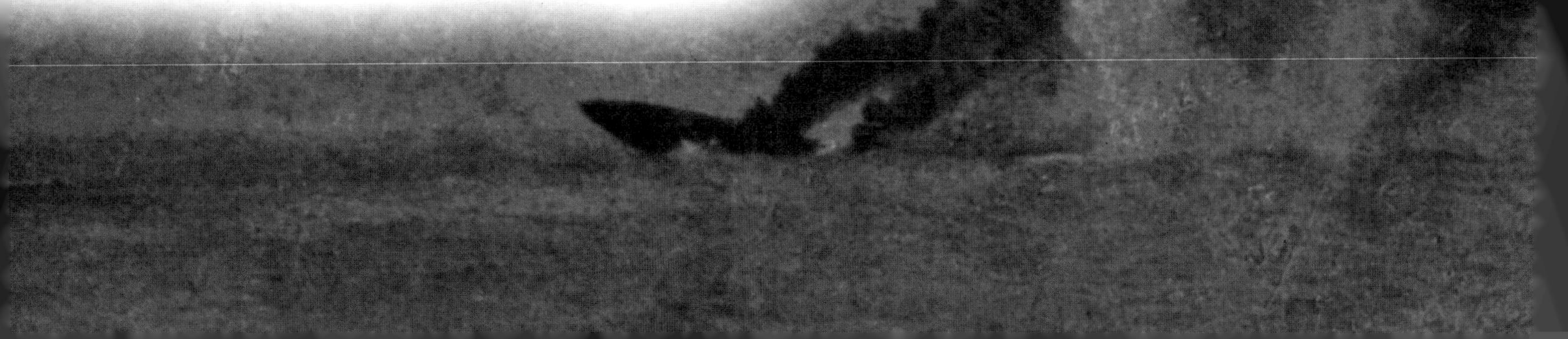

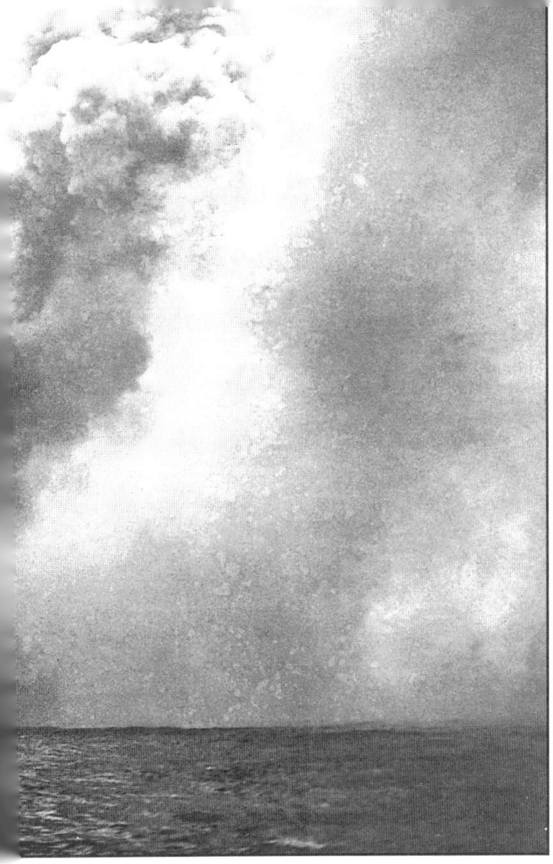

gen 16.00 Uhr mit der Feuereröffnung Admiral Sir David Beattys schwerer Kreuzer auf Admiral Franz von Hippers schwere Kreuzer.

Beatty geht auf Südkurs, um Hipper von seiner Basis abzuschneiden. Hipper zieht sich nach Südosten zurück und hofft, Beatty in ein ungleiches Gefecht mit der Hauptmacht der Hochseeflotte zu locken.

Während der Verfolgungsjagd gerät Beatty ins Hintertreffen. Durch die folgenden Ereignisse verschlechtert sich seine Lage weiter: Die *Indefatigable* wird von einer Salve der *Von der Tann* getroffen und explodiert. 25 Minuten später wird die *Queen Mary* von einer inneren Explosion zerrissen, nachdem sie von einer Salve der *Derfflinger* getroffen wurde – es überleben nur neun Mann der 1.200 Mann starken Besatzung.

Beattys Flaggschiff, die *Lion*, erleidet schwere Schäden, und seine Schlachtkreuzer liegen gefährlich nah an den Schlachtschiffen der Hochseeflotte. Er befiehlt seinen verringerten Kräften, mit Nordkurs von der Hochseeflotte abzufallen. Sein Rückzug wird durch die Schiffe von Sir Horace Hood gedeckt.

In der Zwischenzeit hat Admiral Jellicoe drei Schlachtkreuzer geschickt, um Beattys Rückzug zu unterstützen. Um 17.35 Uhr eröffnen sie das Feuer auf Hippers Schiffe, beschädigen die *Lützow* schwer und treffen die leichten Kreuzer *Wiesbaden* und *Pillau*. Jellicoe, dessen Pläne auf den spärlichen Informationen seiner vorgestürmten Kriegsschiffe aufbauen, unternimmt ein Manöver, das die deutschen Schiffe von ihrer Basis abschneiden und der britischen Flotte hilflos ausliefern soll.

Die Hochseeflotte sieht sich einer 14 km breiten Kriegsschifflinie gegenüber, setzt aber ihren Kampf fort. Eines der ersten Schiffe, die unterliegen, ist die *Invincible*, Hoods Flaggschiff. Sie wird aus 9,5 km Entfernung von der *Derfflinger* und der *Lützow* zerstört. Der Kommandant der deutschen Flotte Admiral Reinhard Sheer spürt die Gefahr und entscheidet sich für eine Wendung und einen Gegenkurs zu den Engländern. Aber Jellicoe versucht erneut, die Deutschen abzuschneiden.

Sheers Versuch, im Schutz der Dunkelheit zu fliehen, gelingt, doch seine Flotte erleidet einige Verluste: Das alte Schlachtschiff *Pommern* wird von einem Torpedo versenkt, zwei leichte Kreuzer – die *Frauenlob* und die *Rostock* – sinken ebenfalls. Die *Elbing* wird von der *Posen* in der Mitte zerrissen, als sie versucht, ihren Kurs zu kreuzen. Der Schlachtkreuzer *Lützow* muß aufgegeben werden und wird kurz darauf von einem deutschen Torpedo versenkt, damit er nicht in britische Hände fällt. Mit Einbruch der Nacht endet die Schlacht am Skagerrak, und die deutsche Flotte kann sich durch die Minenfelder, die ihre Gewässer schützen, auf ihre Basis zurückziehen. Die *Ostfriesland* läuft dabei am Morgen des 1. Juni auf eine Mine.

In Deutschland wird die Schlacht am Skagerrak als Sieg verbucht, da drei britische Schlachtschiffe, drei Kreuzer und acht Zerstörer versenkt wurden, während Deutschland nur ein Kriegsschiff, vier Kreuzer und fünf Zerstörer verloren hat.

▼ *Der britische Schlachtkreuzer* **Indefatigable** *sinkt, nachdem er von einem Treffer der* **Von der Tann** *vor Jütland zerrissen wurde.*

Doch die britische Flotte kann weiterkämpfen und dafür sorgen, daß die Hochseeflotte in ihren Heimathäfen eingesperrt bleibt. Obwohl man Sheer fast eine schwere Niederlage zugefügt hat, wird die britische Befehlsführung als mangelhaft angesehen. Dies betrifft vor allem die schlechte Befehlsübermittlung und den Informationsaustausch zwischen den Schiffen, aber auch die unzureichende Konstruktion einiger Schiffe, die zu den Explosionen führen konnte.

1. Juni

MITTLERER OSTEN, ***ARMENIEN***

Die Türkei plant einen Angriff gegen Judenitschs Streitkräfte. Enver Pascha hat die Operation geplant, die einen Angriff auf breiter Front voraussetzt. Die Dritte Armee unter Vehip Pascha soll entlang der Schwarzmeerküste vorstoßen, während Ahmet Izzim Paschas Zweite Armee gegen Bitlis vorgehen soll.

◀ Schiffe der deutschen Hochseeflotte auf dem Weg in die Nordsee, um sich am Skagerrak der britischen Flotte zu stellen.

▼ Russische Soldaten dringen während der Eröffnung der Brussilow-Offensive unter Beschuß durch Stacheldraht vor.

▼ Schäden, die die Schlacht am Skagerrak am Schlachtkreuzer* Seydlitz *hinterlassen hat.

Der russische Kommandant General Judenitsch verlegt seine Truppen so, daß er der Gefahr begegnen kann, wenn die Operation im Juli beginnt.

2. JUNI

WESTFRONT, *BELGIEN*
Die Schlacht von Sorrel, ein weiterer Angriff gegen die Frontspitze bei Ypern, ist Anfangs erfolgreich, verläuft aber wegen kanadischer Gegenangriffe im Sande.

▲ ***Serbische Artillerie während der Kämpfe in Saloniki. Eine leere Hülse wird gerade ausgeworfen.***

SEEKRIEG, *NORDSEE*
Es wird öffentlich erklärt, daß die britische Flotte trotz des Gefechts am Skagerrak einsatzbereit ist.

3. JUNI

BALKAN, *SALONIKI*
Großbritannien und Frankreich erklären Saloniki für besetzt und entheben alle griechischen Würdenträger ihrer Posten. Sie verlangen, daß die möglicherweise pro-deutsche griechische Regierung ersetzt und die Armee mobilisiert wird.

4. JUNI

OSTFRONT, *RUSSLAND*
Die russischen Kräfte bereiten unter der Führung des Oberbefehlshabers für den Südwestabschnitt, General Brussilow, eine Hauptoffensive gegen die deutschen und österreichisch-ungarischen Armeen im vormals russischen Polen und gegen Österreich-Ungarn vor. Als Anfangstermin ist der 15. Juni geplant.

Der russische Angriff, der später als die Brussilow-Offensive bekannt wird, wird mit einem britischen Angriff im Somme-Sektor an der Westfront abgestimmt. Sowohl der russische als auch der britische Angriff sollen zugleich Frankreich bei Verdun Erleichterung verschaffen.

◀ ***Das von Rußland in der Brussilow-Offensive zurückeroberte Gebiet – die erfolgreichste russische Strategie dieses Krieges.***

Brussilow plant, auf einer Frontbreite von 320 km vorzugehen. Seine Dritte und Achte Armee sollen die österreichisch-ungarische Vierte Armee südlich der Pripjetsümpfe angreifen. Tiefer im Süden soll die russische Siebente Armee gegen die österreichisch-ungarische Siebente Armee vorgehen.

Eingeleitet wird die Aktion durch ein Sperrfeuer aus 2.000 russischen Geschützen. Die Offensive verläuft für die Angreifer äußerst erfolgreich, vor allem im Norden und Süden, wo die österreichisch-ungarische Verteidigung praktisch vollständig ausgelöscht werden kann.

Nur in der Mitte, wo die russischen Armeen den deutschen Streitkräften gegenüberstehen, zieht der Kampf sich noch bis in den September hin.

5. JUNI

SEEKRIEG, *NORDSEE*
Auf dem Weg nach Rußland läuft der britische Kreuzer *Hampshire* auf eine deutsche Mine. Unter den Toten befindet sich auch Kriegsminister Lord Kitchener, der sich mit Nikolaus II. treffen wollte, um über die Unterstützung für Rußland zu sprechen.

Man gibt der rauhen See, der unzureichenden Minenräumung und der mangelhaft koordinierten Rettungsaktion die Schuld für diesen Zwischenfall.

▲ *Die Trümmer von Max Immelmanns Flugzeug. Er wurde am 18. Juni über Frankreich abgeschossen und getötet.*

7. JUNI

WESTFRONT, *VERDUN*
Nach Wochen erbitterter Kämpfe und hoher Verluste erobert Deutschland Fort Vaux.

8. JUNI

WESTFRONT, *ITALIEN*
Österreich-Ungarn zieht zwei Divisionen aus der Trentino-Offensive ab. Sie werden an die Ostfront verlegt, wo die russische Offensive große Landverluste kostet.

10. JUNI

POLITIK, *NEUSEELAND*
Die Regierung verabschiedet ein Gesetz, das die Wehrpflicht ermöglicht.
POLITIK, *DEUTSCHLAND*
Generalstabschef von Falkenhayn verlegt vier Divisionen aus Nordrußland und fünf Divisionen aus Verdun per Bahn an die Ostfront, um die Verteidigung gegen die Brussilow-Offensive zu verstärken, die kurz davor steht, die österreichisch-ungarische Verteidigung auszulöschen. Bis Mitte September folgen noch weitere 15 Divisionen.

17. JUNI

WESTFRONT, *ITALIEN*
Österreich-Ungarn beendet angesichts eines vorbereiteten italienischen Gegenangriffes, der am 16. Juni beginnt, seine Trentino-Offensive. Von 800 Geschützen unterstützt, macht Italien beständige, aber unspektakuläre Gewinne. Der Feldzug kostet Italien 147.000 Mann, inklusive in Gefangenschaft geratener Soldaten. Österreich-Ungarn verliert mehr als 81.000 Mann, davon 26.000 Gefangene. Sie ziehen sich auf besser zu verteidigende Stellungen zurück.
LUFTKRIEG, *WESTFRONT*
Frankreichs größte Fliegerhoffnung Henri Navarre wird abgeschossen und schwer verwundet. Er kann nie wieder fliegen. Am folgenden Tag wird der deutsche Flieger Max Immelmann im Luftkampf getötet. Auf seiner Liste stehen 15 Luftsiege.

23. JUNI

WESTFRONT, *VERDUN*
Der deutsche Druck auf die französische Verteidigung bei Verdun nimmt zu. Die Angriffe konzentrieren sich auf Stellungen nordöstlich der Stadt. Hier dringen die Deutschen zwischen Fort Douaumont und Fort Vaux immer dichter gegen Fleury und Fort Souville vor. Ihre Einnahme würde das Schicksal von Verdun besiegeln.

24. JUNI

WESTFRONT, *SOMME*
Großbritannien beginnt mit dem Beschuß deutscher Gräben. Am ersten Tag verschießen 2.000 Geschütze circa 1,7 Millionen Granaten. Doch davon sind ein Drittel Blindgänger, andere haben zu wenig Sprengkraft um den Stacheldraht oder die Befestigungen zu beschädigen.

▶ *Italienische Artilleristen bringen eine 75-mm-Haubitze auf einem Gipfel im Trentino in Stellung, mit dem Ziel, die österreichisch-ungarische Offensive aufzuhalten.*

Das Sperrfeuer dauert die ganze folgende Woche an und macht Deutschland auf die drohende Offensive aufmerksam.

27. JUNI

POLITIK, *GRIECHENLAND*
Unter französischem und britischem Druck mobilisiert Griechenland seine Armee.

I. JULI

WESTFRONT, *SOMME*
Die britische Offensive beginnt um 7.30 Uhr an einem heißen Tag nach einstündigem Beschuß mit 224.000 Granaten. Kurz vor dem Sturm werden zehn große Untergrundminen nahe der deutschen Gräben gezündet. Viele der dort verschanzten deutschen Soldaten werden grausam getötet. Sowohl die britischen Kommandanten als auch die einfachen Soldaten, von denen die meisten begeisterte Freiwillige sind, glauben, daß die erste Phase der Schlacht von Albert ein überwältigender Erfolg wird.

Der Sturm erfolgt auf einer Frontbreite von 40 km. Im Osten und Südosten von Albert gibt es erste Erfolge: Montauban und Mametz, wo die britische Vierte Armee unter General Henry Rawlinson angreift, und westlich von Péronne, wo französische Kolonialtruppen bereits erste Erfolge vorweisen.

Doch der Verstoß im Norden von Albert endet als Desaster. Die angreifende britische Infanterie trifft, vor allem um den Weiler Beaumont und Thiepval, auf intakten deutschen Stacheldraht und unbeschädigte Verteidigungsanlagen. Nachdem sie in einem Marsch vorgerückt sind, stoßen sie auf stetiges Maschinengewehrfeuer. Am Ende des Tages haben sie 57.000 Mann verloren, davon 19.000 tot. Dies ist der größte Verlust, den die britische Armee an einem einzigen Kampftag erlitten hat. Die deutschen Verluste werden auf 8.000 Mann geschätzt.

Es fällt Großbritannien schwer, den erschöpften Truppen Verstärkung zu senden, um die Landgewinne zu halten.

▲ Ein deutsches Luftbild zeigt die Überreste des zerstörten französischen Forts Souville vor Verdun.

▼ Bei Beaumont explodiert bei der Eröffnung der Somme-Offensive ein Mine unter einem deutschen Schützengraben.

▲ ***Am dritten Tag der Somme-Offensive gefangengenommene deutsche Soldaten tragen einen verwundeten Kameraden.***

Die Kommunikation zwischen den vorgeschobenen Stellungen und dem Hauptquartier ist schlecht. Deutsche Gegenangriffe sind zeitweilig erfolgreich. Die Briten versuchen, ihre Offensive fortzusetzen.

2. Juli

WESTFRONT, *VERDUN*
Der deutsche Generalstabschef von Falkenhayn befiehlt die Reduzierung der deutschen Offensive bei Verdun, um Soldaten und Geschütze an die Somme zu verlegen und der erfolgreichen britischen Offensive zu begegnen. Die Kämpfe bei Verdun setzen sich vorübergehend leicht vermindert fort.

SEEKRIEG, *ADRIA*
Österreichisch-ungarische Agenten bringen das italienische Kriegsschiff *Leonardo da Vinci* mit einem Sprengsatz in Taranto zum Kentern und töten dabei 248 Mann.

4. Juli

POLITIK, *DEUTSCHLAND*
Admiral Reinhard Sheer beendet seinen Bericht an Kaiser Wilhelm II. mit den Worten „Ein siegreiches Ende kann nur durch den Einsatz von U-Booten gegen den britischen Handelsverkehr erreicht werden."

5. Juli

BALKAN, *SERBIEN*
Serbische Guerilla kämpft gegen die österreichisch-ungarischen Besatzungstruppen. Ähnliches geschieht in Montenegro.

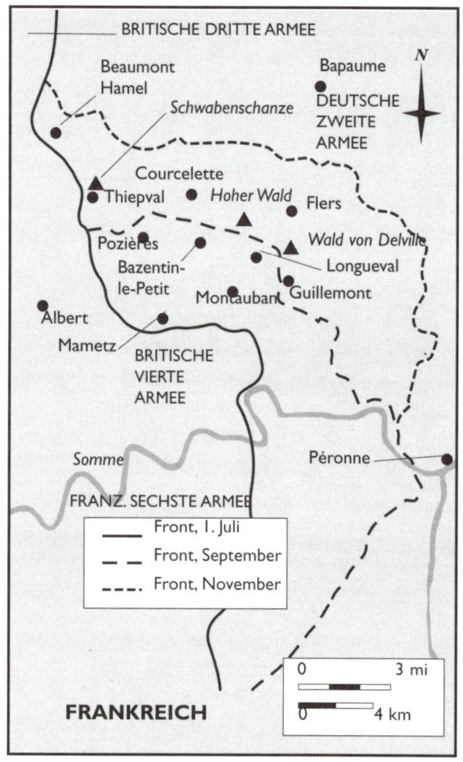

▲ ***Die Schlacht an der Somme, von Großbritannien als Hilfe für Frankreich bei Verdun geplant, führt zu hohen Verlusten.***

◀ *Hinrichtung von serbischer Guerilla durch österreichisch-ungarische Soldaten.*

7. JULI

POLITIK, *GROSSBRITANNIEN*
Der liberale Politiker David Lloyd George wird Nachfolger des verstorbenen Kriegsministers Lord Kitchener.

10. JULI

OSTFRONT, *RUSSLAND*
Die Befehlshaber teilen mit, daß sie seit der Eröffnung der Brussilow-Offensive 300.000 deutsche und österreichisch-ungarische Soldaten gefangengenommen haben.

11. JULI

MITTLERER OSTEN, *MESOPOTAMIEN*
General Sir Frederick Maude übernimmt das 95.000 Mann starke Tigriskorps von General George Gorringe. Am 28. August wird Maude zum Oberbefehlshaber über alle örtliche Truppen befördert. Bevor er den Vorstoß gegen Bagdad erneuert, baut er eine Flotte aus Flußdampfern auf, die für die Versorgung seiner Truppen im Feld dienen soll. Er ist sorgfältig darauf bedacht, die logistischen Fehler des ersten Vorstoßes nicht zu wiederholen.

14.–20. JULI

WESTFRONT, *SOMME*
Vier britische Divisionen nehmen nach einem durch ein kurzes Sperrfeuer eingeleiteten Überraschungsangriff 4.000 deutsche Gefangene und erobern die Ortschaften Longueval und Bazentin-le-Petit. Am nächsten Tag greifen die 3.000 Mann der südafrikanischen Brigade den Wald von Delville an. Sie sind erfolgreich, sehen sich aber drei deutschen Divisionen gegenüber. Sie halten bis zu ihrer Befreiung am 20. Juli durch. Nur 778 Soldaten der Brigade überleben. Der Wald von Del-

▶ *David Lloyd George wird nach dem Tod von Lord Kitchener im Juli britischer Kriegsminister.*

▲ *Ein britisches Versorgungsdepot ergänzt die Munitionsvorräte einer Infanterieeinheit an der Somme.*

▼ *Der Beginn der Somme-Offensive: Britische Infanteristen arbeiten sich langsam durch deutsches MG-Feuer vor.*

ville wird verlassen, aber später wieder eingenommen.

19. JULI

MITTLERER OSTEN, *ÄGYPTEN*
15.000 türkische Soldaten greifen unter General Kress von Kressenstein zum zweiten Mal den Suezkanal an. Sie kommen bis 16 km an Romani, einen wichtigen Eisenbahnknoten, heran und bauen eine Verteidigungsstellung aus.

23. JULI

WESTFRONT, *SOMME*
Die Briten versuchen, mit der Schlacht von Pozières ihre Offensive wiederzubeleben.

Australische und neuseeländische Soldaten führen den Vorstoß auf das nördlich von Albert gelegene Pozières an. Das Dorf wird am 25. Juli eingenommen, doch die Kämpfe enden in einer Pattsituation.

25. JULI

MITTLERER OSTEN, *ARMENIEN*
Der russische General Nikolaj Judenitsch fügt Vehip Paschas Dritter Armee bei Erzincan eine schwere Niederlage zu und entschärft damit einen der zwei Hauptangriffe Enver Paschas. Danach konzentriert sich Judenitsch auf Ahmet Izzims Zweite Armee, die gegen Bitlis marschiert.

29. JULI

POLITIK, *DEUTSCHLAND*
Deutschland, Österreich-Ungarn und Bulgarien einigen sich auf ein direktes militärisches Vorgehen gegen Rumänien.

▲ Das erste Kontingent russischer Soldaten paradiert nach seiner Ankunft auf Saloniki durch die Straßen.

▼ Britische Spionageoffiziere untersuchen das Wrack eines bei London abgeschossenen deutschen Zeppelins.

1. AUGUST

WESTFRONT, *SOMME*
Die britische Offensive ist erst einen Monat alt und hat schon 158.000 Mann Verlust eingebracht (plus 40.000 an anderen Bereichen der Westfront).

Deutschland hat an der Somme 160.000 Mann verloren.

BALKAN, *SALONIKI*
5.000 russische Soldaten kommen in Saloniki an und erhöhen die wachsende Präsenz in der Provinz. Am 11. August treffen 11.000 italienische Soldaten ein.

2. AUGUST

LUFTKRIEG, *GROSSBRITANNIEN*
16 deutsche Luftschiffe greifen London und Ostengland an. Wegen schlechten Wetters und technischer Probleme haben sie aber kaum Erfolg. Eines von ihnen, *SL11*, wird vom britischen Piloten Leutnant Leefe Robinson abgeschossen.

4. AUGUST

WESTFRONT, *ITALIEN*
Italien eröffnet die 6. Schlacht am Isonzo. Der Hauptangriff durch Graf Aostas Dritte Armee erfolgt aber erst zwei Tage

später am 6. August. Der Vorstoß beginnt um 14.00 Uhr nach einem neunstündigen Artilleriebeschuß der gegnerischen Stellungen. Italien gelingen einige Bodengewinne, vor allem Gorizia, das am 8. August fällt.

MITTLERER OSTEN, *ÄGYPTEN*
Unter General Kress von Kressenstein greifen die Türken den Bahnknoten von Romani an. Der Überraschungsangriff wird nach einigen Fortschritten von neuseeländischen und anderen berittenen Soldaten aufgehalten. Die Türkei erleidet hohe Verluste - knapp 5.000 Mann. Großbritannien verliert 1.100.

5. AUGUST

MITTLERER OSTEN, *ARMENIEN*
Die einzigen bemerkenswerten Erfolge der Türkei gegen General Judenitsch sind die Eroberungen von Bitlis und am folgenden Tag Mus, die aber bald wieder verloren gehen.

8. AUGUST

POLITIK, *PORTUGAL*
Die Regierung erklärt sich bereit, zur Unterstützung des Krieges gegen die Mittelmächte ihre Streitkräfte zu verstärken

12. AUGUST

OSTFRONT, *RUSSLAND*
General Alexej Brussilow teilt die Erfolge seiner laufenden Offensive öffentlich mit. Er behauptet, 375.000 deutsche und österreichisch-ungarische Soldaten gefangengenommen und mehr als 400 Geschütze und 1.300 Maschinengewehre erbeutet sowie 38.850 km² Land gewonnen zu haben. Rußland hat 550.000 Mann verloren. Viele dieser Soldaten waren Nikolaus II. treu ergeben. Die nachrückenden Truppen fühlen sich der Monarchie weniger verpflichtet.

17. AUGUST

POLITIK, *RUMÄNIEN*
Die Regierung tritt dem Krieg gegen die Mittelmächte bei. Rumäniens Ziel ist es, seine Grenzen auszudehnen.

▲ ***Italienische Bergsoldaten marschieren während der Kämpfe entlang des Isonzo gegen Österreich-Ungarn nach an die Front. Die Besatzung einer Haubitze wartet mit ihrem Marsch, bis die Infanteriekolonne durchgezogen ist.***

▼ ***Drei verwundete Türken werden von britischen Soldaten nach den Kämpfen am Suezkanal ins Hinterland eskortiert.***

▲ *Russische Soldaten, während der Brussilow-Offensive gefangengenommen, trotten in die Gefangenschaft.*

WESTFRONT, *ITALIEN*
Italien beendet die 6. Schlacht am Isonzo, seine bisher erfolgreichste Offensive. Es hat Land gewonnen und Österreich-Ungarn 49.000 Mann Verlust zugefügt. Italien selbst hat 51.000 Mann verloren.

BALKAN, *GRIECHENLAND*
Bulgarien führt einen Präventivschlag gegen Mazedonien. Am 18. August erobert es Florina, und verschiedene feindliche Truppen werden bis zur Struma zurückgedrängt.

18. August

SEEKRIEG, *NORDSEE*
Die deutsche Hochseeflotte führt einen ihrer letzten Angriffe vor der Kapitulation gegen Großbritannien aus. Ihr Plan ist es, die britische Flotte durch den Beschuß des Hafens von Sunderland in eine U-Boot-Falle zu locken.

Eines der deutschen Kriegsschiffe, die *Westfalen*, wird gleich zu Beginn des Ausfalls von einem britischen U-Boot torpediert. Die britischen Kommandanten haben dank der Informationen, die über „Room 40“ eingeholt werden konnten, von der Falle gewußt. Admiral Sir John Jellicoe hat sich bereits auf dem Weg zum Gegenangriff gemacht.

19. August

SEEKRIEG, *NORDSEE*
Zwei britische Kreuzer, die *Nottingham* und die *Falmouth*, werden von deutschen U-Booten versenkt. Ihr Verlust zwingt die Engländer, die Konfrontation mit der Hochseeflotte abzubrechen, die sich wieder in ihre Heimathäfen zurückzieht.

▼ *An der Ostfront sitzen deutsche Artilleristen bei ihrer 77-mm-Feldkanone und warten auf Befehle. Der getarnte Munitionswagen ist fast leer und legt nahe, daß kurz zuvor ein Gefecht stattgefunden hat.*

HEIMATFRONT, *DEUTSCHLAND*
Im Ruhrgebiet streiken die Bergarbeiter gegen Inflation und Nahrungsmangel.

20. AUGUST

SEEKRIEG, *MITTELMEER*
Das deutsche U-Boot *U-35*, kommandiert von Lothar von Arnauld de la Perière, kehrt nach 25 Tagen in seine Adriabasis Cattaro zurück. Es hat 54 hauptsächlich italienische Schiffe versenkt, viele durch Geschützfeuer. Sein Kapitän wird der erfolgreichste U-Boot-Kommandant aller Zeiten.

27. AUGUST

POLITIK, *RUMÄNIEN*
Die Regierung erklärt Österreich-Ungarn den Krieg und mobilisiert ihre Streitkräfte. Diese fallen sofort nach Transsilvanien ein, das einen hohen rumänischen Bevölkerungsanteil aufweist. Deutschland und die Türkei kommen zur Hilfe und erklären Rumänien im Lauf der nächsten Tage den Krieg.

▲ Serbische MG-Schützen halten während ihres Vorstoßes aus Griechenland Verteidigungsstellungen südlich der serbischen Stadt Monastir.

◀ Eine deutsche U-Boot-Besatzung beobachtet ein brennendes italienisches Handelsschiff. 1916 versenken solche U-Boote 964 Schiffe jeden Typs. Die Deutschen verlieren 22 U-Boote.

▼ Rumänische Soldaten marschieren in die österreichisch-ungarische Provinz Transsilvanien. Das von den rumänischen Truppen eroberte Gebiet geht aber bald wieder durch Gegenangriffe verloren.

28. AUGUST

POLITIK, *ITALIEN*
Die Regierung erklärt Deutschland den Krieg.

29. AUGUST

POLITIK, *DEUTSCHLAND*
Generalfeldmarschall Paul von Hindenburg löst General von Falkenhayn als Generalstabschef ab. Seine Verdun-Offensive wird als „Blutpumpe" kritisiert und traumatisiert die Gemüter („die Hölle von Verdun"). Sie sollte Frankreich hohe Verluste zufügen und dadurch die französische Kampfmoral brechen. Beides schlug fehl, denn die deutschen Verluste sind ebenso hoch

STRATEGIE & TAKTIK

DAS DEUTSCHE BUNKERSYSTEM

Im Verlauf des Jahres 1916 gingen den deutschen Militärstrategen wegen der hohen Verluste bei Verdun und an der Somme und durch die vielen Kriegsschauplätze an der Westfront die Soldaten aus. Eine Lösung für das Problem sah vor, Land an der Westfront aufzugeben und sich auf eine leichter zu verteidigende und engere Frontlinie zurückzuziehen. Eine engere Front sollte weniger Soldaten benötigen und so einige für andere Schauplätze freistellen.

Mittelpunkt dieser neuen Strategie war ein spezielles Grabensystem mit 3–9 Metern tief gelegenen Bunkern. Dabei sah man eine enge, leicht besetzte Front vor, die durch mehrere, einige Kilometer tiefe, umfangreiche Verteidigungslinien verstärkt wurde. Ziel dieser Front war es, gegnerische Attacken zu verzögern und aufzubrechen und dennoch Zeit zu haben, Verstärkung an die Front zu bringen. Man ging davon aus, daß die gegnerische Artillerie in den dünner besetzten Stellungen auch weniger Schaden anrichten würde als früher.

Generalfeldmarschall Paul Hindenburg hatte diesen Plan entworfen, und so wurde diese Verteidigungslinie nach ihm benannt, wenn sie auch offiziell „Siegfriedlinie" hieß. Die Vorarbeiten an der Hindenburglinie begannen Ende 1916. Ihre Erbauer nutzten alle Erhebungen aus. Als der Bau im Frühjahr 1917 beendet wurde, erstreckte sich die Linie von Arras über St. Quentin bis Soissons und verkürzte die Westfront um 40 km. Diese Verdichtung erlaubte den Abzug von 14 Divisionen.

Die Linie bestand aus einer um 500 m vorgeschobenen Vorpostenzone, die aus einer Reihe mit knapp 12 Mann besetzter Stellungen bestand. Sie sollten feindliche Angriffe verzögern und aufspalten. Die zweite Linie, die Kampfzone, war 2,3 km tief. Sie bestand aus zwei Reihen von Schützengräben, die mit vorgefertigten MG-Ständen aus Beton mit überschneidenden Feuerbereichen durchsetzt waren.

Dies war die Hauptverteidigungslinie, und sie wurde ständig unter Maximalbesetzung gehalten. Die Soldaten wurden durch tiefe Bunkeranlagen und beide Zonen wurden durch dichte Stacheldrahtgürtel geschützt.

Hinter der Kampfzone lagen ein oder zwei Verfügungsräume mit einer Tiefe von etwa 5,5 km, in denen sich Soldaten auf Gegenangriffe vorbereiten konnten, falls feindliche Truppen tatsächlich durchdringen sollten.

wie die feindlichen. Falkenhayn wird das Kommando über die Neunte Armee an der Ostfront übertragen.

Hindenburgs Vertrauter General Erich Ludendorff wird sein Stellvertreter. Beide sind sich einig, daß es einer neuen Strategie für die Westfront bedarf – einer Verteidigung mit Hilfe eines speziellen Bunkersystems.

31. AUGUST

POLITIK, *DEUTSCHLAND*
Der Kriegsminister erhält einen Brief von Hindenburg, in dem dieser fordert, die Munitionsproduktion bis zum Mai 1917 zu verdoppeln.

Er fordert auch eine Verdreifachung der MG- und Artilleriegeschützproduktion. Später bespricht er mit Industrievertretern seinen Bewaffnungsbedarf und den Mangel an Einsatzkräften. Hindenburg drängt auch auf den Beginn eines unbeschränkten U-Boot-Einsatzes.

1. SEPTEMBER

POLITIK, *BULGARIEN*
Die Regierung erklärt Rumänien den Krieg.

◀ *Der ehemalige deutsche Generalstabschef General Erich von Falkenhayn mit Offizieren der Neunten Armee.*

▲ *Gefallene deutsche Soldaten vor ihrem zerschossenen MG-Posten in der Nähe von Guillemont an der Somme.*

3. SEPTEMBER

WESTFRONT, *SOMME*
Wegen des zunehmenden französischen Drucks und der Notwendigkeit, Rumänien zu helfen, erklärt sich General Haig mit einer Wiederaufnahme der Somme-Offensive einverstanden, die inzwischen zu einer Reihe von Scharmützeln verkommen war. Unterstützt von einem französischen Angriff südlich von Albert, wirft Großbritannien seine Truppen gegen das Dorf Guillemont, das von der Zwanzigsten Division eingenommen wird. Angriffe gegen die deutschen Stellungen im Hohen Wald und gegen die Schwabenschanze schlagen fehl.

BALKAN, *RUMÄNIEN*
Generalfeldmarschall August von Mackensen fällt mit der Donauarmee, die aus deutschen, bulgarischen und türkischen Einheiten besteht, von Bulgarien aus nach Rumänien ein.

BALKAN, *GRIECHENLAND*
Die Truppen in Saloniki beginnen eine Gegenoffensive gegen die bulgarischen Einheiten in Mazedonien. Ihnen gelingen frühe Erfolge, und sie drängen Deutsche und Bulgaren zurück.

◀ *Ein bulgarischer Soldat wacht in einem Schützengraben, während die anderen essen.*

5. SEPTEMBER

WESTFRONT, *SOMME*
Mit französischer Hilfe übernehmen britische Soldaten nach zwei Monate andauernden Kämpfen die gesamte 2. deutsche Verteidigungslinie. Nach den britischen Plänen geschieht das zwei Monate zu spät.

8. SEPTEMBER

WESTFRONT, *FRANKREICH*
Generalfeldmarschall Paul von Hindenburg und sein Stellvertreter General Erich Ludendorff besuchen die Westfront, an der die deutschen Soldaten an der Somme und bei Verdun schwere Kämpfe bestehen müssen.

Beide haben erkannt, daß eine neue Strategie für die Westfront notwendig ist, vor allem weil noch Einheiten für die Feldzüge an der Ostfront und im Balkan abgezogen werden müssen. Sie einigen sich auf einen besseren Schutz für die Soldaten mit Hilfe von Bunkern.

13. SEPTEMBER

WESTFRONT, *VERDUN*
Der französische Präsident Raymond Poincaré besucht die Stadt und verleiht ihr mit der „Ehrenlegion" den höchsten französischen Orden. Frankreich plant eine Großoffensive gegen die deutschen Stellungen.

14. SEPTEMBER

WESTFRONT, *ITALIEN*
Die 7. Schlacht am Isonzo beginnt um 9.00 Uhr mit einem Angriff der italienischen Dritten Armee auf einer Frontlänge von 10 km. Das Gefecht dauert bis zum 17. September. Italien erzielt einige Anfangserfolge, aber schlechtes Wetter und die starke österreichisch-ungarische Verteidigung verhindern große Gewinne.

15. SEPTEMBER

WESTFRONT, *SOMME*
Großbritannien versucht, mit der Schlacht von Flers-Courcelette aus der Sackgasse bei Albert auszubrechen. 14 Divisionen werden in die Schlacht geschickt. Zum ersten Mal kommen auch Panzer an der Westfront zum Einsatz. Der Vorstoß verläuft gut – 2,25 km werden auf einer Frontbreite von 10 km gewonnen. Beide Dörfer werden eingenommen. Doch obwohl sie anfangs Angst und Schrecken verbreiten, sind die langsamen Panzer alles andere als erfolgreich. Viele werden außer Gefecht gesetzt, bleiben im Schlamm und in Gräben stecken oder erleiden während des Vormarsches mechanische Ausfälle. Trotz allem ordnet General Sir Douglas Haig am 19. September die Produktion von weiteren 1.000 Panzern an.

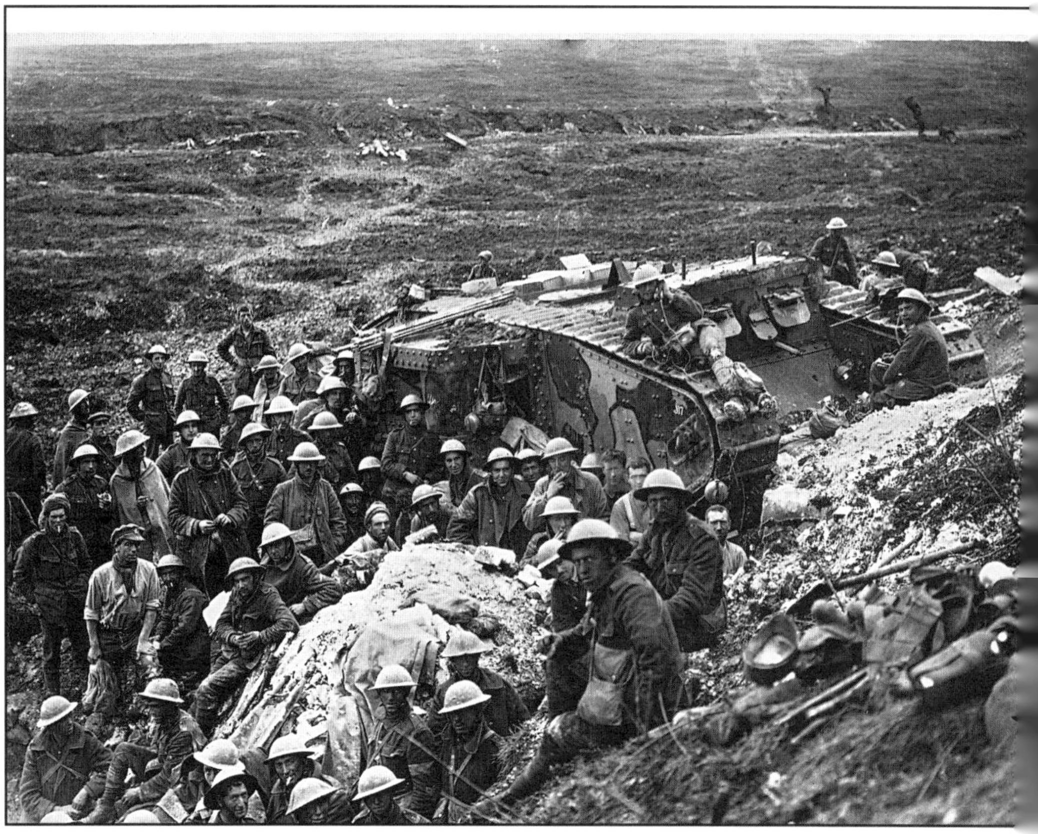

▲ Britische Soldaten und ein „Mark I"-Panzer in einer Kampfpause, aufgenommen bei Flers-Coucelette an der Somme.

LUFTKRIEG, *ADRIA*
Zwei österreichisch-ungarische Flugboote schreiben Militärgeschichte, als sie als erste Flugzeuge ein U-Boot versenken. Ihr Opfer ist das französische U-Boot *Foucault*.

16. SEPTEMBER

WESTFRONT, *FRANKREICH*
Generalfeldmarschall Paul von Hindenburg kündigt den Bau einer massiven Verteidigungsanlage, der Hindenburglinie, an. Sie soll 8 bis 48 km hinter der derzeitigen Front liegen. Die Arbeiten werden am 23. September aufgenommen.

17. SEPTEMBER

BALKAN, GRIECHENLAND
Französische und russische Soldaten erobern Florina zurück. Sie planen ebenfalls, das etwa 30 km von der serbischen Grenze entfernte Monastir einzunehmen.

MITTLERER OSTEN, *ÄGYPTEN*
Nach dem Sieg gegen die Türkei in der Schlacht bei Romani, glückt berittenen ANZAC-Einheiten ein Angriff gegen Mazar, das knapp 72 km östlich von Romani liegt. Die türkischen Truppen müssen sich bis El Arisch zurückziehen.

LUFTKRIEG, *WESTFRONT*
Der deutsche Pilot Freiherr Manfred von Richthofen erzielt seinen ersten Luftsieg.

◀ Der deutsche Baron Manfred von Richthofen, der mit 80 Luftsiegen erfolgreichste Pilot des 1. Weltkriegs.

18. SEPTEMBER

BALKAN, *RUMÄNIEN*
General Erich von Falkenhayn übernimmt die deutsche Neunte Armee. Seine Order besteht darin, zuerst die rumänischen Truppen aus Transsilvanien zu vertreiben und danach verschiedene Alpenpässe zu sichern, um zuletzt nach Rumänien einzufallen.

26. SEPTEMBER

WESTFRONT, *SOMME*
Eine britische Speerspitze von 13 Panzern erobert das Dorf Thiepval. Die Kämpfe an der Somme-Front gehen in

den nächsten Wochen weiter, und Frankreich und Großbritannien erzielen einige Erfolge, allerdings mit hohen Verlusten. Tiefer Schlamm und eine starke deutsche Verteidigung erschweren das Vorankommen.

MITTLERER OSTEN, *ARMENIEN*
Die Türkei gibt die besetzte Stadt Mus wieder preis. Gleichzeitig ist dies das Ende der Offensive gegen General Judenitschs Armeen. Da Rußland immer noch den größten Teil von Armenien kontrolliert, war sie ein kompletter Fehlschlag. Mit dem Ende der für Feldzüge günstigen Jahreszeit ziehen sich die russischen und die türkischen Armeen in ihre Winterlager zurück.

6. OKTOBER

POLITIK, *FRANKREICH*
Die französische Regierung requiriert unbebautes Land und Viehbestände, um die landwirtschaftliche Produktion zu erhöhen.

POLITIK, *DEUTSCHLAND*
Die Obrigkeit einigt sich auf die Wiederaufnahme des Angriffes gegen Handelsschiffe (unabhängig von ihrer Nationalität), auch wenn es U-Boot-Kommandanten verboten ist, Schiffe ohne Vorwarnung zu torpedieren.

7. OKTOBER

POLITIK, *USA*
Der amtierende demokratische Präsident Woodrow Wilson wird wiedergewählt. Er ist entschlossen, trotz zunehmender Reibungen mit Deutschland die Neutralität der Vereinigten Staaten beizubehalten.

8. OKTOBER

POLITIK, *DEUTSCHLAND*
Man einigt sich auf die Formation einer Luftwaffe, die „alle Kräfte des Luftkampfes und der Verteidigung in der Luft mit der Armee im Feld und auf heimatlichem Boden" in sich vereinigen soll.

SEEKRIEG, *ATLANTIK*
Die Versenkung einiger Schiffe vor der Ostküste der Vereinigten Staaten durch das deutsche U-Boot *U-53* bedeutet eine weitere Eskalation des Seekriegs. Drei britische, ein holländisches und ein norwegisches Schiff sinken.

▲ *Wahlhelferinnen setzen sich für Präsident Woodrow Wilson ein, der im November wiedergewählt wird.*

▼ *Britische Krankenträger tragen einen Verwundeten aus den Kämpfen bei Thiepval an der Somme.*

9. Oktober

▶ *Französische Zuschauer halten ihre Ohren zu, als eine 300-mm-Eisenbahnkanone auf deutsche Stellungen feuert.*

9. Oktober

WESTFRONT, *ITALIEN*
Italien eröffnet die 8. Schlacht am Isonzo mit einem Angriff der Zweiten und der Dritten Armee gegen die österreichisch-ungarische Fünfte Armee. Wieder gibt es kaum Erfolge. Italien gewinnt gerade 3 km bei 24.000 Mann Verlust. Die Schlacht endet am 12. Oktober.

10. Oktober

POLITIK, *RUSSLAND*
Nikolaus II. befiehlt, daß die höchst erfolgreiche Brussilow-Offensive zu einer Entscheidung gebracht werden soll. Die Kämpfe ziehen sich noch bis Mitte Oktober hin.

BALKAN, *MAZEDONIEN*
Der deutsche General Otto von Below wird zum Kommandanten der regionalen Armeegruppe ernannt und errichtet sein Hauptquartier in Sarajewo. Er erhält Verstärkung von der West- und der Ostfront.

16. Oktober

MITTLERER OSTEN, *ARABIEN*
Der britische Verbindungsoffizier T. E. Lawrence kommt in Jeddah an. Er soll zwischen den Führern der arabischen Revolte und den Engländern vermitteln. Er wird Berater von Prinz Feisal, der versucht, die arabischen Stämme gegen die Türkei zu vereinen. Als engagierter Fürsprecher eines unabhängigen arabischen Staates geht Lawrence als „Lawrence von Arabien" in die Geschichte ein.

19. Oktober

BALKAN, *RUMÄNIEN*
Der Donauarmee, die sich unter Generalfeldmarschall von Mackensen von Bulgarien aus stetig die rumänische Küste entlang vorgearbeitet hat, gelingt ein Durchbruch, und sie greift den Hafen von Konstanza an der Donaumündung zum Schwarzen Meer an. Er fällt am 22. Oktober.

▶ *Colonel T. E. Lawrence, der britische Verbindungsoffizier zu Arabien, im türkischen Arabien.*

21. Oktober

POLITIK, *DEUTSCHLAND*
Die Regierung einigt sich auf die Einrichtung einer Behörde für Kriegsmunition, um die Munitionsproduktion, vor allem von Artilleriegranaten, anzukurbeln. Sie nimmt ihre Arbeit am 1. November auf.

24. Oktober

WESTFRONT, *VERDUN*
Frankreich startet seinen Gegenangriff mit dem Ziel, die Gebiete nordöstlich

von Verdun wiederzugewinnen. Geschützt durch dichten Nebel erobern die französischen Truppen Fort Douaumont zurück und nehmen dabei 6.000 Gefangene. Die deutschen Angriffe werden erfolgreich abgewehrt.

28. OKTOBER

LUFTKRIEG, *WESTFRONT*

Oswald Boelcke, mit 40 Luftsiegen einer der erfolgreichsten deutschen Flieger in diesem Krieg, wird bei einem Zusammenstoß mit einem Kollegen getötet.

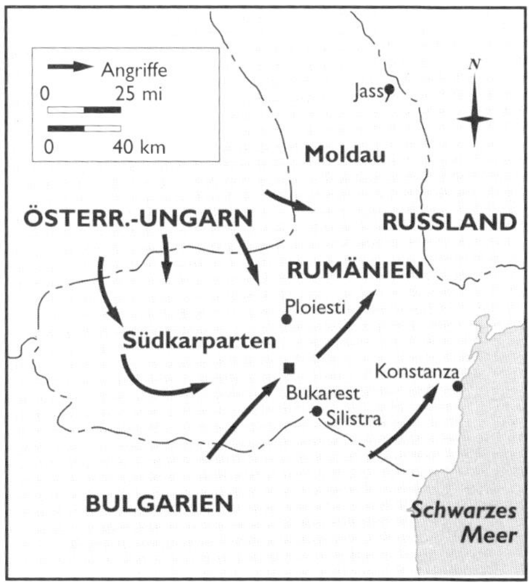

▲ *Die Rumänieninvasion wird für die Deutschen ein Erfolg. Die rumänische Armee setzt den Invasoren nichts entgegen.*

▼ *Französische Soldaten besetzen ein deutsches MG inmitten der Trümmer von Fort Douaumont.*

1. NOVEMBER

WESTFRONT, *FRANKREICH*

Der französische Oberbefehlshaber General Joffre legt General Haig seine Pläne zu einer britisch/französischen Gemeinschaftsoffensive für 1917 vor.

1.–4. NOVEMBER

WESTFRONT, *ITALIEN*

Die 9. Schlacht am Isonzo beginnt mit dem Angriff der italienischen Zweiten und Dritten Armee gegen die österreichisch-ungarischen Stellungen südlich von Gorizia. Schlechtes Wetter und hohe Verluste (28.000 Mann) zwingen den italienischen Oberbefehlshaber Luigi Cadorna, die Angriffe abzubrechen.

2. NOVEMBER

WESTFRONT, *VERDUN*

Die deutschen Verteidiger verlassen die Überreste von Fort Vaux. Es geht am 5. November wieder ganz in französische Gewalt über.

4. NOVEMBER

POLITIK, *ARABIEN*

Trotz britischer und französischer Proteste wird der Großscheich von Mekka Hussein in Mekka zum König der arabischen Stämme gekrönt.

5. NOVEMBER

POLITIK, *FRANKREICH*

Die Regierung demonstriert ihre Solidarität zum besetzten Serbien, indem sie einen nationalen Gedenktag der serbischen Soldaten unterstützt.

▶ *Der deutsche Flieger Oswald Boelcke wird im November bei einer Kollision über der Westfront getötet.*

15. NOVEMBER

POLITIK, *FRANKREICH*
Die alliierten Mächte treten bei Chantilly in einer Konferenz zusammen. General Joffre leitet das Treffen, bei dem eine vereinte Offensive an der West- und Ostfront sowie an der italienischen Front im Februar 1917 beschlossen werden soll. Man glaubt, daß Deutschland und Österreich-Ungarn einem solchen Angriff nicht begegnen könnten.

HEIMATFRONT, *DEUTSCHLAND*
Deutschlands Soldatenmangel wird deutlich, als die Reichsregierung beschließt, junge Männer des Jahrgangs 1897 einzuziehen. Dabei zeigen die Musterungsprotokolle, daß viele junge Männer unterernährt sind. Das rührt

◀ *Britische Soldaten durchqueren während der Somme-Offensive 1916 die Kraterlandschaft entlang der Somme.*

▼ *Russische Soldaten stehen in den Startlöchern, um Monastir zu besetzen.*

POLITIK, *POLEN*
Deutschland und Österreich-Ungarn erobern das ehemals russische Polen und rufen in der Hoffnung, Polen für ihre Armeen zu gewinnen, die Gründung des Königreiches Polen aus. Obwohl einige Polen tatsächlich der Armee beitreten, glauben viele, daß das Unabhängigkeitsangebot nicht ausreichend sei.

10. NOVEMBER

SEEKRIEG, *BALTIKUM*
Sieben deutsche Zerstörer sinken in einem russischen Minenfeld.

12. NOVEMBER

POLITIK, *MEXIKO*
Ein hochrangiger deutscher Diplomat bemerkt gegenüber mexikanischen Vertretern, daß die Reichsregierung es sehr begrüßen würde, wenn die mexikanische Regierung einer U-Boot-Basis auf ihrem Gebiet zustimmte.

13. NOVEMBER

WESTFRONT, *SOMME*
Die neu geschaffene britische Fünfte Armee beginnt unter General Sir Hubert Gough mit der Schlacht an der Ancre (nordöstlich von Albert). Der Angriff wird von der Zerstörung einer deutschen Schanze durch eine Untergrundmine eingeleitet. Er ist hauptsächlich gegen den Weiler Beaumont gerichtet, der auch eingenommen wird. Die Kämpfe dauern bis zum 18. November an.

teils von der britischen Seeblockade her, die Deutschland von der Versorgung aus Übersee abschneidet.

18. November

WESTFRONT, *SOMME*
Das Ende der Schlacht an der Ancre beendet die britische Somme-Offensive. Die britischen Verluste sind enorm hoch - fast 420.000 Mann. Frankreich hat 250.000 Soldaten verloren, Deutschland 500.000. Am Ende der Angriffe hat Großbritannien kein einziges seiner Ursprungsziele erobert. Die britischen Verbände liegen z. B. noch immer 5 km vor Bapaume. Obwohl sie kaum Land gewonnen haben, haben sie den Deutschen jedoch hohe Verluste zugefügt und dazu beigetragen, daß die Deutschen sich auf die Hindenburglinie zurückziehen.

WESTFRONT, *VERDUN*
General Robert Nivelle erhält von General Joffre die Erlaubnis zu einer letzten Offensive. Er hat in den ersten Monaten des Jahres viele von den an die Deutschen verlorenen Gebiete nordöstlich von Verdun zurückgewonnen. Sein Ansehen in der Öffentlichkeit und bei seinen Vorgesetzten ist hoch. Zum Teil verdankt er seinen Erfolg einem schleichenden Artilleriefeuer, das sich langsam, in Abstimmung mit dem Vormarsch der Infanterie, vorwärtsbewegt.

19. November

BALKAN, *SERBIEN*
Serbische und französische Truppen erobern Monastir, das von den deutschen und bulgarischen Besatzern verlassen wurde.

21. November

POLITIK, *ÖSTERREICH-UNGARN*
Kaiser Franz Joseph I. stirbt im Alter von 86 Jahren. Nachfolger wird Erzherzog Karl, sein 26jähriger Großneffe.

SEEKRIEG, *MITTELMEER*
Das britische Lazarettschiff *Britannic*, Schwesterschiff der *Titanic*, läuft auf eine deutsche Mine und sinkt.

Glücklicherweise sind keine Verwundeten an Bord des ehemaligen Luxuskreuzers.

23. November

POLITIK, *GRIECHENLAND*
Die provisorische Regierung in Saloniki erklärt Deutschland und Bulgarien, den Krieg - nach entschiedenem Drängen Großbritanniens und Frankreichs, die viele Soldaten vor Ort haben.

▲ ***Eine deutsche Verstärkungskolonne durchquert während des Vormarsches der Neunten Armee gegen Bukarest eine Furt.***

BALKAN, *RUMÄNIEN*
Generalfeldmarschall von Mackensens Donauarmee führt eine zweite Invasion nach Rumänien durch, um seine Soldaten, die bereits die Schwarzmeerküste angreifen, zu unterstützen. Einige Einheiten stoßen auf einer 48 km langen Front über die Donau vor. Sie wollen sich mit der Neunten Armee von General Falkenhayn, die nach der Überwindung der befestigten Alpenpässe, durch Nordwestrumänien vordringt, vereinigen. Ihr Ziel ist die rumänische Hauptstadt Bukarest. Am 26. November treffen sich die beiden Armeen 80 km vor Bukarest. Der Kampf um die rumänische Hauptstadt beginnt Ende des Monats. Die Niederlage Rumäniens ermöglicht den Mittelmächten den Zugriff auf seine Ölfelder.

25. November

SEEKRIEG, *ATLANTIK*
Das deutsche U-Boot *U-52* versenkt das vor Portugal kreuzende französische Schlachtschiff *Suffren*. Es gibt keine Überlebenden.

▲ ***Generalfeldmarschall August von Mackensen feiert die Eroberung von Bukarest.***

28. NOVEMBER

LUFTKRIEG, *GROSSBRITANNIEN*
Deutsche Langstreckenbomber fliegen einen ersten Angriff bei Tageslicht auf London. Einer wirft sechs kleine Bomben über der Innenstadt ab.

29. NOVEMBER

POLITIK, *GROSSBRITANNIEN*
Admiral Sir David Beatty übernimmt von Admiral Sir John Jellicoe das Kommando über die britische Flotte. Jellicoe wird am 4. Dezember zum First Sea Lord ernannt.

1. DEZEMBER

POLITIK, *RUMÄNIEN*
Die Regierung siedelt von Bukarest nach Jassy über.

5. DEZEMBER

POLITIK, *GROSSBRITANNIEN*
Premierminister Herbert Asquith tritt als Kopf der Regierungskoalition zurück und wird am 7. Dezember von dem Liberalen David Lloyd George abgelöst. Lloyd George führt schnell eine Reform zur Regulierung der britischen Kriegsbemühungen durch, indem er mehrere Behörden und Komitees einsetzt.

POLITIK, *DEUTSCHLAND*
Das Hilfsdienstgesetz tritt in Kraft. Alle Männer zwischen 17 und 60 müssen nun an die Front.

6. DEZEMBER

BALKAN, *RUMÄNIEN*
Generalfeldmarschall August von Mackensen zieht an seinem 67. Geburtstag mit einem Triumphmarsch nach Bukarest ein. Vorangegangen war ein dreitägiger Waffenstillstand, damit Rumänien die Hauptstadt evakuieren konnte. Die rumänischen Kräfte ziehen sich in Richtung der russischen Grenze nach Nordosten zurück. Sie werden verfolgt, aber wegen des sich verschlechternden Wet-

ters kommen die deutschen Verfolger nur langsam voran.

11. DEZEMBER

BALKAN, *SALONIKI/SERBIEN*
Der französische General Maurice Sarrail, nominell Oberkommandant aller Truppen dieses Kriegsschauplatzes, beendet alle Operationen und verlegt seine Truppen ins Winterlager. Monastir steht weiterhin unter regelmäßigem Artilleriebeschuß.

12. DEZEMBER

POLITIK, *FRANKREICH*
Die Nachfolge von General Joseph Joffre als französischem Oberbefehlshaber tritt General Robert Nivelle an, der Held von Verdun. Am selben Tag wird auch der Kommandant der Armeegruppe Nord General Ferdinand Foch von General Louis Franchet d'Esperey abgelöst. Foch tritt zunächst in den Ruhestand, kehrt aber bald wieder in den aktiven Dienst zurück.

▼ ***Auf dem Tigris beschießt ein britisches Kanonenboot bei der Eröffnung von General Sir Frederick Maudes Vorstoß gegen Bagdad Mitte Dezember türkische Stellungen.***

▲ ***Französische Soldaten marschieren durch das eroberte Monastir.***

POLITIK, *DEUTSCHLAND*
Die Regierung entsendet ein „Friedensangebot" an die verschiedenen Führungen der Alliierten. Es wird am 30. Dezember als „leer und unaufrichtig" zurückgewiesen.

13. DEZEMBER

MITTLERER OSTEN, *MESOPOTAMIEN*
Der britische Kommandant General Sir Frederick Maude startet eine Offensive entlang des Tigris. Seine 48.000 Mann werden von über 170 Artilleriegeschützen, 24 Flugzeugen und einigen gepanzerten Flußbooten unterstützt. Die Türkei kann 20.000 Soldaten und 70 Geschütze aufbringen. Aber wegen des Regens kommen die britischen Truppen nur langsam voran.

15. DEZEMBER

WESTFRONT, *VERDUN*
Frankreich greift nordöstlich von Verdun an. Innerhalb weniger Tage sind die Deutschen gezwungen, ihre Schlüsselstellungen, auch die Forts Douaumont und Vaux, zu verlassen. Die Gefechte dauern noch bis 1917 an, aber die Hauptschlacht ist nach diesem Angriff

beendet. Die Verluste sind enorm: 360.000 französische Soldaten und 336.000 deutsche. Der deutsche Plan, die französische Armee mit geringem Einsatz zu zerschlagen, schlägt fehl.

19. DEZEMBER

POLITIK, *GROSSBRITANNIEN*
Premierminister David Lloyd George hält seine erste Rede. Er lehnt die Friedensvorschläge Deutschlands ab.

21. DEZEMBER

MITTLERER OSTEN, *ÄGYPTEN*
Berittene ANZAC-Einheiten zwingen die Türkei, ihre Stellungen bei El Arisch zu verlassen.

26. DEZEMBER

POLITIK, *FRANKREICH*
General Joseph Joffre tritt als Oberbefehlshaber zurück, wird aber zum Marschall befördert. Am nächsten Tag wird General Ferdinand Foch zum militärischen Chefberater der Regierung ernannt.

◄ Rasputin (1871–1916) ist ein enger Vertrauter der russischen Königsfamilie, aber sein Einfluß auf Ernennung und Entlassung staatlicher und kirchlicher Vertreter weckt die Ressentiments vieler Adliger. Rasputin wird im späten Dezember in St. Petersburg ermordet.

▲ Einige der 17.000 bei Verdun gefangenen Deutschen werden von französischen Soldaten ins Hinterland gebracht.

▼ *Eines der 1.157 im Jahr 1916 von deutschen U-Booten versenkten Schiffe versinkt mit dem Heck voran.*

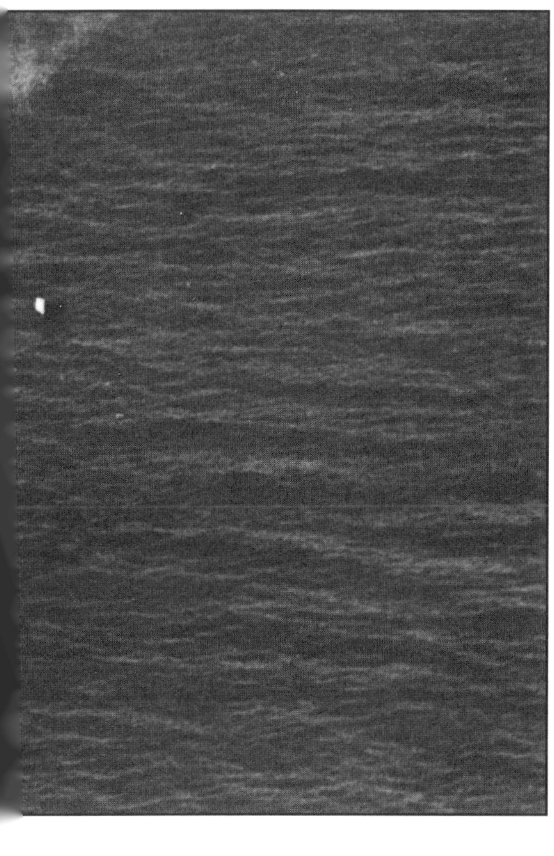

29. DEZEMBER

WESTFRONT, *SOMME*

General Sir Douglas Haig legt seinen vollendeten Bericht über die verlängerte Schlacht vor. Er erklärt, daß Großbritannien erfolgreich die halbe deutsche Armee bekämpft habe. Man habe weitere 38.000 Gefangene genommen und 125 Geschütze verschiedenen Kalibers erbeutet.

31. DEZEMBER

POLITIK, *GROSSBRITANNIEN*

General Douglas Haig, der britische Oberbefehlshaber an der Westfront, wird zum Marschall befördert.

POLITIK, *RUSSLAND*

Der religiöse Wunderheiler Rasputin wird von einer Gruppe Adliger ermordet. Viele Russen meinen, daß er einen unheilvollen Einfluß auf die Zarenfamilie, vor allem auf die Zarin, ausgeübt habe.

SEEKRIEG, *ATLANTIK*

Deutsche U-Boote versenken allein in diesem Mnat 167 Schiffe. Trotzdem fordert die Reichsregierung, den U-Boot-Einsatz noch weiter zu erhöhen.

PERSÖNLICHKEITEN

FELDMARSCHALL SIR DOUGLAS HAIG

Douglas Haig (1861–1928) war zwischen 1915 und 1918 Kommandant der britischen Truppen an der Westfront. 1914 erhielt er das Kommando über das I. Korps, das er durch die Schlachten von Mons, an der Marne und Ypern führte. Im Dezember 1914 wurde ihm die Führung der Ersten Armee übertragen. Er spielte eine herausragende Rolle in der Schlacht von Neuve-Chapelle. Haig war vermutlich 1915 an der Entlassung des unbeliebten Kommandanten des britischen Expeditionskorps beteiligt.

Haigs Zeit als Oberbefehlshaber ist umstritten. Er versuchte, einen entscheidenden Durchbruch an der Westfront zu erzielen. 1916, in der Schlacht an der Somme und 1917 bei Ypern, bestand er auf einem Angriff – selbst bei hohen Verlusten –, obwohl die Aussichten für einen Durchbruch gering waren. Trotz allem bewies Haig großes Können bei der Ausbildung seiner Truppen, bei der Organisation und Versorgung. Er war für neue Ideen und Techniken wie den Panzer immer aufgeschlossen.

Haigs Besonnenheit während der deutschen Frühjahrsoffensive 1918 ermöglichte es Frankreich und Großbritannien, den Angriff abzuwehren. Zwischen August und November waren es die Briten unter Haig, denen es in einer Serie von Siegen gelang, die deutsche Armee an der Westfront zu zerschlagen. Er war 1918 auch die treibende Kraft bei der Schaffung einer britisch-französischen Kommandostruktur – unter französischer Leitung.

1917

▲ *Eine Marschkolonne der türkischen Kavallerie zieht aus einer Stadt in Palästina gegen dem Vormarsch der Briten aus.*

Dieses Kriegsjahr wurde vom Ausbruch der russischen Revolution dominiert. Sie erlaubte Deutschland, Truppen von der Ostfront abzuziehen und an anderen Stellen einzusetzen. Die USA erklärten Deutschland den Krieg. Italien stand kurz davor, gänzlich vernichtet zu werden. In Frankreich meuterte die Armee, weshalb Großbritannien die Hauptlast an der Westfront tragen mußte. Österreich-Ungarn und die Türkei standen politisch und militärisch kurz vor dem Zusammenbruch.

▶ *Eine britisch bemannte Haubitze auf der Sinai-Halbinsel im Einsatz gegen die Türkei.*

8.–9. Januar

MITTLERER OSTEN, *ÄGYPTEN*
Großbritannien zieht in Ägypten seine Soldaten unter dem Kommando von General Sir Archibald Murray zusammen. Sie sollen als Vorbereitung für eine Palästina-Invasion die türkischen Soldaten von der Halbinsel Sinai vertreiben. Ihnen gelingt ein Sieg in der Schlacht von Magruntein. Sie nehmen 1.600 Soldaten gefangen und erbeuten einige Geschütze. Murray verliert 487 Mann. Jetzt entwirft er den Plan für die Invasion. Sein erstes Ziel ist die Hügelkette, die sich an der Mittelmeerküste von Gaza bis Beerscheba (insgesamt fast 32 km) erstreckt. Sein Endziel ist Jerusalem.

19. Januar

POLITIK, *MEXIKO*
Die deutsche Botschaft in Mexiko erhält ein geheimes Telegramm von Außenminister Arthur Zimmermann. Es schlägt vor, ein Verteidigungsbündnis mit Mexiko vorzubereiten, falls die USA Deutsch-

land den Krieg erklären. Es enthält das Versprechen, Mexiko wieder die Staaten New Mexico, Texas und Arizona zu überantworten. Die Mexikaner werden außerdem aufgefordert, Japan zu ermutigen, den Mittelmächten beizutreten. Doch ohne Wissen der Deutschen gelingt es den Engländern, die brisante Mitteilung abzufangen und zu dekodieren.

22. JANUAR

POLITIK, *USA*
Präsident Wilson ruft alle Teilnehmerstaaten des 1. Weltkriegs zu einem „Frieden ohne Sieg" auf. Großbritannien und Frankreich lehnen die Einladung ab, da sie die deutschen Forderungen als inakzeptabel empfinden.

▲ Indische Soldaten führen unter britischen Offizieren eine Luftabwehrübung mit Lewis-MGs durch.

◀ Deutsche Zerstörer und U-Boote machen klar Schiff für den Angriff.

27. JANUAR

POLITIK, *USA*
General John Pershing, der zehn Monate lang mit 4.800 US-Soldaten in Mexiko nach dem Rebellenführer Pancho Villa gesucht hat, wird in die USA zurückbefohlen.

31. JANUAR

POLITIK, *DEUTSCHLAND*
Nach vielen Monaten hitziger Debatten, beschließt die Regierung, dem uneingeschränkten U-Boot-Krieg zuzustimmen. Ab jetzt können die 111 U-Boote alle Schiffe versenken, denen sie begegnen.

◀ ***Britische Soldaten marschieren nach der Übernahme von Kut-el-Amara am 25. Februar durch die Straßen der Stadt.***

Man ist davon überzeugt, daß diese Taktik Großbritannien in fünf Monaten zur Kapitulation zwingen werde.

Das deutsche Oberkommando weiß, daß diese Entscheidung großen Einfluß auf die Beziehungen zu den USA haben wird. Eine Kriegserklärung im Falle des Angriffs gegen eines ihrer Schiffe scheint wahrscheinlich. Doch niemand rechnet damit, daß die USA in der Lage seien, innerhalb der nächsten zwei Jahre großen Einfluß auf den Krieg in Europa zu nehmen. Und länger, so meinen deutsche Strategen, dauert es nicht bis zum Sieg. Staatssekretär Robert Lansing (USA) erhält die Mitteilung, daß von jetzt an „alle Schiffe unter Einsatz jeder verfügbaren Waffe ohne Vorankündigung gestoppt" werden.

3. Februar

POLITIK, *USA*

Nach der Ankündigung des U-Boot-Krieges werden die diplomatischen Beziehungen zu Deutschland abgebrochen. Präsident Wilson erklärt, daß die Regierung keine andere Alternative sehe, die sich mit der Würde und dem Ansehen der USA vereinbaren ließe.

Andere Staaten folgen diesem Beispiel, vor allem in Lateinamerika und in China. Am Tag der Wilson-Rede wird die *Housatonic*, ein amerikanisches Handelsschiff, ohne jede Vorwarnung versenkt.

22.–23. Februar

MITTLERER OSTEN, *MESOPOTAMIEN*

General Sir Frederick Maude, der Kommandant der britischen Truppen, die gegen Bagdad marschieren, führt einen Angriff gegen die türkischen Einheiten bei Kut-el-Amara. Er beginnt mit einer schwachen Attacke gegen die rechte Flanke, um von seinen Soldaten, die über den Tigris setzen, abzulenken, und geht dann mit allen Kräften gegen beide türkische Flanken vor.

Nach seiner Niederlage in dieser zweiten Schlacht von Kut befiehlt der türkische Kommandant Kara Bekr Bey seinen Soldaten, sich nach Bagdad zurückzuziehen. Kut-el-Amara wird den britischen Truppen am 25. Februar überlassen.

23. Februar

WESTFRONT, *FRANKREICH*

Die deutschen Soldaten beginnen, sich gemäß der neuen Verteidigungsstrategie, bei der mit besonders tief gelegenen Bunkern gearbeitet wird, zur fertiggestellten Hindenburglinie zurückzuziehen. Sie liegt 32 km hinter der derzeitigen Front und erstreckt sich von Arras bis nach Soissons.

Die Aktion ist am 5. April beendet.

▼ ***Ein Abschnitt der Hindenburglinie mit seiner schweren Stacheldrahtbefestigung.***

◀ *Studenten und Armeedeserteure schießen während der Februarrevolution in Petrograd auf die Polizei.*

24. FEBRUAR

POLITIK, *GROSSBRITANNIEN*
Der Botschafter der USA in Großbritannien Walter Hines Page erhält eine Kopie der Nachricht von Arthur Zimmermann vom 19. Januar. Der Botschafter übermittelt die Abschrift des sogenannten Zimmermann-Telegrammes an das US-Außenministerium. In den USA reagiert man mit Empörung, als das Telegramm am 1. März in den Tageszeitungen abgedruckt wird.

1. MÄRZ

POLITIK, *ÖSTERREICH-UNGARN*
Kaiser Karl läßt General Franz Conrad von Hötzendorf als Generalstabschef durch General Arthur Arz von Straussenburg ablösen.

8. MÄRZ

POLITIK, *RUSSLAND*
In Moskau kommt es zu Aufständen, Streiks und Großdemonstrationen. Die Menschen demonstrieren vor allem gegen den Hunger und gegen die autokratische Regierung. Die Polizei setzt Waffen gegen die Demonstranten ein, aber die Unruhen dauern auch in den folgenden Tagen an. Am 10. März befinden sich nach Schätzungen 25.000 Arbeiter im Streik.

Einheiten der Armee, die für Ruhe sorgen sollen, weigern sich, das Feuer auf die Demonstranten zu eröffnen. Diese Ereignisse werden später als die Februarrevolution bezeichnet. (Der damalige russische Kalender unterscheidet sich von der westlichen Zeitrechnung um 11 Tage.)

11. MÄRZ

POLITIK, *RUSSLAND*
Nikolaus II. weigert sich, auf die Forderung der Duma (des russischen Parlaments) nach politischen Reformen einzugehen. Er befiehlt der Duma die Auflösung. Sie tritt aber weiterhin in der Hauptstadt Petrograd (vormals St. Petersburg) zusammen, obwohl Petrograd immer mehr einem Chaos gleicht. Tags zuvor hatte die Garnison rebelliert.

MITTLERER OSTEN, *MESOPOTAMIEN*
Die britischen Truppen unter General Sir Frederick Maude marschieren in Bagdad ein, nachdem sie die türkische Sechste Armee von Halil Pascha vernichtend geschlagen und sich drei Tage lang die Djala hinaufgekämpft haben. Um zu verhindern, daß sich die türkischen Truppen reorganisieren, schickt Maude Spähtrupps entlang der Flüsse aus. Der Beginn einer extremen Hitzewelle bringt die Operation bis September zum Stillstand.

12. MÄRZ

POLITIK, *RUSSLAND*
Arbeiter, Politiker des linken Flügels, Agitatoren und Streikführer kommen in der Hauptstadt zusammen, um den Sowjet (Arbeiterrat) von Petrograd zu gründen. Er beschließt als erstes die „Verordnung Nr. 1", die Rußlands Offizieren ihre Befehlsgewalt nimmt. Zwei Tage später formt die Duma eine eigene provisorische Regierung. Formal steht ihr Prinz Llow vor, die wahre Macht liegt aber bei Kriegsminister Alexander Kerenski. Keine der beiden Körperschaften erkennt die andere an. Das schwächt die Kräfte, die sich Zar Nikolaus II. entgegenstellen. Unruhe verbreitet sich in ganz Rußland. Die Armee ist

▼ *Britische Soldaten marschieren am 11. März nach seiner Eroberung in Bagdad ein.*

PERSÖNLICHKEITEN

WLADIMIR ILJITSCH LENIN

1870 wurde Lenin in Simbirsk unter dem Namen Wladimir Iljitsch Uljanow geboren. Unter seinem Kampfnamen Lenin führt er die Bolschewistische Partei an. Sie spielte in der russischen Politik des Jahres 1917 eine entscheidende Rolle.

Lenin studierte Jura und entwickelte während seines Aufenthalts in St. Petersburg in den 1890er Jahren seine Theorie des revolutionären Marxismus. 1895 wurde er festgenommen und drei Jahre in ein sibirisches Internierungslager gebracht. Nach seiner Entlassung ging er nach Westeuropa. 1903 stieg er zum Führer der bolschewistischen Mehrheit in der Russischen Sozialdemokratischen Arbeiterpartei auf und kehrte 1905 nach Rußland zurück, wo er im selben Jahr an der erfolglosen Revolution gegen das Zarenregime teilnahm. 1907 ließ er sich in der Schweiz nieder. Im März 1917 konnte er dann in einem verplombten Zug über Schweden nach Rußland gelangen. Seit der Februarrevolution, bei der das Militär zusammen mit dem Volk den Zaren stürzte, befand sich Rußland in Aufruhr. In der Novemberrevolution stiegen die Bolschewisten unter seiner Führung und u. a. von Trotzki und Stalin unterstützt, zur führenden politischen Macht auf.

Nach dem Bürgerkrieg dehnte Lenin die Kontrolle der Bolschewisten über ganz Rußland aus und entwickelte Wirtschaftspläne für das ganze Land. Er war bereits sehr krank, erlitt 1922 einen Schlaganfall und starb 1924. Nach einer Zeit der internen Kämpfe übernahm Josef Stalin dann 1927 als sein Nachfolger die politische Führung.

▲ *Der russische Zar Nikolaus II. dankte im März ab, als in seinem kriegsgeschwächten Land ein unkontrollierbares Chaos ausbrach.*

weder in der Lage noch willens, ihrer Herr zu werden. Der Druck auf den Zaren wächst. Wladimir Iljitsch Lenin, Führer der radikalen Bolschewisten, ist während des Aufstands im Exil, wird aber in einem verplombten Zug nach Rußland gebracht, den die Deutschen bereitstellen.

13. März

POLITIK, *USA*
Auf Geheiß Präsident Wilsons werden alle Handelsschiffe, die in Gewässern mit U-Boot-Aktivitäten kreuzen, bewaffnet. Wilson reagiert damit auf die deutsche Verkündung des uneingeschränkten U-Boot-Krieges.

15. März

POLITIK, *RUSSLAND*
Nikolaus II. dankt ab. Den Vorschlag, daß sein Sohn Alexej sein Nachfolger werden soll, lehnt der Zar ab, der seinen Bruder Großherzog Michail vorzieht.

17. März

SEEKRIEG, *ÄRMELKANAL*
Deutsche Zerstörer starten einen ihrer regelmäßigen Ausfälle gegen Schiffe, die sich in die enge Wasserstraße zwischen England und Frankreich wagen. Sie können zwei britische Zerstörer und ein Handelsschiff versenken, ohne eigene Verluste zu erleiden.

18. März

SEEKRIEG, *ATLANTIK*
Drei amerikanische Schiffe, die *City of Memphis*, die *Vigilancia* und die *Illinois*, werden von einem deutschen U-Boot versenkt. Dieser Vorfall verärgert die USA ein weiteres Mal.

▼ *Das am 18. März versenkte Handelsschiff* **Illinois** *war eines der Opfer des unbegrenzten deutschen U-Boot-Krieges.*

26. März

MITTLERER OSTEN, *PALÄSTINA*
General Sir Archibald Murray beginnt seine Invasion der türkischen Provinz Palästina mit dem Befehl, zwischen Beerscheba und Gaza einen Durchbruch zu schaffen. Der von General Sir Charles Dobell geleitete Angriff schlägt nicht zuletzt wegen der schlechten britischen Planung fehl. Auch mangelnde Kommunikation zwischen der Infanterie und der Kavallerie, Wassermangel und die türkische Verteidigung tragen ihren Teil dazu bei.

Die Türkei, die ebenso viele Soldaten in die 1. Schlacht von Gaza geschickt hat wie Großbritannien, erleidet 2.500 Mann Verlust, während die britischen Listen fast 4.000 ausweisen. Murray wird dennoch ein weiterer Angriff gestattet.

▲ ***Ein türkisches Geschütz feuert auf britische Soldaten. Ein Verwundeter wird auf einer Trage in Sicherheit gebracht.***

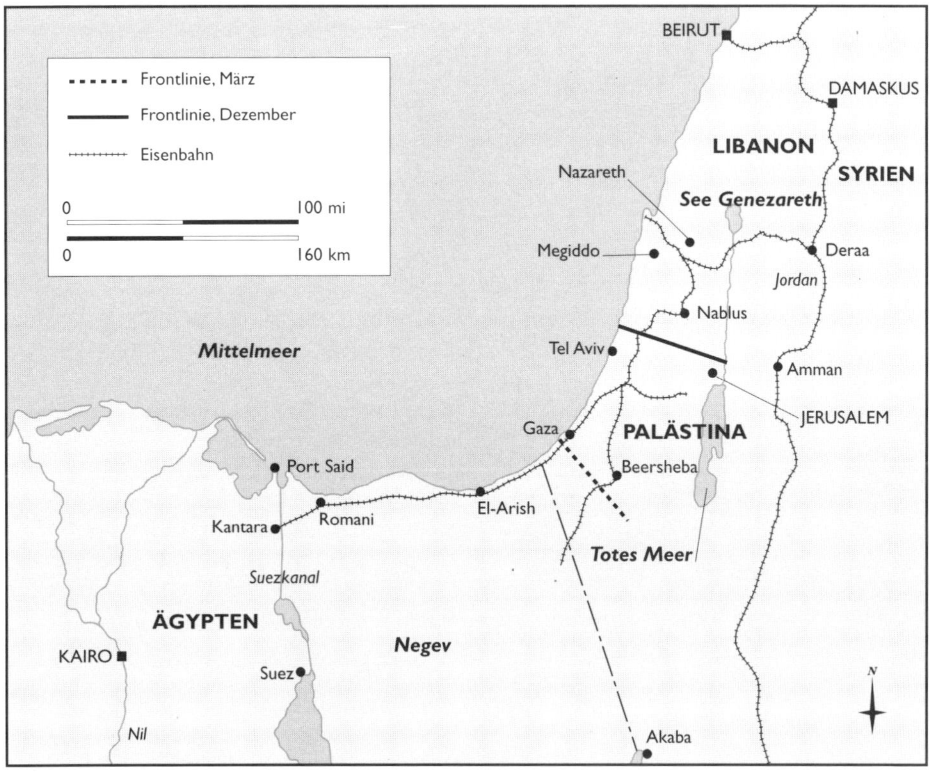

◀ ***Der Palästinafeldzug 1917. Nach einem schwachen Start kann Großbritannien der Türkei doch noch bis Dezember Jerusalem abnehmen.***

2. April

POLITIK, *USA*
Präsident Wilson spricht vor dem Kongreß über die Verschlechterung der Beziehungen zu Deutschland. Er rät dem Kongreß zu erklären, daß der gegenwärtige Kurs der deutschen Reichsregierung (der unbegrenzte U-Boot-Krieg und das Zimmermann-Telegramm) im Grunde nichts anderes darstelle als einen Krieg gegen die Regierung und das

▲ *Präsident Woodrow Wilson bei seiner Rede vor dem Kongreß am 2. April. Er fordert von den Anwesenden Unterstützung für einen Krieg gegen Deutschland.*

Volk der Vereinigten Staaten von Amerika. Ferner rät er dem Kongreß zu verkünden, daß er alle Macht aufbringen werde, um die Regierung des Deutschen Reiches zur Kapitulation zu zwingen und den Krieg zu beenden. Er verlangt vom Kongreß, diese Erklärung, die letztlich eine Kriegserklärung darstellt, zu billigen.

3. April

POLITIK, *RUSSLAND*
Der russische Revolutionär Wladimir Iljitsch Lenin kommt aus dem Exil in St. Petersburg an. Er hat vor, die provisorische Regierung zu stürzen und einen bolschewistischen Staat zu gründen. Dafür muß er aber zunächst die einzelnen Sowjets unter seine Kontrolle bringen, wofür er noch bis Ende Oktober braucht.

▲ *Deutsche Gefangene werden ins Hinterland geführt, während die britischen Soldaten im Gefecht bei Arras an die Front marschieren.*

◀ *Die Besatzung einer 300-mm-Haubitze macht ihr Geschütz im Gefecht bei Arras feuerbereit.*

6. April

POLITIK, *USA*
Präsident Wilsons Regierung erklärt Deutschland den Krieg, und das, obwohl seine Armee noch nicht groß genug ist, als daß sie in den Krieg ziehen könnte. Die Marine ist besser vorbereitet. Die USA werden keine regulären Alliierten von Frankreich, Großbritannien und Rußland. Sie ziehen eine Stellung als Partnermacht vor. Wilson sieht in dem Krieg einen moralischen Kreuzzug und möchte nicht in die Motive der anderen Staaten gegen Deutschland hineingezogen werden.

9. April

WESTFRONT, *FRANKREICH*
Großbritannien eröffnet die Schlacht von Arras in der Absicht, Deutschland

▼ ***Kanadische Soldaten befestigen unter Befehl von General Sir Julian Byng das eroberte Land bei Vimy.***

zu zwingen, Soldaten aus dem Aisne-Sektor abzuziehen, in dem Frankreich unter General Nivelle einen Angriff plant.

Drei britische Armeen werden mit dieser Unternehmung betraut. In der Mitte bei Arras liegt die Dritte Armee von General Edmund Allenby. Sie wird die Offensive anführen. Im Norden soll General Sir Henry Horne mit seiner Ersten Armee und dem kanadischen Korps unter General Sir Julian Byng bei Vimy zuschlagen. Südlich von Allenby soll General Sir Hugh Goughs Fünfte Armee einen Vorstoß gegen die Hindenburglinie führen. Ihnen gegenüber steht General Ludwig von Falkenhausen mit seiner Sechsten Armee.

Der Angriff wird von einem sechstägigen Bombardement eingeleitet. Die Schlacht verläuft anfangs für Großbritannien zufriedenstellend. Dem kanadischen Dritten Korps gelingt es, die Hügel von Vimy einzunehmen und das britische Siebente Korps dringt 6 km weit vor. Dennoch bringt Goughs Angriff kaum große Veränderungen.

Da seine Flugzeuge den deutschen Albatros-D.III-Fliegern unterlegen sind, erleidet das britische Fliegerkorps schwere Verluste. Es verliert durch die deutsche Taktik, mit der D.III aus großer Höhe auf die britischen Jäger herabzustoßen, bis zum April fast 33% ihrer Piloten.

11. April

WESTFRONT, *FRANKREICH*
Großbritannien setzt die Schlacht von Arras gegen den wachsenden Widerstand von Falkenhausens verstärkter Sechster Armee fort. Die britische Siebenunddreißigste Division erobert das Dorf Monchy le Preux. Teile der Fünften Armee brechen am nächsten Tag bei Bullecourt in die Hindenburglinie ein.

▼ ***Britische Soldaten untersuchen einen als zerschossenen Baumstamm getarnten deutschen Beobachtungsposten.***

▲ *Die Eröffnung der Nivelle-Offensive. Französische Soldaten marschieren gegen den Chemin des Dames, der sich in deutscher Hand befindet.*

▲ *Paul René Fonck, Frankreichs bester Jägerpilot, übt auf seinem Heimatstützpunkt.*

Obwohl die Schlacht auf ein Patt hinausläuft, entscheidet sich Feldmarschall Haig für eine Verlängerung bis Mitte Mai. Die Kämpfe konzentrieren sich auf Bullecourt. Zum Teil resultiert Haigs Entscheidung aus dem Bemühen, Deutschland zum Abzug der Soldaten aus dem französischen Sektor der Westfront zu zwingen, da die französische Armee nach den vielen inneren Unruhen sehr geschwächt ist. Am Ende der Offensive hat Großbritannien 150.000 Mann verloren, Deutschland etwa 100.000.

15. April

LUFTKRIEG, *WESTFRONT*

Paul René Fonck tritt einer der besten Fliegereinheiten Frankreichs, der Groupe de Chasses No. 12 (die auch als *Les Cigognes*, „die Störche", bekannt ist), bei. Er wird später Frankreichs bester Pilot. Bis Ende des Krieges erzielt er 75 offizielle Luftsiege, wenn auch seine private Liste 127 verzeichnet. Bei zwei Gelegenheiten, am 9. Mai und am 26. September 1918, erzielt er sechs Luftsiege pro Tag.

▼ *Eine deutsche 150-mm-Haubitze wird zu Beginn der Nivelle-Offensive feuerbereit gemacht.*

16.–20. April

WESTFRONT, *FRANKREICH*

General Robert Nivelle eröffnet eine Großoffensive, die, wie er verspricht, die deutsche Verteidigung mit nur geringen Kosten zerschmettern soll. Seine Vorgesetzten sind von seinen Plänen nicht so überzeugt und stimmen ihnen erst nach Nivelles Rücktrittsdrohung zu. Die Offensive sieht einen Angriff in der Champagne und einen entlang der Aisne vor.

Sie soll von General Olivier Mazels Fünfter und General Charles Mangins Sechster Armee durchgeführt werden. Als Unterstützung sind die Erste Armee von General Marie-Emile Fayolle und die von General Denis Duchêne geführte Zehnte Armee vorgesehen. Nivelle

verfügt über 102.000 Mann und 7.000 Geschütze. Ihm gegenüber liegen zwei deutsche Armeen: die Erste Armee unter General Fritz von Below und General Max von Boehns Siebente.

Der französische Vorstoß findet auf einer Länge von 64 km zwischen Soissons und Reims statt. Die Hauptmacht soll den „Chemin des Dames", eine dicht bewaldete Hügelkette, die parallel zur Front verläuft, erobern. Nivelle hat vor, die Hauptangriffe im Schutz eines wandernden Artilleriefeuers durchzuführen. Jedoch weiß Deutschland schon über die Nivelle-Offensive Bescheid, da zum einen auf Geheimhaltung wenig Wert gelegt worden und es Deutschland zum anderen gelungen war, einige der Angriffspläne zu erbeuten. Kurz vor Beginn des Angriffs schießen deutsche Flieger viele der Ballons ab, die als Artilleriebeobachter dienen sollten. Und sie nehmen die Marschkolonnen der französischen Soldaten und Panzer unter Beschuß.

Die deutsche Siebente Armee blockt den französischen Vorstoß gegen den Chemin des Dames ab. Dasselbe gelingt Belows Erster Armee im Osten. Die französischen Soldaten treffen auf schweres Artilleriefeuer und gut befestigte MG-Stellungen. Bis zum 20. April verliert Frankreich fast 118.000 Soldaten. An diesem Tag wird klar, daß Nivelle der Durchbruch nicht gelingen wird. Abgesehen davon, daß es Frankreich gelingt, etwa 20.000 deutsche Gefangene zu nehmen, bringt die Offensive kaum Gewinne. Nur ein Abschnitt der Hindenburglinie auf dem Chemin des Dames fällt Ende des Monats. Die Kämpfe, die sich immer stärker festfahren, dauern noch bis zum Mai an.

▲ Ein verwundeter britischer Soldat wird in Palästina medizinisch versorgt. Eine Kugel wurde gerade aus seinem Arm entfernt.

17. April

WESTFRONT, *FRANKREICH*

Einen Tag nach Beginn der sinnlosen Nivelle-Offensive meutern die Soldaten des französischen Hundertachten Regiments. Sie verlassen vor dem Feind ihre Schützengräben.

Die Meuterei breitet sich aus, bis 68 der 112 Divisionen der französischen Armee sich angeschlossen haben. Die Offiziere berichten von 250 Fällen von Befehlsverweigerung. Insgesamt sind 35.000 Soldaten an der Meuterei beteiligt. Viele der Meuterer sind bereit, weiterhin die Stellungen zu verteidigen, verweigern aber jeden Angriffsbefehl.

17.–19. April

MITTLERER OSTEN, *PALÄSTINA*

Der britische General Sir Archibald Murray versucht erneut, mit einem Durchbruch zwischen Gaza und Beerscheba in die türkische Provinz einzufallen. Wie schon in der ersten Schlacht von Gaza wird auch diesmal wieder die Hauptlast von General Dobells Soldaten getragen. Sein Frontalangriff gegen die gut befestigten türkischen Stellungen endet erfolglos mit hohen Verlusten. Großbritannien hat mehr als 6.500 Soldaten verloren, mehr als dreimal so viele wie die Türkei.

Diese zweite Schlacht von Gaza hat schwere Auswirkungen auf die britische Kommandostruktur vor Ort. General Dobell wird von General Murray entlassen. Doch auch Murrays Zukunft ist unsicher geworden. Die erneute Niederlage

bei Gaza hat die britische Regierung verärgert. Vor allem Premierminister Lloyd George, der die Angriffe in Palästina persönlich unterstützt hat.

20.–21. April

SEEKRIEG, *ÄRMELKANAL*
Der Angriff von deutschen Zerstörern gegen die Küstenschiffahrt wird von zwei britischen Zerstörern (der *Broke* und der *Swift*) vereitelt. Sie versenken zwei der feindlichen Schiffe. Ihr Erfolg beendet die deutschen Angriffe im Kanal bis 1918.

23. April

MITTLERER OSTEN, *MESOPOTAMIEN*
General Sir Frederick Maudes Soldaten, die am 11. März Bagdad eingenommen haben, setzen ihren Vorstoß gegen die Türkei fort, indem sie Samarra am Tigris erobern. Ein türkischer Gegenstoß kann abgewehrt werden. Aber wegen der großen Hitze muß Maude alle Operationen bis September zurückstellen.
LUFTKRIEG, *ÄRMELKANAL*
Drei britische Langstreckenbomber vom Typ Handley Page 0/100 greifen eine deutsche Torpedoboot-Flotille vor Ostende an. Einige Boote werden getroffen und beschädigt. Aber die folgenden Verluste zwingen die Bomber, ihre Meerespatrouillen bei Tageslicht abzubrechen und sich auf Nachtoperationen zu verlegen. Einer ihrer Schlüsseleinsätze wird der Angriff auf den deutschen Flughafen, von dem aus die Gotha-Bomber operieren.

5. Mai

TECHNOLOGIE, *FRANKREICH*
Der klobige und kaum steuerbare Saint-Chamond-Panzer erscheint zum ersten Mal im Gefecht. Er verfügt über eine Besatzung von 9 Mann, die 4 MGs und das 75-mm-Hauptgeschütz bedienen.

▲ Ein französischer Saint-Chamond-Panzer im Einsatz. Obwohl er klare Schwächen aufwies, wurden 400 Stück gebaut.

▼ Eine Luftaufnahme der Nivelle-Offensive. Sie war 1917 Frankreichs einziger Hauptangriff an der Westfront.

7. Mai

LUFTKRIEG, *WESTFRONT*
Captain Albert Ball, mit mehr als 40 Luftsiegen einer der besten Jagdpiloten, wird abgeschossen und getötet.

7.–8. Mai

SEEKRIEG, *ÄRMELKANAL*
Britische Kriegsschiffe beschießen Seebrügge, eine der deutschen Hauptbasen für Zerstörer und U-Boote. Der Angriff verursacht nur geringe Schäden, doch weitere folgen.

9. Mai

WESTFRONT, *FRANKREICH*
General Robert Nivelles Angriff gegen den Chemin des Dames wird beendet. Es ist ein aufsehenerregender Fehlschlag. Der mißlungene Durchbruch kostet 187.000 Soldaten (Deutschland 163.000). Die Kampfmoral vieler Soldaten sinkt angesichts der sinn-

losen Verluste. Einige Fronteinheiten meutern.

9.–23. MAI

BALKAN, *GRIECHENLAND*

Französische und serbische Soldaten greifen in Mazedonien an. Sie sollen durch die Feindlinien brechen und dann nach Westen über die Vardar abschwenken. In der Zwischenzeit sollen britische Einheiten um den Doiransee herum angreifen. Die Offensive ist kaum erfolgreich. Bis zum 23. Mai summieren sich die Verluste auf 14.000 Mann. Die Unzufriedenheit über die strategischen Fähigkeiten des Kommandanten dieser Operation, des Franzosen Maurice Sarrail, wächst.

▲ Ein Konvoi aus Handelsschiffen und Kriegsschiffen kreuzt im Atlantik. Seit Einführung dieser Konvois im Mai sinkt die Rate der versenkten Schiffe, während die Verlustrate unter deutschen U-Booten ansteigt.

10. MAI

POLITIK, *GROSSBRITANNIEN*

Premierminister Lloyd George verlangt von der Marine, daß diese eine Konvoitaktik entwickelt, mit der man Handelsschiffe vor feindlichen U-Booten schützen kann. Die zunehmenden Verluste durch den U-Boot-Krieg drohen Großbritannien zu isolieren.

Danach dürfen Schiffe nur noch in großen Gruppen und von Kriegsschiffen beschützt, den Hafen verlassen. Das System beginnt sofort Wirkung zu zeigen – die Zahl der versenkten Handelsschiffe geht drastisch zurück.

12. MAI

POLITIK, *USA*

General John Pershing wird zum Kommandanten des amerikanischen Expeditionskorps ernannt. Es soll an der Westfront eingesetzt werden. Es dauert noch einige Zeit, bis die US-Armee genügend verstärkt ist, aber Pershing geht davon aus, daß bis Mai 1918 eine Million amerikanischer Soldaten in Frankreich stationiert sind. Sollte der Krieg länger dauern, soll diese Zahl bis auf drei Millionen erhöht werden. Er will seine Truppen als eine große unabhängige

PERSÖNLICHKEITEN

GENERAL JOHN PERSHING

Pershing (1860–1948) wurde 1886 zum Offizier ernannt. Seine ersten militärischen Erfahrungen sammelte er in Feldzügen gegen die nordamerikanischen Ureinwohner. Im Spanisch-Amerikanischen Krieg (1898/99) wechselte er in den Überseedienst. Im Russisch-Japanischen Krieg (1904/5) diente er als Militärbeobachter. Zwischen März 1916 und Januar 1917 führte Pershing die erfolglose Expedition in Mexiko durch, die den Revolutionär Pancho Villa fassen sollte. Villa hatte die Grenze überquert und in Columbus, Neu-Mexiko, US-Bürger getötet.

Als die USA in den 1. Weltkrieg eintraten, wurde Pershing zum Kommandanten des amerikanischen Expeditionskorps (AEF – American Expeditionary Forces) berufen. Er kam am 23. Juni in Europa an (unten Mitte) und beaufsichtigte den Aufbau der US-Truppen in Frankreich. Dieser begann im Sommer. Ende Mai zählten die AEF mehr als 425.000 Mann. Bis Ende des Krieges hatten zwei Millionen Soldaten ihren Überseedienst geleistet.

Es glückte Pershing, die AEF als unabhängige Kraft unter ausschließlich amerikanischen Offizieren zu erhalten, welche eigenständige Angriffsoperationen im großen Maßstab durchführte. Außerdem beaufsichtigte Pershing auch 1918 die drei Hauptangriffe der AEF an der Westfront: die Aisne-Marne-Schlacht (Juli bis August), die Schlacht von St. Mihiel (September) und die Meuse-Argonne Schlacht (September bis November). 1919 wurde er zum Sechs-Sterne-General ernannt und erhielt den einmalig vergebenen Rang „General of the Armies".

WAFFEN

DIE GOTHA-BOMBER

Die in Deutschland gebauten Gotha-Bomber leiteten mit ihrem ersten Einsatz 1917 eine neue Ära des Luftkrieges ein. Diese zweimotorigen Flugzeuge kamen mit ihren drei Mann Besatzung bei einer Maximalhöhe von 4.600 m bis zu 128 km/h schnell vorwärts und konnten dabei eine Bombenlast von bis zu 300 kg tragen.

Zu ihrer Verteidigung führten sie zwei bis drei Maschinengewehre mit. Die Arbeit an ihrer Entwicklung begann bereits 1914, der Prototyp startete zum ersten Mal im Januar 1915.

Im April 1917 nahmen die Gothas ihre Luftangriffe gegen England von Stützpunkten im besetzten Belgien aus auf. In der „Operation Türkenkreuz" wurde London ihr Hauptziel. Ihre ersten Angriffe, die in einem Angriff von 14 Gothas gegen London mit 160 Toten gipfelten, geschahen bei Tageslicht. Obwohl viele britische Jäger zu ihrer Bekämpfung zusammengezogen wurden, wurde keiner abgeschossen. Die schwache Abwehr empörte die Bevölkerung.

Danach verbesserte Großbritannien die Luftabwehr der Hauptstadt, und die Gothas mußten sich auf Nachtangriffe verlegen. Zwischen September 1917 und Mai 1918 flogen sie 19 Nachteinsätze gegen London, bei denen es viele Tote und Verletzte gab. 60 Gothas gingen bei diesen Einsätzen verloren. Doch nur wenige davon unterlagen der britischen Luftabwehr. Die meisten fielen durch mechanische Schäden oder Abstürze aus.

Großbritannien reagierte mit eigenen Bomberangriffen gegen die Stützpunkte der Gothas in Belgien.

Unter Rumpf und Flügel eines Gotha-GV-Bombers für einen Einsatz gegen London angebrachte Bomben.

Armee führen und nicht zulassen, daß sie in kleinere Einheiten, vielleicht sogar unter britischem oder französischem Kommando, aufgeteilt werden.

WESTFRONT, *ITALIEN*
Der italienischen Generalstabschef General Luigi Cadorna beginnt endlich die verschobene 10. Schlacht am Isonzo. Ursprünglich sollte sie parallel zu den britischen und französischen Angriffen Mitte Mai an der Westfront beginnen, aber schlechte Planung und mangelhafte Koordination haben zu der aufgetretenen Verzögerung geführt.

Die 10. Schlacht am Isonzo dauert 17 Tage an und bringt wegen des bergigen Geländes und der verbissenen österreichisch-ungarischen Verteidigung keine nennenswerten Erfolge. Die italienischen Listen führen 160.000 Mann als tot, verwundet oder in Gefangenschaft geraten. Die österreichisch-ungarischen Verluste belaufen sich auf 75.000. Trotz dieses Mißerfolgs hält Cadorna an seinen Bestrebungen fest, zum österreichisch-ungarischen Hafen von Triest durchzubrechen.

15. MAI

POLITIK, *FRANKREICH*
Nachdem seine letzte Offensive ein Fehlschlag war, der außer großen Verlusten und einer meuternden Armee nichts gebracht hat, wird General Robert Nivelle als Oberkommandant entlassen. Sein Nachfolger wird der Held von Verdun, General Henri-Philippe Pétain. Er handelt schnell, um die Meutereien einzudämmen.

In den nächsten Monaten besucht er alle Fronteinheiten, hört sich die Beschwerden der einfachen Soldaten an und verspricht, ihre Situation zu verbessern. Er nimmt einige der Anführer in Haft. Die Zahl der Fälle von Ungehorsam erreicht im Juli ihren Höhepunkt, aber die Meuterei ist doch im August beendet, auch wenn bis 1918 noch einige unabhängige Vorfälle auftreten. Ca. 50 Soldaten werden verurteilt und hingerichtet.

Wegen der rigorosen Pressezensur erfährt Deutschland erst von der Meuterei, als diese bereits beendet ist.

SEEKRIEG, *ADRIA*
Unter dem Befehl von Kapitän Miklós Horthy, dem späteren ungarischen Diktator, greifen österreichisch-ungarische Kriegsschiffe vor der albanischen Küste italienische Schiffe an. Bevor britische, französische und italienische Schlachtschiffe eingreifen und Horthy zum Rückzug zwingen können, werden 14 von ihnen versenkt.

18. MAI

POLITIK, *USA*
Der Kongreß erläßt den „Selective Service Act", der die Registrierung und den

▼ *Ein Freiwilliger zieht mit verbundenen Augen einige der Nummern der Amerikaner, die zum Kämpfen an die Westfront gehen sollen.*

eingeschränkten Einzug der Männer zwischen 21 und 30 möglich macht.

23. MAI

LUFTKRIEG, *GROSSBRITANNIEN*
Mit einem Angriff auf London eröffnen 16 deutsche Gotha-Langstreckenbomber ein neues Kapitel des Luftkriegs. Die Dunkelheit vereitelt zwar den Angriff auf die Hauptstadt, aber es gelingt den zweimotorigen Flugzeugen, ihre Bomben auf eine Kaserne im Osten abzuwerfen und 100 kanadische Soldaten zu töten.

2. JUNI

LUFTKRIEG, *WESTFRONT*
Der kanadische Pilot Billy Bishop fliegt im Alleingang einen Angriff gegen einen deutschen Flugplatz. Hierfür erhält er später das Viktoriakreuz, die höchste britische Auszeichnung. Bei Kriegsende verzeichnet Bishop 72 Luftsiege.

4. JUNI

POLITIK, *RUSSLAND*
General Alexej Brussilow wird von der provisorischen Regierung als Oberkommandant eingesetzt. Er löst General Michail Alexejew ab. Trotzdem wird immer deutlicher, daß die russische Armee zerfällt.

7. JUNI

WESTFRONT, *BELGIEN*
Das britische Expeditionskorps von Feldmarschall Sir Douglas Haig führt einen Angriff gegen das von deutschen Soldaten gehaltene Hochland von Messines im Süden Belgiens durch. Er plant eine große Offensive zwischen der Nordsee und der Lys, um bei Ypern die deutschen Linien nach Norden zu

▲ ***Der kanadische Flieger Billy Bishop vor seinem französischen Nieuport-17-Jäger.***

▼ ***Panoramaaufnahme der deutschen Schützengräben, die von Großbritannien während des Angriffs gegen die Höhen von Messines in Belgien erobert wurden.***

durchbrechen. Zuerst muß aber das Hügelland von Messines erobert werden.

Die deutsche Verteidigung steht 17 Tage lang unter dem Dauerfeuer von 2.000 Geschützen. Kurz vor dem britischen Angriff wird eine Serie von großen Untergrundminen unter ihren Stellungen zur Explosion gebracht.

Die Soldaten für diesen Angriff werden aus General Sir Herbert Plumers Zweiter Armee abgezogen. In einer eintägigen Schlacht gelingt es ihnen, die Hügel um den Preis von 17.000 Menschenleben einzunehmen. Deutschland erleidet 25.000 Mann Verlust, davon geraten 7.500 in Gefangenschaft. Die Einnahme der Hügel öffnet den Weg für Haigs Großoffensive, der dritten Schlacht von Ypern (bzw. Passchendaele). Sie beginnt Ende Juli.

12. Juni

POLITIK, *GRIECHENLAND*

König Konstantin I. wird wegen seiner Sympathien für Deutschland (Wilhelm II. ist sein Schwager) zur Abdankung gezwungen. Nachfolger wird sein zweiter Sohn Alexander. Er ist Großbritannien und Frankreich wohler gesonnen als sein Vater. Er ernennt Eleuthérios Venizélos zu seinem Premierminister. Sie gestatten den Verbündeten Truppen, nach Nordgriechenland einzumarschieren.

13. Juni

LUFTKRIEG, *GROSSBRITANNIEN*

Bei Tageslicht kehren 14 Gotha-Langstreckenbomber zurück, um London anzugreifen. 104 Menschen werden getötet, und 400 verwundet. Die öffentliche Empörung über diesen Vorfall zwingt die Regierung, Londons Luftverteidigung zu verbessern. Durch den Ausbau der Verteidigung müssen sich die Gotha-Bomber auf Nachtangriffe verlegen.

24. Juni

WESTFRONT, *FRANKREICH*

General John Pershing landet mit dem ersten Kontingent des amerikanischen Expeditionskorps. Andere Einheiten folgen später. Bis Ende des Jahres sind insgesamt 180.000 Soldaten eingetroffen.

27. Juni

POLITIK, *GRIECHENLAND*

Die griechische Regierung tritt dem Krieg gegen die Mittelmächte bei.

◀ *Zivile und militärische Rettungstruppen durchsuchen die Trümmer nach einem deutschen Bomberangriff gegen London.*

29. Juni

POLITIK, *GROSSBRITANNIEN*

Die Regierung läßt den Kommandanten der Streitkräfte in Ägypten, General Sir Archibald Murray, von General Sir Edmund Allenby ablösen.

Murrays Unvermögen, die türkische Verteidigung zwischen Gaza und Beer-

▲ *US-Soldaten bei einer Parade durch London.*

scheba zu durchbrechen, hat ihn die Stellung gekostet.

Sein Nachfolger, ein Kavallerieoffizier, der für seine nüchterne Führung bekannt ist, erhält den Befehl, die feindlichen Reihen zu durchbrechen. Bis Weihnachten soll er Jerusalem erreicht haben.

▲ *General Sir Edmund Allenby hat Befehl, der Türkei bis Weihnachten 1917 Jerusalem abzunehmen.*

1. JULI

OSTFRONT, *RUSSLAND*

Trotz der wachsenden politischen Tumulte eröffnet General Alexej Brussilow auf Geheiß von Kriegsminister Alexander Kerenski, eine Offensive gegen Lemberg. Die Kerenski-Offensive läßt sich zufriedenstellend an. Die russische Siebente und Elfte Armee kommen gut gegen General Felix von Bothmers Südarmee voran.

Die österreichisch-ungarische Zweite Armee steht unter großem Druck. Am 7. Juli greift die russische Achte Armee unter General Lawr Kornilow im Süden an und bedrängt die österreichisch-

▲ *Der Kriegsverlauf an der Ostfront 1917–18.*

▼ *Eine deutsche Haubitze beschießt die russischen Soldaten auf ihrem Rückzug aus der katastrophalen Kerenski-Offensive.*

▲ *Die als deutsche Spionin verurteilte Holländerin Mata Hari vor ihrer Exekution durch ein französisches Erschießungskommando.*

ungarische Dritte Armee, um zu den Ölfeldern von Drogobyč vorzudringen.

In den russischen Armeen verdichten sich die Anzeichen dafür, daß die Mannschaften nicht mehr den Befehlen der Offiziere folgen wollen.

Viele Einheiten haben ihre eigenen Sowjets gegründet. Diese untergraben die Befehlsgewalt der Offiziere. Die Kerenski-Offensive beginnt gleichzeitig mit den deutschen Plänen zum Gegenangriff zu versagen.

11. JULI

WESTFRONT, *BELGIEN*
Großbritannien beginnt einen großangelegten Luftangriff über Ypern. Die deutschen Flieger sollen geschlagen werden, bevor gegen Ende des Monats wieder eine neue Offensive beginnen wird.

18. JULI

WESTFRONT, *BELGIEN*
Großbritannien beginnt den Eröffnungsbeschuß für den anstehenden Angriff gegen die Frontspitze von Ypern. 1.400 Artilleriegeschütze lassen einen tödlichen Regen aus Explosions- und Gasgranaten über die deutschen Stellungen vor der Stadt niedergehen. Das Dauerfeuer endet am 31. Juli, als die dritte Schlacht von Ypern mit einem Bodenangriff von neun Divisionen beginnt. Doch das Dauerfeuer hat den Boden des Tieflands mit seinem hohen Grundwasserstand stark zerklüftet und sämtliche Dränagesysteme zerstört.

▼ *Deutsche Piloten bereiten sich auf einen Einsatz über das britisch besetzte Ypern vor. Die Flugzeuge sind Fokker-Dreidecker vom Typ DR. I.*

19. JULI

POLITIK, *DEUTSCHLAND*
Mitglieder des Reichstages verabschieden eine Resolution, die im Grunde die Pläne von Präsident Woodrow Wilson zur Beendigung des Krieges stützt.
OSTFRONT, *RUSSLAND*
Deutsche Truppen gehen unter dem Oberbefehl Generals Max Hoffmann gegen die angreifenden russischen Armeen der Kerenski-Offensive vor. Die von politischen Unruhen zerrissenen russischen Armeen beginnen sich aufzulösen. Viele Einheiten weigern sich schlicht, vorzustoßen oder anzugreifen. Die Zahl der Deserteure wächst. Schnell gewinnt Deutschland verlorene Gebiete zurück. Der einzige Gegenangriff der russischen Vierten Armee und von rumänischen Kontingenten am 22. Juli wird abgewehrt.

20. JULI

POLITIK, *BALKAN*
Die serbische Exilregierung stimmt dem Bündnis von Korfu zu. Damit bereitet sie den Weg für die Gründung des späteren Jugoslawien. Das Bündnis sieht vor, daß Kroaten, Montenegriner, Serben und Slowenen in einem Staat vereinigt werden, dem die serbische Königsfamilie vorsteht.
POLITIK, *RUSSLAND*
Kriegsminister Alexander Kerenski wird zum Regierungschef der provisorischen Regierung ernannt. Er wird aber von verschiedenen Gruppierungen des linken Flügels nicht anerkannt.

24. JULI

SPIONAGE, *FRANKREICH*
Mata Hari (Margaretha Zelle) wird wegen Spionageverdachts vor Gericht gestellt, nachdem sie am 13. Februar in Paris von französischen Sicherheitsbeamten festgenommen worden war. Obwohl es nur vage Hinweise auf ihre angebliche Spionagetätigkeit für die Deutschen gibt, wird sie hingerichtet.

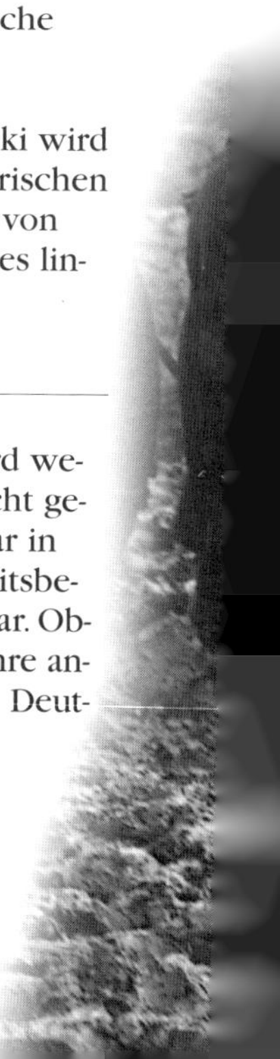

▶ *Britische Soldaten versuchen bei Ypern, ein Feldgeschütz aus dem Schlamm zu befreien.*

◀ *Bei Ypern untersuchen britische Soldaten ein erbeutetes deutsches schweres Maschinengewehr. Sie tragen Körperpanzer.*

26. JULI

LUFTKRIEG, *WESTFRONT*

Angesichts immer stärker werdender feindlicher Fliegerstaffeln führt Deutschland eine Neuorganisation seiner Luftwaffe durch. Die alten Schwadronen werden zusammengelegt und bilden jetzt Verbände aus 50 oder mehr Flugzeugen. Einer der berühmtesten ist „Richthofens Zirkus". Er hat seinen Spitznamen von seinem Kommandanten Freiherrn Manfred von Richthofen erhalten. Die Piloten dieser Einheit haben ihre Maschinen in kräftigen, lebhaften Farben angestrichen.

31. JULI

WESTFRONT, *BELGIEN*

Feldmarschall Sir Douglas Haig eröffnet die eigentliche dritte Schlacht von Ypern. Er hat sich viel vorgenommen: Zunächst will er die Reihen von General Sixt von Arnims Vierter Armee durchbrechen, dann mehrere Kilometer entlang der Küste vorstoßen, um letztlich nach Norden abzuschwenken und Seebrügge und Ostende (mittlerweile deutsche U-Boot- und Zerstörerbasen) einzunehmen. Nach dem Fall der Häfen will er dann seinen Schlachtzug fortsetzen und die Deutschen endgültig aus Belgien vertreiben.

Der Hauptangriff wird von General Sir Hubert Goughs Fünfter Armee durchgeführt. Sie soll nordöstlich von Ypern gegen die Hügel von Pilckem vorstoßen. Unterstützt wird sie im Norden von General François Anthoines französischer Erster Armee und im Süden von General Sir Herbert Plumers britischer Zweiter Armee. Der erste Angriff verläuft mehr oder weniger erfolgreich, aber starke deutsche Gegenstöße verhindern, daß Großbritannien mehr als 3 km Frontverschiebung erzielt.

2. AUGUST

POLITIK, *RUSSLAND*

General Lawr Kornilow löst General Alexej Brussilow als russischen Oberkommandanten ab. Sein Hauptproblem ist die Wiederherstellung der Disziplin in der sich immer schneller auflösenden

▲ *Das Schlachtfeld der dritten Schlacht von Ypern mit verlassenen Panzern.*

Armee. Er hat wenig Vertrauen in die provisorische Regierung unter Kerenski.

WESTFRONT, ***BELGIEN***

Da ungewöhnlich schwere Niederschläge das zerwühlte Schlachtfeld in einen Schlammsee verwandelt haben, muß die britische Offensive bei Ypern für zwei Wochen unterbrochen werden.

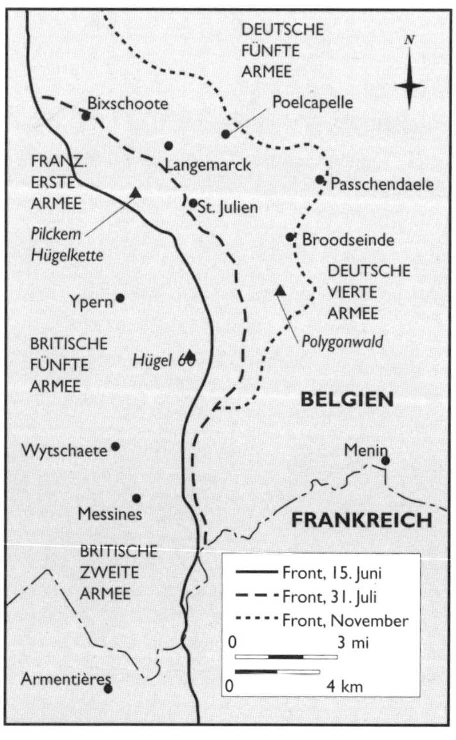

◀ *Die dritte Schlacht von Ypern ist die britische Hauptoffensive 1917.*

16.–18. AUGUST

WESTFRONT, ***BELGIEN***

Die britische Offensive geht weiter. Die Kämpfe konzentrieren sich auf das Dorf Langemarck. Widrige Umstände und die zähe deutsche Verteidigung lassen General Goughs Fünfte Armee jedoch nur ein paar hundert Meter gewinnen.

17. AUGUST

POLITIK, ***GROSSBRITANNIEN***

General Jan Christian Smuts berichtet der Regierung von neuen Möglichkeiten, die Verteidigung gegen deutsche Luftangriffe zu verbessern. Hauptsächlich geht es um die Schaffung einer von Marine und Heer unabhängigen Luftwaffe.

Dazu muß das britische Fliegerkorps mit der Marine-Luftwaffe vereinigt werden. Der Vorschlag wird sofort gebilligt. Luftmarschall Sir Hugh Trenchard, Kommandant des Fliegerkorps und Befürworter einer unabhängigen Luftwaffe, wird zum ersten Kommandanten dieser neuen Luftwaffe ernannt.

18. AUGUST–15. SEPTEMBER

WESTFRONT, ***ITALIEN***

Der italienische Oberbefehlshaber befiehlt der Armee die elfte Schlacht am Isonzo. Die Zweite Armee soll nördlich von Gorizia und die Dritte Armee unter Graf Aosta im Süden zwischen Gorizia und Triest beginnen. Insgesamt verfügen sie über 52 Divisionen, unterstützt von 5.000 Artilleriegeschützen.

Im Süden gelingt es General Svetozan Borojevic von Bojnas österreichisch-ungarischer Fünfter Armee, Graf Aostas Vorstoß schon im Ansatz aufzuhalten. Im Norden ist Italien erfolgreicher. Die Zweite Armee nimmt das Hochland von Bainsizza ein. Erneut erleidet Italien schwere Verluste – etwa 166.000 Mann. Österreich-Ungarn verliert 85.000. Aber die Österreichisch-Ungarn befürchten, daß ihre Armee nicht mehr lange durchhält und daß sie über zu wenig neue Truppen verfügen, um länger bestehen zu können. Daher bitten sie beim deutschen Oberkommando um Verstärkung zur Stabilisierung der Front.

1. SEPTEMBER

OSTFRONT, ***RUSSLAND***

Um die wachsende Unruhe in Rußland auszunutzen, führt Deutschland einen Angriff gegen den Hafen Riga durch. In diesem Unternehmen stehen sich die deutsche Achte Armee unter General Oskar von Hutier und die russische Zwölfte Armee gegenüber. Hutier verwendet eine neue Taktik: Nach einem kurzen Sperrfeuer greift eine Spezialeinheit der Infanterie an – die Sturmtruppen. Sie stürmen, von beweglicher Artil-

▶ *Der französische Flieger Georges Guynemer (zweiter von rechts) vor seinem L-Jäger vom Typ Morane-Saulnier.*

▲ ***Deutsche Soldaten ruhen sich vor einer Kirche im Anfang September eroberten Riga aus.***

lerie unterstützt, vorwärts und umgehen alle zu starken Verteidigungsbefestigungen. Hutiers Sturm über die Dina wirkt verheerend; die russische Zwölfte Armee wird vernichtet. Deutschland hat bei der Aktion nur minimale Verluste erlitten. Sie nehmen 9.000 russische Soldaten gefangen. Viele andere Soldaten der Zwölften Armee sind desertiert.

9.–14. SEPTEMBER

POLITIK, *RUSSLAND*
General Lawr Kornilow führt eine Rebellion gegen die Bolschewiken. Sie dominieren unter Führung von Lenin und Trotzki die provisorische Regierung in Petrograd. Kornilows Coup schlägt fehl. Seine zögernden Soldaten werden von bolschewistisch organisierten bewaffneten Arbeitern besiegt.

11. SEPTEMBER

LUFTKRIEG, *WESTFRONT*
Der französische Flieger Georges Guynemerder, der seinen ersten Luftsieg im Juni 1915 erzielte und mit *Les Cigognes* („den Störchen") geflogen war, wird bei einem Einsatz über Ypern getötet.

▼ ***General Oskar von Hutier, einer der Pioniere der erfolgreichen deutschen Sturmtruppen-Taktik.***

STRATEGIE & TAKTIK

DIE DEUTSCHEN STURMTRUPPEN

1917 war es für die höheren Offiziere auf allen Seiten klar, daß die etablierte Offensivtaktik, zunächst ein langes Einleitungsbombardement durchzuführen, dem dann die Eroberung der feindlichen Linien durch einen Infanterieangriff folgte – alles nach einem festen Zeitplan – nicht länger funktionierte. Ein langer Artilleriebeschuß warnte den Feind, richtete aber selten große Schäden an den Befestigungen an und führte nie zu Massenverlusten. Deshalb begannen einige Taktiker daran zu arbeiten, wie das Überraschungsmoment und schnelle Bewegungen für den Kampf genutzt werden konnten. Unter ihnen waren zwei Ostfrontoffiziere führend: General Oskar von Hutier und Oberst George Bruchmüller.

Sie kamen zu dem Schluß, daß ein schneller und unerwarteter Beschuß mit Explosions- und Gasgranaten gegen die feindlichen Stellungen viel effektiver wäre, besonders wenn die Geschütze erst kurz vor dem Einsatz in Position gebracht würden, so daß sie nicht erspäht werden könnten.

Die feindlichen Stellungen, die diesen Beschuß überlebten, mußten daran gehindert werden, die Offensive aufzuhalten. Dazu sollten speziell ausgebildete Einheiten, die Sturmtruppen, so schnell wie möglich in das feindliche Hinterland einbrechen, dort Verwirrung stiften und die Kommunikation stören. Noch stehende Befestigungen sollten sie umgehen. Im Idealfall sollte die Artillerie, die vorher nicht auf Durchbrüche reagieren konnte, dem Infanteriesturm folgen. Flugzeuge sollten die Sturmtruppen unterstützen und die Feinde schon aus der Luft bekämpfen.

Die Idee des kurzen Artilleriefeuers war nicht völlig neu. Großbritannien hatte damit schon 1917 einen Sieg bei den Höhen von Vimy erzielt. Auch Frankreich ging während der Nivell-Offensive im April ähnlich vor. Doch sowohl Hutier als auch Bruchmüller erkannten, daß mit dem Überraschungbeschuß noch nicht alles geleistet war – auch spezielle Sturmtruppen und eine bewegliche Artillerie waren nötig, um die Wirkung des kurzen Beschusses auszunutzen.

Die neue deutsche Taktik wurde zuerst im September 1917 an der Ostfront und im Oktober bei Caporetto getestet. Beide Versuche waren sehr erfolgreich. Im Frühjahr 1918 wäre es Deutschland mit dieser Taktik fast geglückt, einen großen Sieg an der Westfront zu erringen.

▲ ***Türkische Soldaten, die während der Schlacht bei Ramadi gefangengenommen wurden, werden von britischen Soldaten ins Hinterland geführt.***

20. SEPTEMBER

WESTFRONT, *BELGIEN*
Der Kern der britischen Offensive bei Ypern verlagert sich auf die Frontspitze, wo General Sir Herbert Plumers Zweite Armee angreifen soll. Der besonnene Plumer entscheidet sich für mehrere Angriffe gegen kleinere Ziele. Wenn diese Serie erfolgreich verläuft, sollen seine Soldaten am Ende die Hügel im Süden von Ypern kontrollieren. Er wählt ein Vorgehen auf einer engen Front mit wanderndem Artilleriefeuer.

Drei Schlachten folgen: die Straße von Menin (20.-25. September), der Wald von Polygon (26. September) und Broodseinde (4. Oktober). Begünstigt wird das britische Vorgehen durch das voranschreitende Austrocknen des Bodens. Trotz schwerer Kämpfe, bei denen Deutschland auch zum ersten Mal Senfgas einsetzt, ist Goughs Taktik der kleinen Ziele ein Erfolg. Erneut wird das Schlachtfeld von schweren Regenfällen beeinträchtigt, aber Feldmarschall Haig entscheidet sich für eine Fortsetzung der Offensive.

23. SEPTEMBER

LUFTKRIEG, *WESTFRONT*
Der deutsche Pilot Werner Voss (48 Luftsiege) wird von britischen Jägern unter Führung von James McCudden, der vor seinem Tod 1918 noch 57 Luftsiege erzielt, abgeschossen und getötet.

27.–28. SEPTEMBER

MITTLERER OSTEN, *MESOPOTAMIEN*
Soldaten aus Großbritannien und dem Commonwealth stoßen unter General Sir Frederick Maude entlang des Euphrat vor und stellen die türkische Armee in der Schlacht von Ramadi. Sie wird geschlagen und von den Briten bis tief nach Mesopotamien hinein verfolgt. Maude beabsichtigt, nach der Sicherung von Mesopotamien nordwärts entlang des Tigris zum Erdölgebiet Mosul vorzustoßen.

9.–12. OKTOBER

WESTFRONT, *BELGIEN*
Der Mittelpunkt der Offensive wird wieder zurück in den Nordosten von Ypern verlegt. Der australische Angriff verläuft wenig erfolgreich. Die Schlacht wird fortgesetzt, obwohl langsam klar wird, daß der geplante Durchbruch nicht mehr erreicht werden kann. Der Angriff auf das Dorf Passchendaele am 12. Oktober ist ein Fehlschlag. Auch wenn Feldmarschall Sir Douglas Haig die Tatsache akzeptiert, daß er sein Ursprungsziel, den Durchbruch, nicht erreichen kann, besteht er darauf, daß die Hügel vor Ypern noch vor Wintereinbruch eingenommen werden müssen. Erneut wählt er Passchendaele als Hauptziel.

17. OKTOBER

SEEKRIEG, *NORDSEE*
Ein von den Zerstörern *Mary Rose* und *Strongbow* begleiteter Konvoi aus zwölf Handelsschiffen wird auf seinem Weg von Skandinavien nach Großbritannien von den deut-

◀ *Ein italienischer mechanischer Transporter auf dem Rückzug während der verheerenden Schlacht von Caporetto. Deutschland stellte Österreich-Ungarn für die höchst erfolgreiche Offensive speziell ausgebildete Sturmsoldaten zur Verfügung.*

schen leichten Kreuzern *Brummer* und *Bremse* überrascht. Beide Zerstörer und acht Schiffe des Konvoi werden versenkt.

19. OKTOBER

LUFTKRIEG, *GROSSBRITANNIEN*

Ein Angriff deutscher Luftschiffe endet wegen schlechten Wetters und der britischen Luftabwehr in einem Desaster. Drei der elf Zeppeline werden durch einen Sturm zerstört. Ein weiterer wird durch Bodengeschütze abgeschossen. Ein fünfter wird auf die offene See abgetrieben und bleibt verschollen. Die anderen sechs erreichen ihre Ziele nicht und werden entweder gekapert oder stürzen über feindlichem Gebiet ab. Diese Katastrophe ist das Ende der Zeppelin-Attacken auf Großbritannien. Künftig werden sie nur noch zur Unterstützung der Marine eingesetzt.

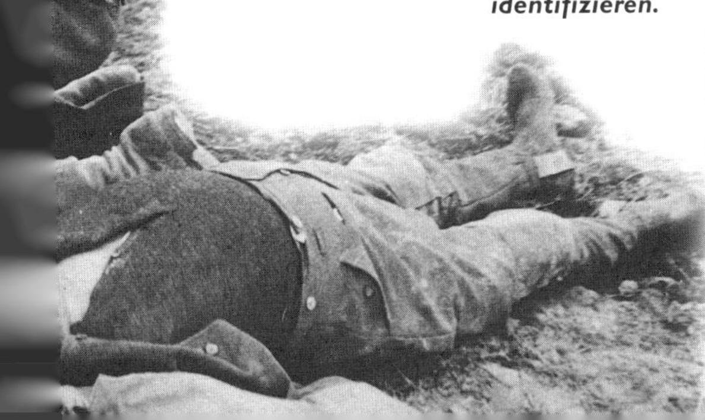

◀ *Britische Soldaten versuchen, ihre eigenen und die deutschen Toten nach der 3. Schlacht von Ypern zu identifizieren.*

24. OKTOBER

WESTFRONT, *ITALIEN*

Die österreichisch-ungarische Artillerie eröffnet mit Explosions- und Gasgranaten die 12. Schlacht am Isonzo (auch als die Schlacht von Caporetto bekannt). Im vorangegangenen Monat hat Österreich-Ungarn Verstärkung durch einige deutsche Divisionen, darunter auch Bergtruppen, erhalten. Aus sechs deutschen und neun österreichisch-ungarischen Divisionen wird die neue Vierzehnte Armee gebildet. Den Befehl über sie erhält der deutsche General Otto von Below. Seine Truppe sammelt sich auf österreichisch-ungarischem Gebiet bei Tolmino, Caporetto und Plezza entlang des Isonzo. Sie führt die Offensive gegen General Luigi Capellos italienischer Zweite Armee als Hauptziel an. Capellos Armee bereitet sich zu langsam auf ihre Verteidigung vor.

Der Hauptangriff der Vierzehnten Armee wird von zwei weiteren österreichisch-ungarischen Armeen unterstützt. Die Fünfte, die der italienischen Dritten Armee gegenüberliegt, soll entlang der norditalienischen Adriaküste nach Venedig vorstoßen. Die Dritte, die

▼ *Einige der 10.000 Italiener, die in der Schlacht von Caporetto getötet wurden. Weitere 275.000 befinden sich in Gefangenschaft, 20.000 wurden verwundet.*

nördlich der Vierzehnten liegt, erhält den Befehl, sich südwestlich zu wenden und bis zur Piave in Italien aufzuschließen. Man hofft, daß es Teilen von ihr gelingt, mit der italienischen Carnicarmee fertig zu werden.

Der Eröffnungsbeschuß verbreitet Entsetzen unter den italienischen Soldaten. Sie müssen feststellen, daß ihre Schutzmasken sie nicht vor dem feindlichen Gas schützen. Der Vorstoß bei Nebel und Regen ist ein schneller Erfolg. Am 25. Oktober gelingt der Durchbruch auf einer Frontlänge von 24 km. Cadorna muß sich mit seinen Truppen bis zum Tagliamento zurückziehen.

Wegen der schlechten Kommunikation mit seinen vorgeschobenen Einheiten ist sich Cadorna über die Schwere des Durchbruchs und die Stärke der Feindtruppen nicht wirklich im klaren. Deshalb gibt er den definitiven Befehl zum Rückzug zur nächsten Verteidigungsmöglichkeit erst am 27. Oktober heraus.

Die geschlagene italienische Armee braucht bis Ende des Monats, um sich am Tagliamento wieder neu zu formieren.

26. Oktober

POLITIK, *BRASILIEN*

Brasilien erklärt Deutschland den Krieg – als einziges südamerikanisches Land. Die Deutschen haben vorher regelmäßig brasilianische Handelsschiffe versenkt.

26. Oktober–10. November

WESTFRONT, *BELGIEN*

Großbritannien versucht erneut, Passchendaele zu erobern. Das kanadische Korps wird mit dem Einsatz betraut. Aber der Vormarsch verläuft wegen der Bodenverhältnisse und des deutschen Senfgaseinsatzes zu langsam. Am 6. November fällt das Dorf. Die Offensive ist nach mehr als drei Monaten beendet.

Die dritte Schlacht von Ypern wird für Großbritannien zu einer traumatischen

▼ Entwaffnete italienische Gefangene werden von deutschen Soldaten in die Gefangenschaft geführt.

frühzeitig abzusehen war, daß sie nicht zum gewünschten Erfolg führen würde.

27. OKTOBER

WESTFRONT, *ITALIEN*
Während der Schlacht um Caporetto gelingt es dem jungen deutschen Offizier Erwin Rommel, mit seinen Soldaten 9.000 italienische Soldaten gefangenzunehmen.

Drei Tage lang haben Rommels 250 Bergsoldaten gegen eine große Übermacht gekämpft, um eine wichtige Stellung einzunehmen. Für seine Tapferkeit und die hervorragende Führung wird Rommel der höchste preußische Verdienstorden „Pour le Mérite" verliehen.

31. OKTOBER

MITTLERER OSTEN, *PALÄSTINA*
Soldaten aus Großbritannien und dem Commonwealth, insgesamt 88.000 Mann, verteilt auf sieben Infanterie-Divisionen, und das berittene Wüstenkorps (mit Kamelen und Pferden), eröffnen unter General Sir Edmund Allenby die dritte Schlacht von Gaza.

Allenby hat sich für eine neue Vorgehensweise entschieden, um den Durchbruch zu erlangen. Anstatt Frontalangriffe gegen die stark befestigten türkischen Schützengräben durchzuführen, setzt er drei Divisionen für

▲ ***Britische Soldaten marschieren in der letzten Stufe der dritten Schlacht von Ypern in der Dämmerung.***

▼ ***Australische und neuseeländische Soldaten reiten in der Eröffnungsphase der dritten Schlacht von Gaza an die Front.***

Erfahrung. Um 8 km vorwärtszukommen, gab es Verluste von 310.000 Mann. Die gesamte britische Westfrontreserve ist damit verloren. Frankreich verliert 85.000 Soldaten bei diesem Einsatz, Deutschland verzeichnet 210.000 Mann Verlust.

Der britische Oberbefehlshaber Feldmarschall Sir Douglas Haig wird dafür kritisiert, daß er die Offensive so sehr in die Länge gezogen hat, obwohl schon

▼ ***Während der dritten Schlacht von Gaza begutachten britische Offiziere eine türkische Feldkanone und ihre Protze.***

einen Ablenkungsangriff gegen die Küstenstadt ein. Die Hauptmacht soll im Inland gegen Beerscheba ziehen, um die Wasserversorgung zu sichern und danach auf die linke türkische Flanke einschwenken. Der Schlüssel für die gesamte Operation sind die Wasservorräte von Beerscheba, denn ohne Wasser würden berittene Truppen in der Wüstenhitze nicht weit kommen.

Ihm gegenüber liegen 35.000 türkische Soldaten, hauptsächlich die Achte

▶ ***Der britische Außenminister Arthur Balfour (rechts). Er unterstützt die Gründung eines jüdischen Staates in Palästina, in dem auch die Rechte der einheimischen Araber gewahrt würden.***

▼ ***Bei Beerscheba gefangengenommene türkische Soldaten.***

◀ ***Türkische Soldaten stürmen während der Kämpfe in Palästina gegen die Briten aus ihren Stellungen.***

Armee, aber auch Teile von General Kress von Kressensteins Siebenter Armee. Kressenstein verfügt auch über ein deutsches MG- sowie ein Artillerie- und Techniksonderkommando. Sein Problem sind die langen Versorgungswege für seine Einheiten.

Der Angriff gegen Beerscheba dauert den ganzen Tag und gipfelt bei Sonnenuntergang in einem waghalsigen, aber erfolgreichen Angriff der australischen Kavallerie. Sie bricht durch die türkischen Verteidigungsanlagen und das MG-Feuer und nimmt Beerscheba und seine Brunnen ein.

Die geschwächte türkische Siebente Armee wird Hals über Kopf zum Rückzug gezwungen und entblößt die linke Flanke für weitere britische Attacken.

▲ ***Deutsche Sturmsoldaten marschieren während der Schlacht von Caporetto mit ihrer Unterstützungsartillerie durch ein gerade erobertes Dorf in Norditalien.***

◀ ***Italienische Soldaten, die während der vereinten deutsch-österreichischen Überquerung des Tagliamento, dem Höhepunkt der Schlacht von Caporetto, in Gefangenschaft geraten sind.***

2. NOVEMBER

POLITIK, *GROSSBRITANNIEN*
Außenminister Arthur Balfour schreibt an Lord Rothschild, den Vorsitzenden der British Zionist Federation, um ihn der britischen Unterstützung bei der Schaffung eines jüdischen Staates in Palästina zu versichern. Diese sogenannte „Balfour Declaration" bringt aber auch die Notwendigkeit des Schutzes der bürgerlichen und religiösen Rechte der existierenden nichtjüdischen Gemeinschaften in Palästina zum Ausdruck.

WESTFRONT, *ITALIEN*
Nach dem Erfolg ihres Vorstoßes überqueren die deutschen Soldaten, die die Schlacht von Caporetto anführen, im Schutz der Dunkelheit den Tagliamento und brechen in die frisch aufgebaute italienische Verteidigungslinie ein.

General Luigi Cadorna befiehlt seinen Truppen, sich zum Piave, der nächsten Verteidigungsmöglichkeit, zurückzuziehen. Der Rückzug ist bis zum 9. November abgeschlossen. Trotz der Verluste, ihrer schlechten Organisation und des

anhaltenden feindlichen Drucks verlieren die italienischen Soldaten nicht den Mut.

3. NOVEMBER

WESTFRONT, *FRANKREICH*
Die ersten drei Soldaten des wachsenden amerikanischen Expeditionskorps fallen im Gefecht.

5. NOVEMBER

POLITIK, *ITALIEN*
Nach der verheerenden italienischen Niederlage besprechen sich die den Mittelmächten entgegenstehenden Staaten hastig in Rapallo. Die Konferenz beginnt mit der Überlegung, wie Italien zu helfen sei, weitet sich dann aber zu der Frage der Schaffung einer einzigen vereinten Kommandostruktur aus. Der britische Premierminister Lloyd George schlägt die Einrichtung eines obersten Kriegsrates vor. Es soll aus den Führern (oder deren Vertretern) von Großbritannien, Frankreich, Italien und der USA bestehen.

6. NOVEMBER

MITTLERER OSTEN, *PALÄSTINA*
General Sir Edmund Allenby baut auf seinem Erfolg auf. Sein nächstes Ziel ist

▲ *Deutsche Lanzenreiter, ein Teil der an die Türkei überstellten Truppen, reiten in Palästina Patrouille.*

▼ *US-Soldaten bereiten sich in einem französischen Hafen auf ihre Ausschiffung vor.*

es, einen Keil zwischen die türkische Achte Armee und die sich auf dem Rückzug befindende Siebente zu treiben. Den Anfang macht das berittene Wüstenkorps, das von seiner Stellung bei Beerscheba aus auf Gaza an der Küste einschwenken soll. Die türkische Achte Armee hat Allenbys Pläne erkannt und zieht sich entlang der Küste von Gaza in Richtung auf Jerusalem zurück. Die Siebente Armee behält weiterhin ihren Kurs durch das Inland auf Jerusalem bei.

Allenby ist begierig, seinen Vorteil aus der dritten Schlacht von Gaza auszunutzen und befiehlt seinen Einheiten, trotz

▲ ***Eine türkische Feldartillerie im Einsatz gegen den britischen Vormarsch in Palästina. Die Waffe ist eine deutsche 75-mm-Haubitze.***

▼ ***Die abgesessene australische Kavallerie feuert während der Kämpfe in Palästina auf türkische Soldaten.***

Wassermangels dicht an der türkischen Armee zu bleiben.

6.–7. November

POLITIK, *RUSSLAND*
Die bolschewistischen Revolutionäre stürzen unter Führung von Lenin und Trotzki Kerenskis provisorische Regierung in Petrograd. Sie treten in Waffenstillstandsverhandlungen mit Deutschland ein.

12. November

WESTFRONT, *ITALIEN*
Die 12. Schlacht am Isonzo, besser als die Schlacht von Caporetto bekannt, endet hauptsächlich deshalb, weil die Mittelmächte ihre Versorgungslinien zu weit ausgedehnt haben. Sie ist für Italien ein Desaster. Obwohl der italienische Oberbefehlshaber Cadorna seine Front wieder hat stabilisieren können, werden seine Truppen doch vernichtend geschlagen. Sie erleiden einen Verlust von 30.000 Mann. 275.000 italienische Soldaten geraten in Gefangenschaft. Zudem verlieren sie 2.500 Geschütze und einen großen Vorrat an Ausrüstung. Deutschland und Österreich-Ungarn verzeichnen den für den Umfang dieser Offensive geringeren Verlust von 20.000 Mann.

◀ Russische Soldaten (vermutlich Deserteure) lesen auf der Straße einer russischen Stadt Propagandaflugblätter.

▼ Britische Feldartillerie macht sich für die Kämpfe gegen die sich zurückziehenden türkischen Truppen in Palästina bereit.

In nur wenigen Wochen wird Italien gezwungen, sich vom Isonzo, an dem es seit 1915 eine Reihe sinnloser Kämpfe ausgefochten hat, auf die neue Frontlinie südlich von Trent entlang der Piave bis zum Golf von Venedig (insgesamt 96 km) zurückzuziehen.

Dem deutsch/österreichisch-ungarischen Erfolg folgen zwei direkte Konsequenzen. Erstens wird der italienische Generalstabschef Luigi Cadorna von General Armando Diaz abgelöst. Und zweitens werden verschiedene französische und britische Divisionen unter General Sir Herbert Plumer als Polster für die italienische Verteidigung an die Piave verlegt.

Das Desaster von Caporetto hat die Einstellung der italienischen Öffentlichkeit dem Krieg gegenüber verändert. Vorher kämpfte die Armee außerhalb von Italien auf österreichisch-ungarischem Boden. Die Schlacht von Caporetto aber fand fast ausschließlich in Italien statt. Diese Unmittelbarkeit und die Schwere der Niederlage wird von vielen öffentlichen Personen ausgenutzt, so z. B. dem leidenschaftlich nationalistischem Dichter Gabriele D'Annunzio oder dem Soldaten und früheren Journalisten Benito Mussolini. Beide veröffentlichten kämpferische Aufrufe, um die Besatzer aus Italien zu vertreiben. Viele Italiener folgen ihrem Ruf zu den Waffen.

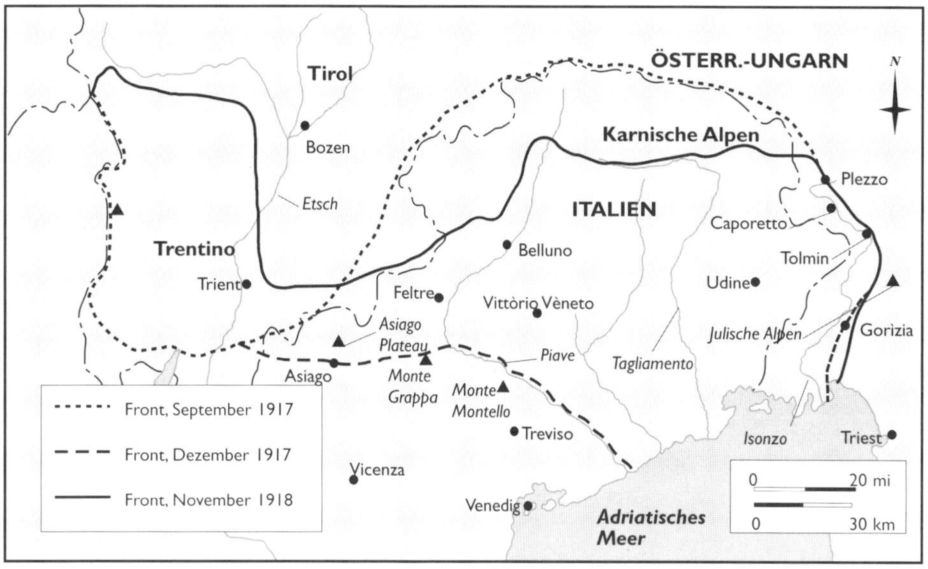

▲ ***Die von Deutschland geleitete Schlacht von Caporetto war eine der erfolgreichsten Offensiven des gesamten Krieges.***

◀ ***General Otto von Below von der deutschen Vierzehnten Armee, die den erfolgreichen Angriff gegen Italien in der Schlacht von Caporetto führte.***

13.–15. NOVEMBER

MITTLERER OSTEN, *PALÄSTINA*
General Sir Edmund Allenby setzt die Verfolgung der türkischen Kräfte in der laufenden Schlacht von Beerscheba fort. In seinem Angriff konzentriert er sich auf die Achte Armee, die ihre Stellungen bei Gaza verlassen hat und nach Norden bis an die Mittelmeerküste zurückgefallen ist.

Allenbys Truppen können die hastig aufgestellte türkische Verteidigung an einer der dringend benötigten Wasserquellen durchbrechen und schwenken nach Osten. Aber die türkische Reserve kann unter Befehl von General Erich von Falkenhayn Allenbys Vormarsch gegen Jerusalem verlangsamen.

17. NOVEMBER

LUFTKRIEG, *AFRIKA*
Der deutsche Zeppelin *L59* soll über dem Sudan seine 5.600 km Versorgungsmission für General Paul von Lettow-Vorbeck in Deutsch-Ostafrika abbrechen und nach Deutschland heimkehren. Man glaubt, fälschlicherweise, daß Lettow-Vorbeck kurz vor der Kapitulation stehe.

18. NOVEMBER

MITTLERER OSTEN, *MESOPOTAMIEN*
General Sir Frederick Maude, der Kommandant der britischen und der Commonwealthtruppen in der Region, stirbt

▲ *Türkische Kavallerie auf dem Rückzug durch Palästina.*

▼ *Italienische Frauen graben nach der Katastrophe von Caporetto Schützengräben.*

an Cholera, nachdem er sich an verseuchter Milch infiziert hat. Er wird vor den Toren Bagdads beerdigt. Sein Nachfolger wird General Sir William Marshall.

20. NOVEMBER

WESTFRONT, *FRANKREICH*
Die britische Dritte Armee unter General Sir Julian Byng eröffnet die Schlacht von Cambrai. Der Hauptschwung der von Panzern angeführten Attacke richtet sich gegen die Hindenburglinie und damit gegen General Georg von der Marwitz' Zweite Armee. Byngs Plan zielt darauf ab, die deutschen Stellungen zwischen dem Canal de l'Escaut und dem Canal du Nord zu durchtrennen. Die Kavallerie soll schnellstmöglich gegen Cambrai vorstürmen, während Infante-

▲ Die Beerdigung von General Sir Frederick Maude bei Bagdad.

▼ Britische Panzer auf dem Weg nach Cambrai.

▲ ***Britische Panzer rollen in der erfolgreichen Eröffnungsphase der Schlacht von Cambrai vorwärts. Links ist eine verlassene deutsche Feldkanone zu sehen. Anfangs erfolgreich, kommt die Offensive doch aufgrund der erstarkenden deutschen Verteidigung zum Stillstand.***

rie und Panzer die Hügelkette von Bourlon einnehmen sollen, bevor sie nordöstlich gegen Valenciennes marschieren.

Die Schlacht beginnt mit einem kurzen Sperrfeuer aus 1.000 Geschützen gegen die Hindenburglinie. Der Hauptangriff wird von 476 Panzern angeführt – der erste Großeinsatz dieser neuen Waffe. Sie führen sechs von Byngs 19 Divisionen auf einer Frontlänge von 8 km an.

Die frühen Angriffe sind von spektakulären Erfolgen gekrönt: Die Hindenburglinie wird auf einer Tiefe von 9–12 km getrennt. Nur bei Flesquières gelingt dies nicht, wo die deutschen Verteidiger einige Panzer außer Gefecht setzen. Zudem hat hier die schlechte Koordinierung zwischen Panzern und Infanterie den Vormarsch quasi selbst vereitelt.

Trotz der beispiellosen Resultate hat Großbritannien Probleme, den Schwung des Angriffs beizubehalten. Bei den Panzern gibt es technische Pannen, sie fahren sich in Gräben fest oder werden auf kurze Entfernung von der deutschen Artillerie zerschossen. Die Schlacht konzentriert sich auf die Hügel von Bourlon westlich von Cambrai. Die Kämpfe dauern mit erfolgreichen deutschen Gegenangriffen noch bis zum Dezember an.

25. NOVEMBER

AFRIKA, *DEUTSCH-OSTAFRIKA*
Zahlenmäßig unterlegen, muß General Paul von Lettow-Vorbeck seinen Truppen angesichts mehrerer großangelegter Angriffe aus den benach-

◀ ***General Sir Julian Byng, dessen Dritte Armee den Angriff bei Cambrai anführte.***

▶ ***Eine leichte deutsche Feldkanone schießt in Ostafrika auf feindliche Ziele.***

barten Kolonien, den Rückzug nach Portugiesisch-Ostafrika befehlen.

Obwohl er dabei ein Drittel seiner Armee verliert (es wurde eingekesselt und mußte sich am 27. November ergeben), führt er seinen Guerillakrieg noch bis nach dem offiziellen Kriegsende im November 1918 weiter.

30. NOVEMBER

WESTFRONT, *FRANKREICH*

Die in Kämpfe mit der britischen Dritten Armee verwickelten deutschen Truppen starten Gegenangriffe, um den am Eröffnungstag der Panzeroffensive verlorenen Boden wieder zurückzugewinnen. Der Befehlshaber über diesen bedrohten Abschnitt hat beträchtliche Verstärkung verlegt, um General Marwitz' Zweiter Armee zu helfen, die bis-

▼ ***Deutsche Soldaten sammeln vor einem Gegenangriff gegen die Briten bei Cambrai ihre Ausrüstung zusammen.***

lang die Hauptwucht der Schläge abgefangen hat.

Die deutschen Angriffe sind vor allem aus drei Gründen effektiv: wegen des Einsatzes kurzer Bombardements, der Verwendung der neuen Sturmtruppen und der Unterstützung der stürmenden Soldaten durch Tiefflieger. Die britischen Soldaten sind zu weit verteilt, und ihnen fehlt dringend benötigter Nachschub. So sind sie gezwungen, im Lauf der nächsten Tage weite Teile des eroberten Bodens wieder zu räumen.

An dem Tag, als die Deutschen bei Cambrai ihren Gegenangriff starten, erreicht die Zweiundvierzigste US-Division („Rainbow Division") Frankreich. Sie erhielt ihren Spitznamen, weil ihre Soldaten aus allen Staaten der USA stammen. Ihr Stabschef und späterer Kommandant ist General Douglas MacArthur.

3. Dezember

POLITIK, *DEUTSCHLAND/RUSSLAND*
Deutsche und russische Delegierte treffen sich in Brest-Litowsk im ehemals russischen Polen. Sie beraten über die Bedingungen, unter denen man den Waffenstillstand zu einem endgültigen Frieden an der Ostfront ausweiten kann. Die russische Kommission unter Führung von Leo Trotzki versucht, die Verhandlungen hinauszuzögern. Sie geht davon aus, daß Deutschland eine schnelle Entscheidung braucht, um seine Truppen an die Westfront verlegen zu können.

WESTFRONT, *CAMBRAI*
Obwohl Feldmarschall Sir Douglas Haig Verstärkung nach Cambrai verschoben hat, um zu verhindern, daß Deutschland mit seinen Gegenangriffen die Reihen von General Byngs Dritter Armee durchstößt, entscheidet er, daß seine Truppen sich auf die Stellungen zurückziehen sollen, die sie schon vor dem Ausbruch der Offensive am 20. November innehatten.

Haigs Befehl beendet die Kämpfe am 5. Dezember. Beide Seiten haben in etwa gleich hohe Verluste erlitten – 40.000 Mann – und auch ähnlich viele Gefangene gemacht – Großbritannien 11.000 und Deutschland 9.000.

Cambrai hat allen zwei wichtige Punkte vor Augen geführt. Zunächst, daß eine Offensive nicht von einem lang andauernden Sperrfeuer eingeleitet werden muß. Und zweitens, daß man durch den Großeinsatz von Panzern trotz ihrer mechanischen Anfälligkeit und ihrer Angreifbarkeit durch gegnerische Geschütze größtmögliche Durchbrüche erzielen kann. Beide Seiten haben diese Lektionen gelernt und lassen sie in ihre Kriegspläne für das Jahr 1918 einfließen.

7. Dezember

POLITIK, *USA*
Die Regierung erklärt Österreich-Ungarn den Krieg.

9. Dezember

POLITIK, *RUMÄNIEN*
Die rumänischen öffentlichen Vertreter stimmen einem Waffenstillstandsabkom-

◀ ***US-General Douglas MacArthur, einer der herausragenden Generäle des 2. Weltkriegs, hier 1918 als Kommandant der Zweiundvierzigsten („Rainbow-")-Division.***

▲ Türkische Kavallerie in ihrem Feldlager bei Jerusalem.

▼ Britische Panzer, die bei Cambrai zurückgelassen oder erobert wurden. Obwohl Deutschland auch eigene Panzer, vor allem den A7V, einsetzt, bevorzugt man doch die erbeuteten britischen Panzer, nicht zuletzt auch deshalb, weil der größere A7V die schlechtere Geländetauglichkeit besitzt.

▲ Der britische General Sir Edmund Allenby (vorn) marschiert offiziell am 11. Dezember in Jerusalem ein.

men mit den Mittelmächten zu, da sie im Grunde bereits das ganze Land unter Kontrolle haben.

OSTFRONT, *RUSSLAND*
Die Donkosaken rebellieren wegen ihrer Enteignung gegen die Bolschewisten.

MITTLERER OSTEN, *PALÄSTINA*
Die Türken verlassen Jerusalem. General Allenby betritt die Stadt am 11. Dezember.

10. DEZEMBER

POLITIK, *FRANKREICH*
General Maurice Sarrail, Kommandant der multinationalen Kräfte in Griechenland, wird von Premierminister Georges Clemenceau entlassen und von General Marie Guillaumat abgelöst.

30. DEZEMBER

FERNER OSTEN UND PAZIFIK, *JAPAN*
Japan nutzt die Instabilität Rußlands aus und besetzt den Hafen Wladiwostok. Großbritannien, Frankreich und die USA sind darüber sehr verärgert, da sie Zweifel an den japanischen Motiven hegen.

1918

Im letzten Kriegsjahr setzte das deutsche Oberkommando alles daran, den Krieg an der Westfront zu gewinnen, bevor die amerikanischen Truppen ankamen. Deutschlands Sieg wurde verhindert. Nach der Niederlage versuchten Deutschlands Verbündete, Waffenstillstandsvereinbarungen auszuhandeln. Ihre Armeen begannen zu zerfallen, und ihre Führer mußten ihrerseits in Verhandlungen treten.

1. Januar

POLITIK, ***FINNLAND***
Die bolschewistische Regierung erkennt die Souveränität der ehemals russischen Provinz Finnland an, die sich einen Monat zuvor von Rußland unabhängig erklärt hatte. Die Spannungen unter den einzelnen politischen Gruppierungen in Finnland wachsen.

8. Januar

POLITIK, ***USA***
In einer ausführlichen Rede erläutert Präsident Wilson sein Friedensprogramm der „Vierzehn Punkte". Es soll künftig zerstörerische Kriege verhindern. Kern des Programms sind die Prinzipien der nationalen Selbstbestimmung und der kollektiven Sicherheit, in deren Interesse Dispute in einer internationalen Körperschaft ausdiskutiert werden sollen.

Obwohl es bei den Verbündeten der USA nicht auf ungeteilte Zustimmung stößt, wird das Programm im November doch zur Grundlage für die Zustimmung Deutschlands zu einem Waffenstillstand.

20. Januar

SEEKRIEG, ***ÄGÄIS***
Die ehemals deutschen Kriegsschiffe *Breslau* und *Goeben*, die seit 1914 der

▼ ***Britische Soldaten, die zu den Truppen unter General L. C. Dunsterville gehören, marschieren auf ihrem Weg nach Baku durch Nordmesopotamien.***

◀ ***Deutsche und finnische Truppen halten in Helsinki eine Parade ab.***

Türkei unterstellt sind, unternehmen ihren letzten Ausfall in die Ägäis. Sie laufen in ein feindliches Minenfeld. Die *Breslau* sinkt, die *Goeben* läuft auf Grund. Trotz heftiger Luftangriffe sinkt die *Goeben* nicht und kann von türkischen Schiffen in Sicherheit geschleppt werden.

27. JANUAR

MITTLERER OSTEN, *MESOPOTAMIEN*
Eine britische Truppe wird unter General L. C. Dunsterville nach Bagdad geschickt, um die russischen Ölfelder im Kaspischen Meer bei Baku zu übernehmen. Auch die Türkei und Deutschland zeigen Interesse an diesen Rohstoffvorkommen und wollen die Unruhen in Rußland ausnutzen. Dunstervilles Truppe erreicht Baku im August.

28. JANUAR

POLITIK, *ESTLAND*
Die Regierung der ehemals russischen Provinz Estland (auch sie hatte sich 1917 losgesagt) bittet Deutschland um Hilfe gegen die Bolschewisten, die versuchen, wieder an die Macht zu gelangen. Deutschland besetzt Reval am 25. Februar und vertreibt die Bolschewisten aus Estland.

POLITIK, *FINNLAND*
Die Sozialdemokraten führen mit Hilfe ihrer Miliz „Rote Garde“ einen Staatsstreich durch und erklären Finnland zur Sozialistischen Arbeiterrepublik. Der Führer der gestürzten Regierung Pehr Svinhufvud flieht nach Vaasa in Ostfinnland.

Hier hat General Karl Mannerheim, Kommandant der Regierungsmiliz „Weiße Garde“, die russische Garnison vertrieben. Svinhufvud bittet Deutschland um militärische Hilfe gegen die „Rote Garde“.

I. FEBRUAR

POLITIK, *ÖSTERREICH-UNGARN*
Österreichisch-ungarische Seeleute verursachen in Cattaro, dem Hauptmarinestützpunkt an der dalmatinischen Küste, eine Meuterei.

▼ ***Deutsche Soldaten untersuchen ein während der erneuten Kämpfe an der Ostfront zurückgelassenes russisches Panzerfahrzeug.***

EREIGNISSE

DIE „VIERZEHN PUNKTE“

Die am 8. Januar von Präsident Woodrow Wilson vor dem Kongreß gehaltene Rede hatte nicht nur auf den 1. Weltkrieg Auswirkungen. Sie beeinflußte auch die Zeit zwischen den Kriegen und die Beziehungen unter den Staaten. Wilson wollte sich von der Geheimhaltungspolitik distanzieren, die die Beziehungen zwischen den Mächten vor 1914 dominierte. Seine Rede umriß die Grundgedanken der Offenheit in den Beziehungen und des Rechtes auf Selbstbestimmung. Wilson hoffte, das allgemeine Mißtrauen und die Rivalitäten beenden zu können. Die wichtigsten Punkte waren:

1) Offen vereinbarte Friedensbündnisse, nach denen es keine heimliche internationale Verständigung mehr geben soll, sondern nur noch ehrliche Diplomatie vor den Augen der Öffentlichkeit.

2) Absolute Freiheit, in extraterritorialen Gewässern zu navigieren, sowohl im Frieden als auch im Krieg – es sei denn, die Meere werden in einer internationalen Aktion blockiert, um eine internationale Übereinkunft zu erzwingen.

3) Die Aufhebung aller Handelsbarrieren und die Etablierung gleicher Handelsbedingungen zwischen allen Nationen, die dem Frieden zustimmen und die sich vereinen, um ihn zu erhalten.

4) Glaubwürdige Garantien darauf, daß die Bewaffnung der Staaten so weit reduziert wird, wie es für die eigene Verteidigungsfähigkeit gerade vonnöten ist.

5) Eine freie, aufgeschlossene und absolut unparteiische Beilegung aller kolonialen Ansprüche, die auf der strikten Beachtung des Prinzips aufbaut, daß bei der Entscheidung von Fragen der Oberherrschaft die Interessen der Bevölkerung das gleiche Gewicht haben müssen wie die gerechten Ansprüche der Regierung, deren Rechtsanspruch zur Debatte steht.

14) Spezielle Abkommen für eine generelle Zusammenarbeit der Nationen, die gegenseitige Garantien für die politische Unabhängigkeit und die Unverletzlichkeit der Territorien aller Staaten gewährleisten.

Die Punkte 6 bis 13 bezogen sich direkt auf die Bedingungen des 1. Weltkriegs, wie die Wiederherstellung der Belgischen Souveränität, die Rückgabe der im Deutsch-Französischen Krieg 1870/71 von Frankreich verlorenen Gebiete und die Selbstbestimmung der ethnischen Gruppen des ehemaligen Kaiserreiches Österreich-Ungarn sowie einiger Teile der Türkei und Rußlands, vor allem Polen.

▶ Deutsche Sturmtruppen marschieren bei der Eröffnung der „Operation Michael" am 21. März an die Front.

18. Februar

POLITIK, *DEUTSCHLAND/RUSSLAND*

Die deutschen Delegierten, die seit dem Waffenstillstandsabkommen vom Dezember 1917 mit der bolschewistischen Regierung in Brest-Litowsk die Bedingungen für einen Friedensvertrag aushandeln, empfehlen die Wiederaufnahme der Kampfhandlungen. Deutschland entsendet Soldaten in die Ukraine und nach Petrograd. Die deutschen Vertreter wollen sich nicht länger auf die russischen Verzögerungstaktiken einlassen. Viel zu dringend ist für sie ein schneller Friedensvertrag, da sie die Ostfronttruppen unbedingt für die Westfront benötigen. Die Bolschewisten verfügen weder über die Soldaten noch die Mittel, um dem erneuten deutschen Anschlag etwas entgegenzusetzen.

24. Februar

MITTLERER OSTEN, *ARMENIEN*

Die Türkei nutzt die Auflösung der russischen Armee in den Anfangstagen der Novemberrevolution aus und erobert die Gebiete in Armenien zurück, die sie zuvor an Rußland verloren hatte. Aber noch mehr ist die Türkei daran interessiert, sich die russischen Raffinerien in Baku zu sichern.

3. März

POLITIK, *RUSSLAND*

Nach langen Wochen der Ausflüchte sind die Bolschewisten, die nur einen schwachen Rückhalt in der Bevölkerung besitzen, gezwungen, mit den deutschen Vertretern in Brest-Litowsk einen Friedensvertrag zu unterzeichnen.

Danach müssen sie die Kontrolle über die Ukraine, Finnland, die Baltischen Provinzen, den Kaukasus, Polen und die Gebiete Rußlands, die von den Gegnern der Bolschewisten kontrolliert werden, aufgeben. Deutsche Soldaten besetzen weiterhin die Ukraine als Kornkammer für Deutschland.

21. März

WESTFRONT, *FRANKREICH*

General Erich Ludendorff plant einen Vernichtungsschlag an der Westfront. Ihm ist klar, daß die Chancen für Deutschland, den Krieg zu gewinnen, immer schlechter werden, je mehr amerikanische Soldaten in Frankreich ankommen. Deshalb will er als erster zuschlagen. Er kann 70 Divisionen von der Ostfront an die Westfront verlegen, nachdem Rußland endgültig aus dem Krieg ausgeschert ist. Kurzfristig ist Deutschland Großbritannien und Frankreich nun zahlenmäßig überlegen. Ludendorff möchte unbedingt die grundlegenden Differenzen zwischen der britischen und der französischen Strategie für seine eigene Offensive ausnutzen. Er geht davon aus, daß die Verteidigung von Paris eher im französischen Interesse liegen wird, während sich Großbritannien mehr auf die Verteidigung der Häfen an der nordfranzösischen Küste, und damit seiner Versorgungs- und Nachschublinie, konzentrieren wird. Sein Ziel ist ein Angriff der Überschneidungsstelle beider Truppen im Nordosten Frankreichs.

Dazu muß er drei Armeen für die Offensive vorbereiten: Die Siebzehnte unter General Otto von Below, die Zweite von General Georg von der Marwitz, und General Oskar von Hu-

◀ Deutsche Vertreter begrüßen die bolschewistische Delegation, die an den Verhandlungen in Brest-Litowsk teilnimmt.

▲ ***Britische und französische Soldaten bemannen in der Eröffnungsphase der Operation Michael hastig vorbereitete Verteidigungsstellungen.***

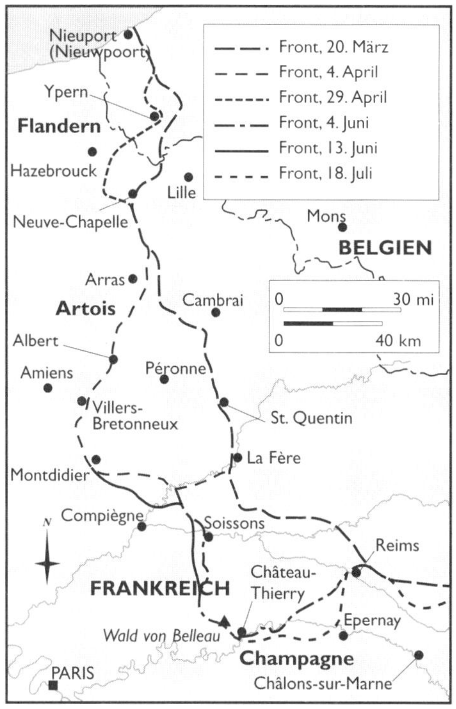

▲ ***Die deutschen Landgewinne an der Westfront nach ihren ersten Offensiven in der ersten Hälfte des Jahres 1918.***

tiers Achtzehnte. Sie müssen entlang einer 80 km breiten Front von Arras bis St. Quentin und La Fère vorgehen. Dieses Gebiet wird von der britischen Dritten Armee unter General Sir Julian Byng und General Sir Hubert Goughs Fünfter Armee verteidigt.

Ludendorff verfügt über 63 Divisionen, von denen viele von Sturmtruppeneinheiten angeführt werden. Auf britischer Seite stehen nur 26 zur Verfügung. Der Kodename ist „Operation Michael“, sie wird aber oft auch als „Kaiserschlacht“ bezeichnet.

Die Operation beginnt mit einem fünfstündigen Beschuß der britischen Stellungen aus 6.000 Geschützen. Sie verschießen sowohl Explosions- als auch Gasgranaten. In dichtem Nebel greifen die deutschen Einheiten an. Die Sturmtruppen bahnen der restlichen Infanterie den Weg. Die Überraschung überwältigt die viel zu weit auseinandergezogenen britischen Armeen.

Goughs Fünfte Armee bricht in totaler Verwirrung auseinander und entblößt damit die rechte Flanke von Byngs Dritter Armee. Byngs Truppen, die einen viel schmaleren Frontabschnitt gehalten haben, gelingt ein geordneter Rückzug über die Somme. Hier haben die deutschen Angreifer aus der Zweiten und der Siebzehnten Armee weniger Erfolge vorzuweisen.

23. MÄRZ

WESTFRONT, *PARIS*

Deutschland beginnt einen periodischen Beschuß auf Paris mit 210-mm-Artilleriegeschützen, den sogenannten „Pariskanonen“, von denen es sieben Stück gibt. Sie können die französische Hauptstadt aus 80 km Entfernung beschießen. Die Bombardierung hat kaum militärischen Wert, wird aber bis zum 9. August fortgesetzt. Als die deutschen Truppen an der Westfront im August zum Rückzug gezwungen werden, werden die „Pariskanonen“ ebenfalls abgezogen.

25. MÄRZ

WESTFRONT, *FRANKREICH*

In der laufenden „Operation Michael“ durchbricht General Georg von der Marwitz' deutsche Zweite Armee die Verbindungsstelle zwischen der britischen Dritten und Fünften Armee. Da es für General Ludendorff so aussieht, als stünde die britische Armee vor dem Zusammenbruch, gibt er seinen Generälen neue Befehle. Er befiehlt Marwitz, Amiens einzunehmen, während Hutier den Befehl erhält, mit seiner Achtzehnten Armee gegen Paris vorzugehen. Ge-

▼ ***Eine der „Pariskanonen“ bei einem Testschuß. Sie wurden vom Rüstungskonzern Krupp auf Grundlage von Schiffsgeschützen entwickelt.***

neral Otto von Belows Siebzehnte Armee soll weiterhin an den Häfen der nordfranzösischen Küste eingesetzt werden.

Der britische Oberkommandeur Feldmarschall Sir Douglas Haig zieht eilig Truppen zusammen, um die Lücke zwischen seinen Armeen zu schließen, aber wie Ludendorff richtig vermutet hat, ist der französische Oberbefehlshaber General Henri-Philippe Pétain viel zu sehr auf die Verteidigung von Paris bedacht, als daß er Haig ausreichende Verstärkung schicken könnte.

▲ ***Der US-Flieger Edward Rickenbacker, ein berühmter Rennfahrer, wird mit 26 Abschüssen der beste US-Pilot des ganzen Krieges.***

26. März

POLITIK, *FRANKREICH*

General Ferdinand Foch wird nach einem Treffen des Obersten Kriegsrates zum Koordinator für alle amerikanischen, britischen und französischen Truppen an der Westfront ernannt. Einer seiner Hauptstützen ist Feldmarschall Haig, der Kommandant des britischen Expeditionskorps.

Fochs Hauptanliegen ist es, die „Operation Michael", die schon ein viel zu großes Loch in die britische Front gerissen hat, zu beenden. Endlich werden französische Reserven in diesen bedrohten Somme-Abschnitt entsendet.

Dem französischen General Marie Fayolle wird das Oberkommando über alle hier stationierten Soldaten übertragen.

WESTFRONT, *FRANKREICH*

General Sir Julian Byngs Dritter Armee gelingt es, nördlich der Somme den Vormarsch der deutschen Truppen aufzuhalten, unter anderem auch dank starker Luftunterstützung. Ein deutscher Versuch, die Kämpfe in diesem Sektor mit der gegen Arras gerichteten „Operation Mars" wieder aufleben zu lassen, scheitert.

Das Versagen der „Operation Mars" bedeutet gleichzeitig das Ende der Kämpfe nördlich der Somme. Fortan konzentrieren sich die Kämpfe auf den südlichen Abschnitt.

27. März

WESTFRONT, *FRANKREICH*

Deutschen Soldaten gelingt es, bei einem Vorstoß südlich der Somme Montdidier einzunehmen. Die Stadt liegt 64 km vom Ausgangspunkt der deutschen Attacken am 21. März entfernt. Ihr Fall bringt die deutschen Truppen in Angriffsnähe zu ihrem Hauptziel Amiens. Aber die erschöpften deutschen Soldaten sehen sich einer ständig wachsenden Zahl an britischen und französischen Truppen gegenüber. Der deutsche Angriff wird 10 km vor Arras in Villers-Bretonneux endgültig gestoppt.

29. März

LUFTKRIEG, *WESTFRONT*

Der amerikanische Pilot Edward Rickenbacker erzielt seinen ersten Luftsieg. Er steigt bis zum Ende des Krieges mit 26 Luftsiegen zum besten amerikanischen Piloten auf.

1. April

LUFTKRIEG, *WESTFRONT*

Die britische Luftwaffe geht aus der Zusammenlegung des Flugkorps und der Marineluftwaffe hervor.

◀ ***Deutsche Soldaten auf einem Panzerzug während der Kämpfe in Finnland.***

3. APRIL

POLITIK, *FINNLAND*
Als Reaktion auf die Bitte des abgesetzten finnischen Präsidenten Pehr Svinhufvud trifft die deutsche Baltikumsdivision in Finnland ein. Sie unterstützen Svinhufvud in seinem Kampf gegen die bolschewistische Regierung und ihre „Rote Garde".

5. APRIL

WESTFRONT, *FRANKREICH*
General Erich Ludendorff, der Stellvertretende Chef des deutschen Generalstabs und Initiator der „Operation Michael", befiehlt das Ende der Offensive. Ihm ist klar geworden, daß der Entscheidungssieg an der Somme nicht gelingen wird. Seine Truppen sind nur 64 km weit vorgedrungen und haben dem Feind 240.000 Mann Verlust zugefügt. Die deutschen Verluste, vor allem unter den Sturmtruppen, sind ähnlich hoch. Ludendorff verlegt seine Offensive auf einen anderen Abschnitt der Westfront.

9.–10. APRIL

WESTFRONT, *FRANKREICH/BELGIEN*
General Erich Ludendorff eröffnet die zweite Serie von Angriffen an der Westfront. Die „Operation Georgette" ist gegen die durch den Fluß Lys getrennte Zweite Armee von General Sir Herbert Plumer und gegen General Sir Henry Hornes Erste Armee gerichtet. Mit ihrer Durchführung werden General Sixt von Arnims Vierte Armee und General Ferdinand von Quasts Sechste Armee betraut. Stattfinden soll sie auf einer engen, auf die Kanalhäfen ausgerichteten Front.

Nach einem dreitägigen Bombardement beginnt der Sturmangriff am Morgen des 9. April. Die deutsche Sechste Armee greift von Neuve-Chapelle aus

▼ Britische Soldaten gehen während der Kämpfe an der Lys hinter einem Bahndamm in Stellung.

PERSÖNLICHKEITEN

MARSCHALL FERDINAND FOCH

Ferdinand Foch (1851–1929) trat bereits 1870 in die französische Armee ein, erlebte aber bis 1914 keinen aktiven Einsatz. Während der dazwischenliegenden 44 Jahre war er Professor für Strategie und Taktik und leitete später die École de Guerre. Seine Vorlesungen und Veröffentlichungen hoben stets die Notwendigkeit hervor, daß ein General die psychologische Dominanz über seinen Gegenspieler gewinnen müsse, um danach offensiv handeln zu können.

Von einigen Kommandos zwischen 1914 und 1916 abgesehen, wurde Foch zunächst mit administrativen Aufgaben betraut, z. B. im Mai 1917 als General Henri-Philippe Pétains Stabschef. Etwas später im selben Jahr kehrte Foch zum Kriegseinsatz zurück. Er koordinierte den Einsatz der britisch-französischen Verstärkungstruppen für Italien nach der italienischen Niederlage in der Schlacht von Caporetto. Dann trat er dem Obersten Kriegsrat bei, der die Kriegseinsätze gegen die Mittelmächte koordinierte. Während der deutschen Frühjahrsoffensive 1918 schlug Großbritannien vor, daß Foch alle von diesem Angriff betroffenen Truppen koordinieren sollte, eine Aufgabe, die später auf alle Kriegsschauplätze ausgedehnt wurde. Als bedächtiger Organisator und Diplomat konnte er alle nationalen Eigeninteressen überwinden, um vereinte Aktionen gegen Deutschland zu planen.

auf einer 19 km breiten Front gegen den linken Flügel von Hornes Erster Armee an. Zwei portugiesische Divisionen, die sich unter Hornes Kommando befinden, schwanken unter dem Aufprall und müssen sich um 8 km zurückziehen. Am nächsten Tag gehen vier von Arnims Divisionen erneut gegen Einheiten von Plumers Zweiter Armee vor. Sie muß sich bis hinter Messines und Wytschaete zurückziehen.

▼ ***Französische Artilleristen bereiten ein auf einem Zug montiertes Geschütz vor, um die deutsche Offensive entlang der Lys aufzuhalten.***

12. April

WESTFRONT, *FRANKREICH/BELGIEN*
Den deutschen Truppen, die sich entlang der Lys in Richtung auf die nordfranzösische Küste vorarbeiten sollen, ist es gelungen, die britischen Linien auf einer Breite von 48 km zu durchbrechen. Sie nähern sich Hazebrouck, einem ihrer Frühziele, im Südwesten von Ypern.

Feldmarschall Sir Douglas Haig gibt einen Befehl heraus, der jeden weiteren Rückzug verbietet: „Mit dem Rücken an der Wand und dem Glauben an unsere gerechte Sache muß jeder bis zum Ende kämpfen."

▲ ***Zum ersten Mal seit 1914 bricht an der Westfront eine offene Kriegsführung aus. Auf dem Bild sieht man deutsche Soldaten mit ihren Haubitzen auf dem Vormarsch.***

14. April

POLITIK, *FRANKREICH*
General Ferdinand Foch wird offiziell zum Oberbefehlshaber aller Truppen jeglicher Nationalität ernannt, die an der Westfront gegen Deutschland kämpfen. Im Juli wird diese Ernennung auf den italienischen Kriegsschauplatz ausgeweitet.

17. April

WESTFRONT, *FRANKREICH/BELGIEN*
Britischen und französischen Soldaten gelingt es, während der Kämpfe bei Ypern den deutschen Vormarsch entlang der Lys aufzuhalten.

Obwohl es im Verlauf des nächsten Monats noch eine ganze Reihe von Angriffen und Gegenangriffen geben wird, ist der deutsche Versuch, die französischen Kanalhäfen zu erreichen, doch fehlgeschlagen.

Beide Seiten haben etwa 100.000 Soldaten verloren. Trotz allem entwirft General Erich Ludendorff Pläne für eine dritte Offensive.

▶ ***Der Beerdigungsgottesdienst für den berühmten deutschen Flieger Manfred von Richthofen.***

21. April

LUFTKRIEG, *WESTFRONT*
Freiherr Manfred von Richthofen, der mit 80 bestätigten Luftsiegen beste Pilot des ganzen Krieges, wird in einem Luftkampf abgeschossen und getötet. Er wird von den Briten mit allen militärischen Ehren beigesetzt. Sein Kommando wird von Hermann Göring (22 Luftsiege) übernommen.

23. April

WESTFRONT, *BELGIEN*
Großbritannien führt einen Überraschungsangriff zur See aus, um die Angriffe der deutschen U-Boote und Zerstörer im Ärmelkanal zu vereiteln. Die Operation steht unter Leitung von Vizeadmiral Sir Roger Keyes. Er hat vor, alte Schlachtschiffe in den Fahrrinnen, die von den Häfen Ostende und Seebrügge in die offene See führen, zu versenken und den feindlichen Schiffen so den Zugang zum Ärmelkanal zu versperren.

Die Operation, die mehr als 70 Schiffe umfaßt, konzentriert sich auf Seebrügge. Sie beginnt mit einer Landung von Marineinfanteristen des Kreuzers *Vindictive* vor den Seemauern des Hafens und der Sprengung eines alten, mit Sprengstoff beladenen U-Boots, um der Besatzung der Seemauern die Verbindung zum Land abzuschneiden.

Im Verlauf dieses Angriffes laufen die drei Blockadeschiffe *Thetis*, *Intrepid* und *Iphigenia* in den Hafen von Seebrügge ein. Sie sollen die Fahrrinnen aus dem Hafen versperren. Nur die *Thetis*

▼ ***Die Trümmer nach dem britischen Angriff auf Seebrügge – eines der beiden deutschen Zerstörer- und U-Bootstützpunkte in Belgien.***

▶ *Deutsche Sturmtruppen überqueren während des Vormarsches gegen den französischen Chemin des Dames eine improvisierte Brücke.*

kann an der richtigen Stelle im inneren Hafen versenkt werden, die anderen beiden Schiffe sinken an den falschen Positionen und versperren den Zugang nicht. Der kleinere Angriff gegen Ostende ist sogar noch erfolgloser. Die deutschen Schiffe können weiterhin den Kanal erreichen. Ein Angriff auf Seebrügge am 9. Mai schlägt ebenfalls fehl.

25. April

LUFTKRIEG, *WESTFRONT*
Pilot Willy Coppens erzielt seinen ersten Luftsieg. Der mit 37 Luftsiegen führende belgische Flieger wird vor allem für die Zerstörung von Beobachtungsballons berühmt.

28.–29. April

POLITIK, *FINNLAND*
Die dem ehemaligen Präsidenten Svinhufvud loyale „Weiße Garde" erzielt unter dem Befehl von General Karl Mannerheim bei Viborg einen entscheidenden Sieg über die „Rote Garde" der bolschewistischen Regierung.

7. Mai

POLITIK, *RUMÄNIEN*
Rumänien, das im August 1916 den Mittelmächten den Krieg erklärt und nach seiner Niederlage 1917 im Dezember einen Waffenstillstand unterzeichnet hatte, ergibt sich endgültig und unterschreibt den Vertrag von Bukarest. Seit der Invasion hat die rumänische Armee 400.000 Mann verloren und mußte sich von knapp 80 % ihres Gebietes zurückziehen.

Aber König Ferdinand von Rumänien unterzeichnet das Dokument nicht. So kann er immer auf dem Standpunkt beharren, Rumänien habe sich nie ergeben. Außerdem kann Rumänien auf diese Art nach dem Fall der Mittelmächte Reparationen fordern.

19. Mai

LUFTKRIEG, *WESTFRONT*
Raoul Lufbery, mit 17 Luftsiegen einer der besten US-Piloten, wird in einem Lufteinsatz getötet. Er war zusammen mit anderen amerikanischen Freiwilligen vor dem Kriegseintritt der USA bei den französischen Escadrille Lafayette (ursprünglich Escadrille Américaine, 38 verbürgte Siege) geflogen. Zum Zeitpunkt seines Todes war er Kommandant der berühmten 94. Schwadron „Hat in the Ring".

27. Mai

WESTFRONT, *FRANKREICH*
General Erich Ludendorff eröffnet die dritte Westfront-Offensive des Jahres. Es ist ein erneuter geteilter Angriff gegen den Chemin-des-Dames-Abschnitt der Aisne. Er will verhindern, daß Frankreich Verstärkung für die britischen Truppen in Nordfrankreich schicken kann, die er erneut angreifen will. Angeführt wird die Offensive von

▼ *Am 28. Mai stürmen US-Soldaten, von französischen Schneider-Panzern unterstützt, in der Schlacht von Cantigny vor.*

General Max von Boehns Siebenter Armee und der Ersten Armee von General Bruno von Mudra, alles in allem 44 Divisionen. Das Ziel der Angriffe mit den Kodenamen „Blücher" und „York" ist General Denis Duchênes französische Sechste Armee. Sie besteht aus neun französischen und drei britischen Divisionen.

Eingeleitet wird der Angriff von 4.600 Artilleriegeschützen. Danach greifen sieben Divisionen auf einer Breite von 16 km an. Es gelingt den Angreifern auf Anhieb, den Chemin des Dames einzunehmen. Sie stoßen bis zur Aisne vor und erobern mehrere intakte Brücken. Am Ende des Tages sind die deutschen Armeen knapp 16 km weit vorgedrungen.

▲ *Ein greifbarer Beweis für die Beteiligung der USA an der Westfront – amerikanische Soldaten marschieren durch eine französische Stadt.*

◄ *Amerikanische und französische Soldaten führen während der Kämpfe an der Aisne auf dem Höhepunkt der Operationen „Blücher" und „York" Munition an die Front.*

Obwohl die Offensive ursprünglich nur für einen begrenzten Umfang geplant war, kommt das deutsche Oberkommando durch die frühen Erfolge zu dem Schluß, daß man noch weiter gegen das nur noch 128 km entfernte Paris vorgehen könne. Doch General Pershing hat Frankreich Verstärkung geschickt. Sie besteht aus General Omar Bundys Zweiter Division und der Dritten Division unter General J.T. Dickman und tritt am 30. Mai in Aktion, als Deutschland die Marne überquert.

28. MAI

WESTFRONT, *FRANKREICH*

Die Briten und Amerikaner unternehmen am zweiten Tag der deutschen Offensive über die Marne ihren ersten Angriff in diesem Krieg. Die Kämpfe konzentrieren sich auf Cantigny, ein Dorf östlich von Montdidier im Somme-Abschnitt. Teile der Ersten US-Division unter General Robert Lee Bullard gehen gegen General Oskar von Hutiers Achtzehnte Armee vor. Bullards Soldaten nehmen am 28. Mai Cantigny ein. Sie machen dabei 28.000 Gefangene und können im Verlauf der nächsten Tage ein ganze Reihe von deutschen Gegenangriffen abwehren.

2.–4. JUNI

WESTFRONT, *FRANKREICH*

Die Dritte US-Division unter General J.T. Dickman tritt gegen die deutschen Kräfte, die Château-Thierry an der Marne bedrohen, in Aktion. Sie kann verhindern, daß die deutschen Sturmtruppen im Rahmen der Operationen „Blücher" und „York" die Marne überqueren. Mit französischer Unterstützung können sie die deutschen Soldaten zwingen, sich bei Jaulgonne wieder über die Marne zurückzuziehen.

4. JUNI

WESTFRONT, *FRANKREICH*

General Erich Ludendorff beendet seine Doppeloffensive. Obwohl seine Einheiten bis zu einer Maximalbreite von 32 km und auf einer Maximaldistanz von 48 km vorgedrungen sind, haben sie an Schwung verloren. Außerdem sieht er sich mit immer stärker werdenden Gegenangriffen der

▼ *Der österreichisch-ungarische Kampfkreuzer Szent Istvan kentert nach einer erfolgreichen Attacke der Italiener.*

französischen und amerikanischen Truppen konfrontiert.

Die deutschen Verluste belaufen sich auf 125.000 Mann, ähnlich wie auf der Gegenseite. Trotz allem plant Ludendorff bereits seine vierte Offensive an der Westfront.

6. JUNI

WESTFRONT, *FRANKREICH*
Als Bestandteil der Gegenangriffe gegen die deutschen Einheiten, die ihre Gewinne aus der letzten Offensive halten, greift die Zweite US-Division von General Omar Bundy westlich von Château-Thierry beim Wald von Belleau an. Ihre Marinebrigade und ihre Dritte Infanteriebrigade führen den Angriff an. Bundys Soldaten sehen sich vier deutschen Divisionen gegenüber. Trotzdem führen sie in den nächsten Wochen eine Reihe von Angriffen aus. Nach drei Wochen haben Bundys Truppen einen Verlust von 1.800 Toten und 7.000 Verwundeten erlitten.

▲ *Im Juni 1918 wird eine deutsche 210-mm-Haubitze feuerbereit gemacht.*

▼ *Ein schwer verwundeter französischer Soldat wird während der deutschen Offensive an der Oise aus einem Frontschützengraben geborgen.*

9. JUNI

SEEKRIEG, *ADRIA*
Ein österreichisch-ungarischer Versuch, die feindliche Blockade an der Adria zu beenden, wird ein Fehlschlag. Das Schlachtschiff der Dreadnought-Klasse *Szent Istvan* wird vor der Küste von Dalmatien durch italienische Kriegsschiffe unter Fregattenkapitän Luigi Rizzo versenkt. Schon im Dezember 1917 war es ihm gelungen, in Triest das österreichisch-ungarische Schlachtschiff *Wien* zu versenken.

9.–13. JUNI

WESTFRONT, *FRANKREICH*
Unter Befehl von General Erich Ludendorff eröffnet General Oskar von Hutiers Achtzehnte Armee die vierte Offensive einer Serie. Ludendorff will zwei zuvor gewonnene Frontspitzen (im Amiens- und im Marne-Sektor) vereinen. Hutier soll westwärts entlang der Matz, einem Nebenfluß der Oise, in Richtung auf Noyon und Montdidier an-

greifen. Aber General Georges Humbert, der Befehlshaber der französischen Dritten Armee, ist durch Deserteure vor dem Angriff gewarnt worden. Kurz vor ihrem Sturm nimmt Humbert den Feind unter Artilleriebeschuß.

Trotz allem kann dies nicht verhindern, daß es Deutschland am ersten Tag gelingt, 8 km zu gewinnen. Der französische Widerstand nimmt in den nächsten Tagen zu, und Hutier kann seine Truppen nicht wie geplant am 10. Juni bei Soissons mit General von Boehns Siebenter Armee vereinen.

Inzwischen hat der französische General Charles Mangin einen Gegenangriff mit drei französischen und zwei amerikanischen Divisionen vorbereitet. Sie greifen am 12. Juni die Achtzehnte Armee an und zwingen Ludendorff so, am folgenden Tag seine vierte Offensive zu beenden.

Frankreich und Amerika verlieren etwa 35.000 Mann, die deutschen Verluste werden höher eingeschätzt. Ludendorff, der seinen Durchbruch immer verzweifelter durchzusetzen versucht, plant seine fünfte Offensive.

13. JUNI

WESTFRONT, *ITALIEN*

Österreich-Ungarn eröffnet einen geteilten Angriff gegen den Tonale-Paß in Norditalien. Er soll von einer bevorstehenden Offensive an der Piave ablenken.

▶ *Italienische Soldaten laden an der Piave ein von einem Sandsackwall geschütztes Artilleriegeschütz.*

15.–22. JUNI

WESTFRONT, *ITALIEN*

Nach dem Abzug der deutschen Truppen an die Westfront setzt Österreich-Ungarn den Kampf gegen Italien mit der Schlacht an der Piave alleine fort. 58 Divisionen sind an dem Zangenangriff durch fast ganz Norditalien beteiligt. General Franz Conrad von Hötzendorf, der mit seinen Truppen im Trentino steht, soll Verona einnehmen, während General Borojevic von Bojna über die Piave ausschwärmen und entlang der Etsch vorgehend Padua einnehmen soll.

Die Angriffe sind alles andere als erfolgreich. Hötzendorfs Zehnte und Elfte Armee werden am zweiten Tag

▲ *Französische Kriegsgefangene werden aus dem Kampfgebiet an der Aisne geführt.*

ihres Vormarsches von der italienischen Vierten und Sechsten Armee, die beide französische und britische Einheiten enthalten, aufgehalten. Es folgen heftige Gegenangriffe. Sie müssen sich mit 40.000 Mann Verlust zurückziehen.

Im Osten greifen die österreichisch-ungarische Fünfte und Sechste Armee auf weiter Front über die Piave an. Sie gewinnen 3 km auf einer Weite von 24 km, bevor sich der Angriff an der Verteidigung der italienischen Dritten und Achten Armee totläuft. Die Kämpfe dauern noch die nächsten Tage an - mit einigen Erfolgen für die Angreifer. Aber am 18. Juni werden die österreichisch-ungarischen Armeen dann durch einen Gegenangriff zum Rückzug gezwungen.

Die Offensive gerät ins Stocken. Zum einen wegen einer Verschlechterung des Wetters, aber vor allem aber wegen der italienischen Luftangriffe, die die Kommunikationsverbindungen und die Nachschubversorgung stören. Am 22. Juni ist Österreich-Ungarn gezwungen, sich endgültig über die Piave zurückzuziehen.

Die Verluste belaufen sich auf 150.000 Mann, davon 24.000 in italienischer Gefangenschaft. Der Generalstabschef General Armando Diaz sieht von einer Verfolgung ab. Er nutzt die Zeit bis zum Oktober zur Vorbereitung einer eigenen Entscheidungsoffensive.

23. Juni

POLITIK, *RUSSLAND*

Eine vereinte britisch-französische Truppe besetzt den Hafen von Murmansk, um den anti-bolschewistischen Truppen in ihrem Kampf gegen die Regierung zu helfen. Ähnliche Besetzungen folgen im August in den Städten Archangelsk und Wladiwostok, letztere durch amerikanische Truppen.

Die beiden in Wladiwostok eingesetzten US-Regimenter stehen unter dem Kommando von General William Graves. Anders als seine Verbündeten im Norden, steht er unter striktem Befehl, sich nicht in die inneren Angelegenheiten Rußlands einzumischen. Er soll nur verhindern, daß Japan, das hier bis 1919 eine Garnison unterhält, den Hafen permanent übernimmt. Außerdem soll er bei der Heimführung einer 100.000 Mann starken Gruppe österreichisch-ungarischer Kriegsgefangener helfen, die später als die Tschechische Legion bekannt wird.

Die US-Soldaten überwachen einen Teil der Transsibirischen Eisenbahn, um den Gefangenentransport zu sichern, geraten dabei aber immer wieder in Gefechte zwischen bolschewistischen und anti-bolschewistischen Truppen. Sie setzen ihren Einsatz in dieser Region noch bis zum April 1920 fort.

▲ US-Soldaten bewachen während der Besetzung von Wladiwostok einen Abschnitt der Transsibirischen Eisenbahn.

▼ General Max von Boehn, 1918 Kommandant der Siebenten deutschen Armee.

9. Juli

LUFTKRIEG, *WESTFRONT*

James McCudden, einer der besten britischen Piloten, stirbt, als seine Maschine bei einem Routinestart abstürzt.

11. Juli

POLITIK, *LITAUEN*

Der deutsche Prinz Wilhelm von Urach nimmt die litauische Krone und den Namen König Mindove II. an. Deutschland hält diese ehemals russische Provinz seit 1915 besetzt und nimmt auch jetzt noch durch den litauischen Staatsrat Taryba Einfluß auf die Politik.

▶ ***Deutsche Soldaten überqueren während der Kämpfe an der Aisne und der Marne eine von französischen Soldaten zerstörte Brücke.***

15.–17. JULI

WESTFRONT, *FRANKREICH*
Deutschland eröffnet die fünfte Offensive dieses Jahres an der Westfront. Ludendorff plant erneut einen geteilten Angriff. Diesmal will er in der Champagne an der Marne angreifen, um seine Gegner zu zwingen, Soldaten aus Nordfrankreich abzuziehen. Hier will er noch immer die britischen Linien durchtrennen, um die Kanalhäfen einzunehmen. Er beauftragt drei Armeen: General Max von Boehns Siebente Armee soll entlang der Marne angreifen und dann nach Osten in Richtung auf Épernay umschwenken, wo sie sich mit General Bruno von Mudras Erster Armee verbinden soll, die ihrerseits an beiden Seiten von Reims vorstößt. Östlich von Reims soll dann die Dritte Armee unter General Karl von Einem gegen Châlons-sur-Marne marschieren.

Frankreich ist wieder auf die Offensive vorbereitet - einerseits durch eigene Luftüberwachung, doch auch durch gesprächige deutsche Deserteure - und empfängt sie mit einem Bombardement. Bis zum Mittag des 15. Juli wird die deutsche Dritte Armee nach kurzem Vordringen von General Henri Gourauds Erster Armee aufgehalten. Danach konzentriert sich Deutschland auf den Westen von Reims. Die Siebente Armee greift mit Unterstützung durch die Neunte Armee von General Eben auf einer 32 km breiten Front an. Durch eine in General Jean Degouttes Siebente Armee geschlagene Bresche erreichen sie die Marne zwischen Château-Thierry und Épernay. Angriffe durch die französische Neunte Armee unter General M. A. H. de Mitry, unterstützt von britischen und amerikanischen Einheiten, verhindern, daß die deutschen Truppen den Brückenkopf an der Marne ausnutzen können. Am 17. Juli muß Ludendorff einsehen, daß seine Offensive von Beginn an gescheitert ist.

Seit seiner ersten Offensive im März, der „Operation Michael", hat er 500.000 Soldaten verloren. Diese Verluste sind nicht mehr ersetzbar. Auf der gegnerischen Seite aber treffen jeden Monat 300.000 frische amerikanische

▼ ***US-Soldaten schießen auf einen deutschen Scharfschützen, der sich in einem französischen Dorf nahe der Marne verschanzt hat.***

▲ *Das Zimmer im sibirischen Jekaterinburg, in dem die Zarenfamilie ermordet wurde.*

Soldaten ein. Ludendorff plant wegen seines Kräftemangels einen geordneten Rückzug aus der Frontspitze, um so seine Front zu verkürzen. Die Kommandanten planen einen Gegenangriff, bevor er seinen Rückzug beenden kann.

16.–17. JULI

POLITIK, *RUSSLAND*
Mehrere Mitglieder der Zarenfamilie, unter ihnen der Zar und die Zarin sowie ihre Kinder, werden in ihrem Exil im sibirischen Jekaterinburg von Bolschewisten ermordet.

18. JULI

WESTFRONT, *FRANKREICH*
Verschiedene französische, britische und amerikanische Einheiten starten einen Gegenangriff gegen die deutsche Champagne-Frontspitze zwischen Reims und Soissons. Die 2. Schlacht an der Marne wird von drei französischen Armeen – der Zehnten unter General Charles Mangin, der Sechsten unter General Jean Degoutte und General Henri Berthelots Fünfter – angeführt. General M. A. H. de Mitrys Neunte dient als Unterstützung.

Den Hauptangriff führt die Zehnte Armee, sie wird von der Ersten und der Zweiten US-Division angeführt. Sie nehmen 8.000 Gefangene und erbeuten 145 Geschütze bei eigenen Verlusten von 5.000 Mann. An anderer Stelle kämpft General Hunter Liggetts Erstes US-Korps zusammen mit der französischen Sechsten Armee, die sich entlang der Ourcq von Westen der Frontspitze nähert. Drei weitere US-Divisionen von General Bullards Drittem Korps sind an die französische Neunte Armee angegliedert. Sie marschieren von Süden bei Château-Thierry gegen die Frontspitze. Unter den aus allen Richtungen geführten Angriffen bricht die deutsche Verteidigung zusammen. Ludendorff muß seinen Rückzug mit großer Hast beenden.

20. JULI

WESTFRONT, *FRANKREICH*
Bedingt durch die katastrophale Situation nach der zweiten Schlacht an der Marne muß Ludendorff auch seinen Angriff in Nordfrankreich abbrechen.

26. JULI

OSTFRONT, *RUSSLAND*
Die Tschechische Legion besetzt Jekaterinburg. Der Plan zu ihrer Heim-

▲ *Soldaten der Tschechischen Legion (ehemalige Kriegsgefangene, die jetzt gegen die Bolschewisten kämpfen, siehe S. 170) in einem russischen Panzerzug.*

führung ist von den Bolschewisten vereitelt worden. Also haben die Soldaten der Tschechischen Legion bolschewistische Milizsoldaten entwaffnet, um sich den Weg in ihre Heimat freizukämpfen. Jedoch werden sie später auf anti-bolschewistischer Seite in den russischen Bürgerkrieg hineingezogen.

LUFTKRIEG, *WESTFRONT*
Großbritanniens bester Pilot, Eduard Mannovk (73 Luftsiege), wird von deutschen Bodengeschützen abgeschossen und getötet.

▲ *Während der Kämpfe im August gefangengenommene deutsche Soldaten, die auf ihren Transport ins Hinterland warten.*

2.–6. AUGUST

WESTFRONT, *FRANKREICH*
In der noch immer andauernden zweiten Schlacht an der Marne müssen die deutschen Truppen Soissons verlassen, sich in 24 Stunden auf eine Linie zwischen der Aisne und der Vesle zurückziehen und damit die Frontspitze freigeben. Die zweite Schlacht an der Marne endet für Deutschland als Katastrophe mit Verlusten von insgesamt 168.000 Mann.

Nach einer Reihe von Offensiven seit März hat Deutschland keine Rücklagen mehr für weitere Angriffe. Es hat vor allem unter seinen bestausgebildeten Soldaten, den Sturmtruppen, hohe Verluste erlitten. Und die Überlebenden sind mittlerweile kaum noch zum Kämpfen motiviert.

4. AUGUST

LUFTKRIEG, *WESTFRONT*
Amerikas zweiterfolgreichster Pilot beginnt seine kurze Karriere. Innerhalb weniger Wochen schießt er 14 Beobachtungsballons und vier Jagdflugzeuge ab, bis er im späten September hinter den deutschen Linien selbst den Tod findet.

6. AUGUST

POLITIK, *FRANKREICH*
In Anerkennung für seine hervorragende Führung der multinationalen Truppe während der Kämpfe an der Marne wird General Foch zum Marschall befördert. Er bereitet eine große britisch-

◀ *Australische Soldaten besetzen eine deutsche Stellung, die sie gerade in der Amiens-Offensive erobert haben.*

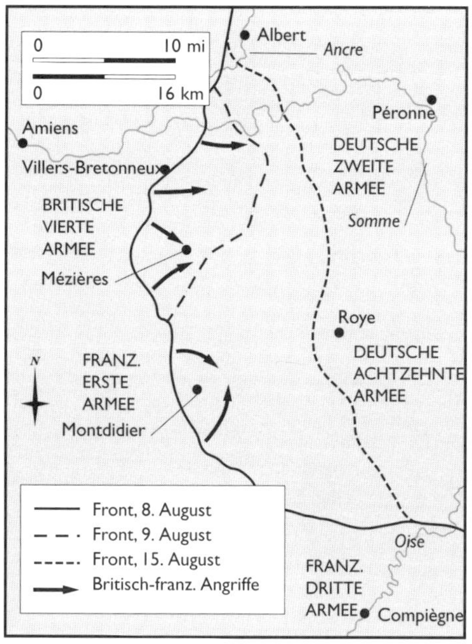

▲ *Die britische Amiens-Offensive leitete eine Serie von Angriffen ein, die die deutschen Truppen an der Westfront schlugen.*

▲ ***Deutsche Soldaten marschieren am ersten Tag der Amiens-Offensive, dem „schwarzen Tag der deutschen Armee", in die Gefangenschaft.***

französische Offensive im Osten von Amiens vor.

8.–12. AUGUST

WESTFRONT, *FRANKREICH*

Feldmarschall Sir Douglas Haigs britisches Expeditionskorps führt die Amiens-Offensive an. Sie soll die Teile der Eisenbahnverbindung zwischen Amiens und Paris befreien, die seit der „Operation Michael" in deutsche Hände gefallen sind.

Geführt wird die Offensive von General Sir Henry Rawlinsons Vierter Armee. Er hat einen methodisch angelegten Vorstoß auf einer 24 km breiten Front vorbereitet. Eröffnet wird der Angriff von einem kurzen Bombardement, dem sofort ein Angriff von 400 Panzern folgt. Diese bereiten den Weg für die elf Divisionen der ersten Angriffsphase. Der Angriff wird durch den linken Flügel von General Eugène Debeneys französischer Erster Armee angeführt. Die Verteidigung wird von General Georg von der Marwitz' Zweiter Armee und der Achtzehnten von General Oskar von Hutier gehalten. Sie haben zusammen 14 Divisionen an der Front und neun in Reserve liegen. Der britisch-französische Angriff ist äußerst erfolgreich und drängt die Verteidiger um knapp 16 km zurück.

Es gibt aber noch erschreckendere Vorboten für die Zukunft der deutschen Armee: Die deutschen Soldaten sind

▼ ***US-Soldaten marschieren mit französischen Panzern im Meuse-Argonne-Sektor an die Front.***

sich der Tatsache bewußt, daß sie den Krieg nicht mehr gewinnen können. Viele Soldaten ergeben sich daher kampflos ihren übermächtigen Gegnern. Als diese Nachrichten Ludendorff erreichen, bezeichnet er den 8. August als den „schwarzen Tag der deutschen Armee". Die Situation verbessert sich nicht mehr. Am nächsten Tag geraten viele deutsche Soldaten in Gefangenschaft.

Am 10. August wechselt die Konzentration der Amiens-Offensive auf den Süden der deutschen Frontspitze. Hier stößt General Georges Humberts französische Dritte Armee gegen Montdidier vor und zwingt die deutschen Besatzer, die Stadt zu verlassen. Die Eisenbahnlinie Amiens–Paris ist wieder komplett in französischer Hand.

Die erste Phase kommt am 12. August angesichts doch erstarkenden deutschen Widerstands zum Stillstand. Doch das Ausmaß der deutschen Niederlage ist nicht mehr zu vertuschen. Deutschland hat 40.000 Mann verloren. 33.000 sind in Gefangenschaft geraten. Großbritannien und Frankreich verloren insgesamt 46.000 Soldaten.

21. AUGUST

WESTFRONT, *FRANKREICH*

General Sir Julian Byngs Dritte Armee eröffnet die zweite Phase der Schlacht von Amiens. In den folgenden Tagen stoßen General Sir Henry Hornes Erste Armee und die französische Zehnte und Dritte Armee zum Angriff. Ludendorff, dem die Reserven fehlen, um mit einem solchen Angriff fertigzuwerden, befiehlt seinen Truppen, die Frontspitzen im Osten von Amiens und im Norden von Lys zu räumen. Das bedeutet im Grunde einen allgemeinen Rückzug.

▼ Die Eröffnung des Angriffs bei St. Mihiel – drei stürmende US-Soldaten und ein verwundeter Kamerad.

▲ US-Kanoniere richten im Angriff bei St. Mihiel ein erbeutetes deutsches Geschütz gegen seine ehemaligen Besitzer.

30. AUGUST

WESTFRONT, *FRANKREICH*

Die Erste Armee von General Pershings amerikanischem Expeditionskorps geht an der Frontspitze bei St. Mihiel (südlich von Verdun) in Stellung. Zusammen mit dem Zweiten französischem Kolonialkorps greifen sie Mitte September an.

30. AUGUST–2. SEPTEMBER

WESTFRONT, *FRANKREICH*

Der deutsche Rückzug von der Amiens-Frontspitze wird durch wiederholte Angriffe der britisch-französischen Truppen bedroht. ANZAC-Soldaten erzwingen sich ihren Weg über die Somme und nehmen Péronne und Mont St. Quentin ein. Die folgende Eroberung von Quéant durch das kanadische Korps zwingt Deutschland zum Rückzug auf die Hindenburglinie, von wo aus im letzten März die Frühjahrsoffensive gestartet worden war.

3.–10. SEPTEMBER

WESTFRONT, *FRANKREICH*

Dicht verfolgt von britisch-französischen Einheiten, gelingt Deutschland der Rückzug und die Wiederbesetzung der Hindenburglinie. Da die Reserven fehlen, kann Großbritannien die Angriffe nicht fortsetzen, und die Amiens-Offensive kommt zum Stillstand. Frankreich und Großbritannien haben 42.000 Mann verloren. Deutschland mehr als 100.000, davon 30.000 in Gefangenschaft. Ludendorff erkennt, daß Deutschland den Krieg nicht mehr gewinnen kann.

8. SEPTEMBER

WESTFRONT, *FRANKREICH*

General Erich Ludendorff beginnt in Erwartung eines großen amerikanisch-französischen Angriffs, die Frontspitze von St. Mihiel im Süden von Verdun zu räumen.

12.–16. SEPTEMBER

WESTFRONT, *FRANKREICH*

Die Briten, Amerikaner sowie das Zweite französische Kolonialkorps greifen

die Frontspitze von St. Mihiel an. Sie wird von Deutschland durchgängig seit 1914 gehalten. Der Angriff wird vom Ersten und Vierten Korps im Süden der Spitze angeführt. Das Fünfte greift im Westen an. Zwischen den US-Korps liegt das Zweite französische Kolonialkorps.

Der Angriff wird in dichtem Nebel begonnen und von 600 Flugzeugen unter Colonel William Mitchell unterstützt. Neun deutsche Divisionen verteidigen die Frontspitze, fünf liegen in der Reserve. Aber bereits am ersten Tag des Angriffs erliegt der deutsche Widerstand, und die US-Korps können sich in dem Dorf Hattonchâtel vereinen. Bis zum 16. September geht die gesamte Frontspitze verloren.

Die US-Truppen nehmen 15.000 deutsche Soldaten gefangen und erobern 250 Kanonen. Sie selbst verlieren dabei 7.000 Mann. Obwohl Pershing den Angriff fortsetzen könnte, beginnt er, seine Männer von St. Mihiel in den Meuse-Argonne-Abschnitt der Westfont zu verlegen. Hier soll eine weitere Offensive vorbereitet werden.

14. SEPTEMBER

OSTFRONT, *RUSSLAND*

Türkische Soldaten besetzen Baku. Sie zwingen damit die britischen Truppen von General L. C. Dunsterville, sich aus dieser wichtigen Erdölregion im Kaukasus zurückzuziehen.

▼ ***Ölbohrtürme in Baku, an denen Deutschland, Großbritannien und die Türkei interessiert waren.***

15. SEPTEMBER

BALKAN, *GRIECHENLAND*

Der französische General Franchet d'Esperey, Oberkommandant des Kriegsschauplatzes seit Juli, führt seine „Verbündete Orientarmee" gegen Bulgarien.

Der Angriff, die Schlacht am Vardar, wird von der serbischen Ersten und Zweiten Armee angeführt. Die bulgarischen Armeen werden am 25. September getrennt, Skopje fällt am 29. Unter dem Druck beginnt die bulgarische Armee sich aufzulösen.

▲ ***Serbische Soldaten marschieren gegen die sich auflösende bulgarische Armee, die zu einem überstürzten Rückzug gezwungen wird.***

19.–21. SEPTEMBER

MITTLERER OSTEN, *PALÄSTINA*

General Sir Edmund Allenby eröffnet die Schlacht von Megiddo gegen die türkischen Truppen in Palästina. Die Türkei hat hier drei Armeen liegen. die Achte, die Siebente und die Vierte unter dem Kommando von General Liman von Sanders. Seine 44.000 Mann halten eine lange Front, die sich von Jaffa am Mittelmeer bis zum Jordantal erstreckt. Sie sind jedoch ernsthaft demoralisiert – vor allem, weil die arabischen Truppen unter dem Verbindungsoffizier T. E. Lawrence die Hejaz-Eisenbahnlinie und damit ihre Nachschubroute zerstört haben.

Allenby verfügt über 69.000 Soldaten. Er startet seinen geteilten Angriff im Jordantal, beabsichtigt aber in Wirklichkeit, entlang der Küste zuzuschlagen. Um dies zu erreichen, wurden die Truppenkonzentrationen und Nachschublager an der Küste getarnt, während in der Nähe des Tals Attrappenlager und -depots errichtet wurden.

Allenby hat vor, seine Truppen an der Küste (knapp 35.000 Mann mit 350 Geschützen) durch die türkischen Reihen (8.000 Mann mit 130 Geschützen) brechen und dann nach Osten schwenken zu lassen und damit der türkischen Sie-

▶ *Britische Kavallerie verfolgt die fliehende türkische Armee durch Palästina. Sie sind Teil von Sir Edmund Allenbys berittenem Wüstenkorps.*

benten und Achten Armee den Rückzug abzuschneiden.

Allenbys Artillerie eröffnet die Offensive um 04.30 Uhr mit einem Sperrfeuer auf 104 km Breite. Es folgt ein Angriff an der Mittelmeerküste, der schnell die türkischen Linien durchbricht. Allenbys berittenes Wüstenkorps stößt durch die Lücke in Richtung auf Megiddo und schwenkt dann nach Osten auf den Jordan zu. Britische Flugzeuge bombardieren Eisenbahnlinien und das türkische Hauptquartier. Dabei zerstören sie alle Kommunikationswege. Das berittene Wüstenkorps deckt in drei Tagen 112 km ab, um alle Ziele zu sichern.

Jerad Paschas türkische Siebente Armee wird in dem Umfassungsangriff komplett aufgerieben. Mustapha Kemals Achte versucht, nach Osten zu entkommen. Beiden wird von britischen Flugzeugen schwer zugesetzt. Der Rückzug endet als Niederlage – 25.000 türkische Soldaten geraten in Gefangenschaft. Die türkische Vierte Armee zieht sich vom Jordantal in Richtung auf Damaskus zurück.

Es gibt keine Zweifel mehr über Allenbys Sieg. Die Türkei hat keine nennenswerten Kräfte mehr, die sich seinem Marsch nach Damaskus entgegenstellen könnten.

26. SEPTEMBER–3. OKTOBER

WESTFRONT, *FRANKREICH*

Die Erste Armee von General Pershing eröffnet die Meuse-Argonnen-Offensive im Norden von Verdun. Es ist der erste von mehreren Angriffen, die Marschall Foch geplant hat, um die deutschen Soldaten aus der Hindenburglinie zu vertreiben und ihre Kapitulation zu beschleunigen.

Pershings Erste Armee, etwa eine Million Soldaten in drei Korps, besetzt zwischen Forges an der Meuse und dem Ardenner Wald eine Front von 27 km. Zu ihrer Linken liegt General H. J. E. Gourauds französische Vierte Armee. Gegenüber den britischen und australischen Truppen liegt General Max von Gallwitz' Armeegruppe, gegenüber der französischen Armee Kronprinz Friedrich Wilhelms Armeegruppe.

Auf amerikanisch-französischer Seite liegen 37 Divisionen, auf deutscher 24. Deutschland hält drei stark befestigte

▼ *US-Infanterie und französische Offiziere machen während der Kämpfe im Argonner Wald eine Pause.*

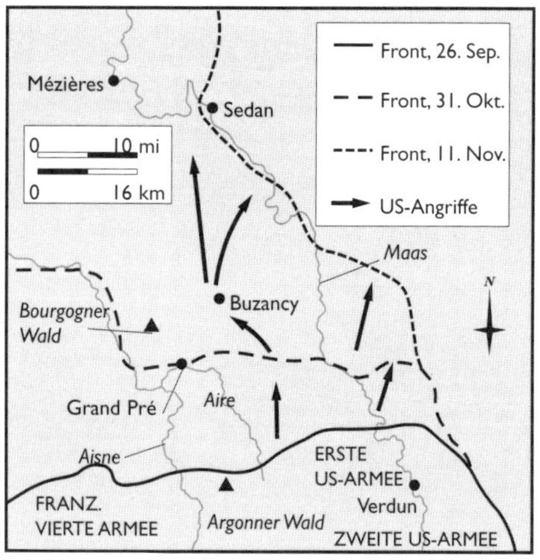

▲ Die vereinte französisch-amerikanische Offensive gegen Sedan entlang der Meuse.

▲ Kanadische Soldaten und gefangene Deutsche beobachten die Kämpfe am Canal du Nord.

Verteidigungslinien in schwierigem Gelände.

Der Angriff beginnt um 5.25 Uhr. Die US-Truppen stoßen bereits in den ersten 5 Tagen ihrer Offensive 16 km weit vor. Der französische Vormarsch verläuft etwas langsamer. Deutschland verlegt eilig Verstärkung in den Sektor und kann den Angriff tatsächlich bremsen.

Dennoch befinden sich am 3. Oktober, dem Ende der ersten Phase, zwei der drei Verteidigungslinien in der Hand der Angreifer.

▼ Indische Lanzenreiter und ihre britischen Offiziere posieren während einer Pause in Palästina für die Kamera.

27. SEPTEMBER–4. OKTOBER

WESTFRONT, *FRANKREICH*

Teile von Feldmarschall Haigs Expeditionskorps leiten einen Teil von Marschall Fochs Plan ein und greifen mit 41 Divisionen in Richtung auf Cambrai und St. Quentin an. Sie durchbrechen die Hindenburglinie. Angeführt wird die Offensive von General Sir Henry Hornes Erster und General Sir Julian Byngs Dritter Armee. Sie durchbrechen die deutschen Positionen bereits am ersten Tag, überqueren den Canal du Nord und kommen bis auf 5 km an Cambrai heran.

Am 30. September gelingt es schließlich einigen Einheiten der Dritten Armee, die westlichen Vororte der Stadt zu besetzen.

Am 28. September schließt sich die flandrische Armeegruppe unter König Albert der Großoffensive an. Sie greifen aus der Gegend um Ypern heraus Kronprinz Ruprecht von Bayerns Korps an und vertreiben es aus dem Hochland bei Ypern. Danach stoßen Alberts vereinte Truppen entlang der tiefliegenden Küste vor. Da das Land hier teilweise unter Wasser steht, kommen sie nur langsam voran.

Am 29. September stößt General Sir Henry Rawlinsons Vierte Armee, unterstützt durch General Eugene Debeneys französische Erste Armee und diverse US-Divisionen, zum Angriff hinzu. Unter dem steigenden Druck muß General Max von Boehns deutsche Armee-

▶ *Sanitäter evakuieren während des letzten Sturms durch Palästina zwei verwundete britische Soldaten auf Pferdetragen.*

gruppe die Hindenburglinie bis zum 4. Oktober räumen. Darauf folgt der Rückzug anderer deutscher Einheiten. Hastig bilden sie - 16 km hinter ihren ursprünglichen Stellungen - eine neue Verteidigungslinie an der Selle.

30. September

POLITIK, *BULGARIEN*
Nach dem Zusammenbruch der bulgarischen Armee erklärt sich die Regierung als erste der Mittelmächte zu einem Waffenstillstand bereit.

1. Oktober

MITTLERER OSTEN, *SYRIEN*
Nach seinem überwältigenden Sieg in der Schlacht von Megiddo marschiert General Sir Edmund Allenby mit seinen Truppen in die Hauptstadt Damaskus ein und nimmt 20.000 türkische Soldaten gefangen.

Ihrer Ankunft kommen arabische Guerillatruppen zuvor. Trotz britischer Bedenken übernehmen die Araber die Verwaltung in Damaskus. Einen Tag später wird Beirut eingenommen. Aleppo (etwa 320 km nördlich) fällt am 25. Oktober.

5. Oktober

MITTLERER OSTEN, *LIBANON*
Französische Marinekräfte legen Beirut als Stützpunkt für ihr weiteres Vorgehen im Mittleren Osten fest. Man ist übereingekommen, daß Frankreich bei Kriegsende die türkische Provinz Syrien übernimmt. Diese britisch-französische Geheimübereinkunft wird Ziel eines Disputs unter den arabischen Führern, die den Guerillakrieg gegen die Türkei geleitet haben.

6. Oktober

POLITIK, *DEUTSCHLAND*
Der deutsche Reichskanzler Prinz Max von Baden nimmt Kontakt zu Präsident Wilson auf. Er erklärt sich zu einem Waffenstillstand auf Grundlage von Wilsons „Vierzehn Punkten" bereit. Wilson macht deutlich, daß Verhandlungen erst nach der Absetzung der militärischen Führung aufgenommen werden.

14. Oktober

POLITIK, *TÜRKEI*
Das Komitee für Einheit und Fortschritt, dessen Mitglieder besser als die „Jungen Türken" bekannt sind, tritt wegen der Verschlechterung der militärischen Lage zurück. Die „Jungen Türken" waren als nationalistische Gruppierung bestrebt, die Türkei zur führenden Kraft in der Region zu machen. Sie waren seit 1908 an der Macht. Die neue Regierung von Ahmed Izzet Pascha sucht einen Waffenstillstand.

14.–31. Oktober

WESTFRONT, *FRANKREICH*
Die zweite Phase der Meuse-Argonnen-Offensive wird am 14. Oktober eröffnet. Zuvor wurden die Kräfte in einer Reorganisationsphase neu geordnet. Die amerikanischen Truppen werden in zwei neue Armeen aufgeteilt: Die Erste unter General Hunter Liggett und die Zweite unter General Robert Lee Bullard. General John Pershing hat das Oberkommando über beide Armeen.

Liggetts Erste Armee marschiert nordwärts - mit ständig wachsendem deutschen Widerstand konfrontiert. Bullards

◀ *Amerikanische Artilleristen beschießen mit ihrer 155-mm-Haubitze deutsche Stellungen in der Meuse-Argonnen-Offensive.*

▲ *Italienische Soldaten übernehmen in der Schlacht von Vittòrio Vèneto eine verlassene österreichisch-ungarische Stellung.*

◀ *Deutsche Kriegsgefangene in einem britischen Lager.*

Zweite Armee zieht nach Nordosten, zwischen Meuse und Mosel. Deutschland muß Verstärkung aus anderen, ebenfalls bedrohten Sektoren abziehen, um hier mit den französischen und amerikanischen Einheiten fertigzuwerden. Alle Seiten erleiden in diesem Kampf schwere Verluste. Aber als er in den letzten Oktobertagen ein Ende findet, haben Pershings Truppen die dritte und letzte deutsche Verteidigungslinie durchbrochen. Nach einer Ruhepause wird die Meuse-Argonnen-Offensive dann Anfang November wieder aufgenommen.

17.–31. OKTOBER

WESTFRONT, *FRANKREICH*

Britische Truppen durchbrechen die deutschen Linien an der Selle und nehmen dabei 20.000 Gefangene. Bis Ende des Monats haben sie die deutschen Soldaten auf einer Breite von 32 km bis hinter die Schelde zurückgedrängt. Um den Druck auf die Deutschen zu verstärken, greift die flandrische Armeegruppe bei Ypern an.

23. OKTOBER

WESTFRONT, *ITALIEN*

Der italienische Oberbefehlshaber General Armando Diaz startet von der Piave ausgehend eine Offensive gegen die österreichisch-ungarischen Truppen in Norditalien. Er läßt seine Vierte Armee gegen das Zentrum der österreichisch-ungarischen Linie in der Umgebung von Monte Grappa angreifen, während seine Achte Armee, durch die zu großen Teilen britisch-französische Elfte und Zwölfte Armee verstärkt, die Stadt Vittòrio Vèneto einnehmen soll. Sie be-

ginnen die Schlacht mit 57 Divisionen – davon drei britische und zwei französische – und 7.700 Artilleriegeschützen. Die österreichisch-ungarischen Truppen, um deren Kampfmoral es kaum schlechter bestellt sein könnte, können ihnen nur 52 Divisionen und 6.030 Geschütze entgegenstellen.

Der Angriff bei Monte Grappa kann abgewehrt werden, aber die Hauptschlacht findet bei Vittòrio Vèneto statt. Anfangs läuft für die österreichisch-ungarische Sechste Armee alles gut, sie können die italienische Achte Armee bei der Piave-Überquerung aufhalten. Aber der Zwölften Armee gelingt es, unter dem Befehl des französischen Generals Jean Graziani, sich auf der österreichisch-ungarischen Seite der Piave festzusetzen. Dies gelingt auch General Cavans Zehnter Armee. Am 28. Oktober sind dann beide Brückenköpfe gesichert.

▲ ***Die türkische Kavallerie ist angesichts des britischen Kriegszuges von Bagdad nach Mosul auf dem Rückzug.***

MITTLERER OSTEN, *MESOPOTAMIEN*
General A. S. Cobbe nutzt den bevorstehenden Fall der türkischen Armee und bricht in Bagdad mit der Absicht auf, die türkischen Ölfelder bei Mosul zu erobern. Sie treffen auf General Ismael Hakkis türkische Tigris-Gruppe. Sie zieht sich langsam zurück und wird bei Sharqat gestellt. Nach einer Schlacht, die vom 28. bis zum 29. Oktober andauert, muß sich Hakki mit seinen 11.300 Soldaten und 51 Geschützen ergeben. Cobbe setzt seinen Marsch auf Mosul fort.

26. Oktober

POLITIK, *DEUTSCHLAND*
General Erich Ludendorff wird als Stellvertretender Generalstabschef von General Wilhelm Groener abgelöst. Ludendorff war in letzter Zeit zu selten mit Generalfeldmarschall Hindenburg einer Meinung gewesen und hatte zuletzt vorgeschlagen, einen Waffenstillstand auszuhandeln. Doch auch Groener teilt Ludendorffs Ansicht.

▼ ***Ein einsamer britischer Soldat bewacht einen Trupp bei Vittòrio Vèneto gefangener österreichisch-ungarischer Soldaten.***

27. OKTOBER

LUFTKRIEG, *WESTFRONT*

Der kanadische Pilot William Barker überlebt eine Bruchlandung, nachdem er in einen Schwarm aus 60 deutschen Flugzeugen geraten war. Er übersteht die einseitige 40minütige Schlacht tatsächlich. Sein Jäger vom Typ Sopwith Snipe wurde dabei mehr als 300 Mal getroffen, bevor er abstürzte. Barker gelangen vor seinem Absturz noch drei Abschüsse. Dadurch erhöhte sich seine Trefferliste auf 52.

29. OKTOBER

POLITIK, *DEUTSCHLAND*

Als ihr soeben eingesetzter Kommandant Admiral Frantz von Hipper vorschlägt, eine letzte Todesfahrt gegen die britische Flotte zu unternehmen, meutern die Seeleute der Hochseeflotte in ihrer Marinebasis in Kiel. 40.000 Matrosen nehmen an der Meuterei teil. Sie übernehmen Kiel am 4. November. Ihr Aufstand verbreitet sich über ganz Deutschland und zwingt die Regierung, Friedensverhandlungen aufzunehmen, bevor sich der Aufstand zur Novemberrevolution auswächst.

▲ Verwundete italienische Soldaten erhalten während des Höhepunktes der Schlacht von Vittòrio Vèneto medizinische Notversorgung.

▼ Amerikanische Soldaten kämpfen sich in der Meuse-Argonnen-Offensive durch die Überreste eines Waldes. Die Gefechte waren heftig und kosteten die AEF 117.000 Soldaten.

30. OKTOBER

POLITIK, *TÜRKEI*

Die Regierung unterzeichnet nach Verhandlungen auf der griechischen Insel Mudros ein Waffenstillstandsabkommen. Die Kampfhandlungen sind beendet. Konstantinopel wird von den Siegermächten besetzt, und die Türkei muß all ihre Truppen aus der Kaukasusregion abziehen.

WESTFRONT, *ITALIEN*

Die Schlacht von Vittòrio Vèneto dauert an. Die Angreifer können Vittòrio Vèneto einnehmen und trennen damit die österreichisch-ungarischen Truppen. Nach Gefechten von einer Woche ist die Offensive auf einer 56 km breiten Front 24 km tief in die Reihen der Verteidiger eingedrungen.

Die österreichisch-ungarischen Truppen beginnen sich aufzulösen. Italienische Soldaten erreichen den Fluß Tagliomento am 2. November, während die britisch-französischen Kräfte im Trentino auf Trient zu marschieren. Offiziell enden die Kämpfe am 3. November. 300.000 österreichisch-ungarische Soldaten sind in Gefangenschaft geraten. Italien hat mit 38.000 Soldaten vergleichsweise geringe Verluste erlitten.

1. NOVEMBER

WESTFRONT, *FRANKREICH*

Die dritte und letzte Phase der Meuse-Argonnen-Offensive wird eröffnet. Die Erste US-Armee unter General Hunter Liggett, nimmt ihren Marsch Norden wieder auf. Sie schlagen sich ihren Weg durch die deutsche Verteidigung bei Buzancy und ermöglichen damit der französischen Vierten Armee, die Aisne zu überqueren.

Der deutsche Widerstand wird aufgegeben, und die US-Truppen durchque-

▲ ***Deutsche Soldaten, die sich angesichts einer Serie von Angriffen von der Westfront zurückziehen müssen.***

ren zügig das Meuse-Tal in Richtung auf Sedan, das am 6. November fällt. Obwohl es später noch Fortschritte in der Offensive gibt, endet sie am 11. November mit der Unterzeichnung des Waffenstillstandes. Die Meuse-Argonnen-Offensive war mit einem hohen Einsatz erfolgreich – 117.000 US-Soldaten werden auf den Verlustlisten registriert.

MITTLERER OSTEN, *MESOPOTAMIEN*
Kavallerie-Einheiten von General A. S. Cobbe treffen bei Mosul ein. Trotz des Waffenstillstandes mit der Türkei soll Cobbe nach Mosul einmarschieren, wo sich noch immer eine türkische Garnison befindet. Mitte des Monats erklärt sich der Garnisonskommandant Halil Pascha einverstanden, die Stadt an Großbritannien zu übergeben. Damit endet Cobbes Feldzug.

SEEKRIEG, *ADRIA*
Das Flaggschiff der österreichisch-ungarischen Flotte, die *Viribus Unitis*, wird bei einem italienischen Angriff versenkt.

2. NOVEMBER

POLITIK, *LITAUEN*
Der litauische Staatsrat Taryba hebt die Ernennung von Prinz Wilhelm von Urach zum König auf und gründet eine unabhängige Republik. Bolschewistische Truppen planen jedoch schon, diese ehemals russische Provinz wieder zu übernehmen.

3. NOVEMBER

POLITIK, *ÖSTERREICH-UNGARN*
Nach der katastrophalen Niederlage bei Vittòrio Vèneto nimmt die Regierung an dem Tag die Waffenstillstandsverhandlungen auf, an dem feindliche Marineeinheiten Triest einnehmen.

Der Waffenstillstand kommt am nächsten Tag zustande. Er erhöht die ethnischen Spannungen im Kaiserreich Österreich-Ungarn. Das Reich zerbricht in den folgenden Monaten daran. Viele der ehemaligen Provinzen werden unabhängig.

7. NOVEMBER

POLITIK, *DEUTSCHLAND*
Eine von Matthias Erzberger angeführte Delegation trifft sich mit Marschall Ferdinand Foch, um die Bedingungen für einen Waffenstillstand auszuhandeln. Foch fordert, daß die deutsche Armee sofort alle besetzten Gebiete und Elsaß-Lothringen räumt. Sie soll militärische Ausrüstung in großem Umfang übergeben (z. B. 5.000 Geschütze und 25.000

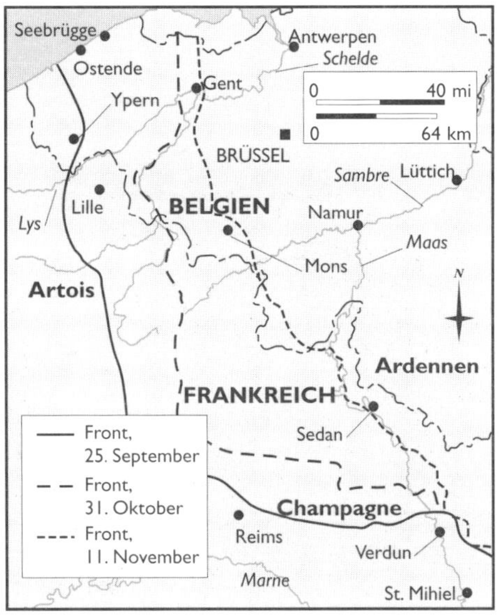

▲ ***Zwischen September 1918 und dem Waffenstillstand am 11. November fällt die deutsche Armee an der Westfront Stück für Stück. Obwohl einige Truppen noch mit letzter Kraft versuchen, sich zu verteidigen, fügen die völlig entkräfteten Soldaten sich in ihr Schicksal und ergeben sich.***

Maschinengewehre). Weiterhin soll sie sich aus den deutschen Gebieten westlich des Rheins zurückziehen und erlauben, daß drei Zonen am Ostufer des Rheins besetzt werden.

Alle U-Boote sollen ausgeliefert werden. Die Kriegsschiffe sollen in Häfen, die durch die Sieger bestimmt werden, festgesetzt werden. Die viertägigen Verhandlungen finden in einem Eisenbahnwaggon nordöstlich von Paris bei Compiègne statt.

8. November

WESTFRONT, *FRANKREICH*

Unter Befehl von Feldmarschall Sir Douglas Haig beenden Truppen vor den Augen der bröckelnden Verteidigung die Scheldeüberquerung. Sie stehen kurz davor, Gent und Mons zu besetzen.

9. November

POLITIK, *DEUTSCHLAND*

Die Abdankung Kaiser Wilhelms II. wird verkündet. Er reist am nächsten Tag ins niederländische Exil. Die Siegermächte verlangen nur halbherzig, daß er als Kriegsverbrecher angeklagt wird. Philipp Scheidemann, Mitglied des Kabinetts, verkündet die Gründung einer Republik.

Eine neue Regierung wird gewählt, der ein ebenfalls neu gewählter Kanzler vorsteht: Friedrich Ebert. Die junge Weimarer Republik ist politisch äußerst instabil. Das politische Spektrum erstreckt sich von extrem links bis extrem rechts. Und alle Flügel kämpfen um die Macht.

▼ ***Kaiser Wilhelm II. begibt sich nach seiner Abdankung mit seinem persönlichen Stab ins niederländische Exil.***

11. November

POLITIK, *EUROPA*

Der Waffenstillstand für die Westfront tritt 5 Stunden nach seiner Vollendung um 11 Uhr in Kraft.

POLITIK, *ÖSTERREICH-UNGARN*

Kaiser Karl verzichtet auf den Titel als Staatsoberhaupt. Daraufhin gründen sich am folgenden Tag die getrennten Republiken Österreich und Ungarn. Diese politischen Umwälzungen bedeuten das Ende des Vielvölkerstaates Österreich-Ungarn, da auch die einzelnen Volksgruppen lautstark ihre Eigenständigkeit fordern.

POLITIK, *POLEN*

Die deutschen Soldaten werden aus Polen ausgewiesen. Polens Unabhängigkeit wird bereits seit 1917 von Rußland anerkannt. Der Oberbefehlshaber der polnischen Armee Józef Pitsudski, der im Krieg auf deutscher und österreichisch-ungarischer Seite gekämpft hat, wird Staatschef. Seine dringendste Aufgabe ist der Ausbau der polnischen Armee, da viele der Nachbarn, nicht zuletzt Rußland, große Teile Polens für sich beanspruchen.

Nur Tage nach seiner Machtübernahme wird Polen von ukrainischen Soldaten angegriffen. Sie

▶ ***Die Leute gehen in Paris auf die Straße, um die Unterzeichnung des Waffenstillstands zu feiern.***

besetzen Lwow und rufen die westukrainische Republik aus. Pitsudski braucht sechs Monate, um die Region zurückzuerobern.

POLITIK, *TÜRKEI*
Die neu ernannte Regierung von Ahmed Isset Pascha löst sich wieder auf.

12. NOVEMBER

SEEKRIEG, *MITTELMEER*
Mehrere alliierte Schiffe passieren die Dardanellen und gehen in Konstantinopel vor Anker. Ihre Präsenz ist eine der Bedingungen des Waffenstillstandes vom 30. Oktober.

13. NOVEMBER

POLITIK, *DEUTSCHLAND*
Vor dem Hintergrund politischer Unruhen dankt der bayerische Monarch Prinz Otto ab. Andere Monarchen der deutschen Staaten folgen. König Friedrich August III. von Sachsen am selben Tag, König Wilhelm II. von Württemberg am 30. November.

14. NOVEMBER

POLITIK, *TSCHECHOSLOWAKEI*
Die ehemals österreichisch-ungarische Provinz wird unabhängige Republik. Tomáš Masaryk wird der erste tschechische Präsident.

15. NOVEMBER

POLITIK, *RUSSLAND*
Die deutschen Soldaten verlassen die Ukraine, wo sie den anti-bolschewistischen General Pavel Skoropadski unterstützt hatten. Skoropadski wird bald darauf von ukrainischen Sozialisten unter General Simon Petlyura gestürzt. Der wachsende Widerstand gegen die bolschewistischen Revolutionäre in der Ukraine wird von Großbritannien, Frankreich und den Vereinigten Staaten unterstützt.

▲ ***Marschall Jósef Pitsudski (sitzend) wird der erste Staatschef des unabhängigen Polen.***

16. NOVEMBER

POLITIK, *UNGARN*
Graf Mihály Károlyi wird der erste ungarische Präsident.

17. NOVEMBER

POLITIK, *DEUTSCHLAND*
Den Waffenstillstandsbedingungen folgend, beginnt die deutsche Armee ihren Abzug aus Belgien und Frankreich.

OSTFRONT, *RUSSLAND*
Die türkischen Truppen werden nach dem Eintreffen von britischen Marinekräften gezwungen, die Ölfelder von Baku zu übergeben.

18. NOVEMBER

POLITIK, *RUSSLAND*
Admiral Alexander Koltschak, ehemaliger Kommandant der Schwarzmeerflotte und einer Anführer der anti-bolschewistischen Kräfte in Rußland, übernimmt die Kontrolle über Omsk. Er

◀ *General Karl Mannerheim kann in Finnland mit deutscher Hilfe die (bolschewistische) „Rote Garde" besiegen.*

▶ *Deutsche Soldaten ziehen nach Kriegsende durch die Straßen von Koblenz nach Hause.*

ernennt sich zum „höchsten Regenten Rußlands", vereint seine Kräfte mit der tschechischen Legion und fällt nach Ostrußland ein, um die Bolschewisten herauszufordern.

21. November

SEEKRIEG, *NORDSEE*
Admiral Sir David Beatty nimmt die Kapitulation der deutschen Hochseeflotte entgegen. Seine Botschaft ist eindeutig: „Die deutsche Fahne wird bei Sonnenuntergang eingeholt und nie wieder ohne Erlaubnis gehißt." Die Flotte wird später bei Scapa Flow vor Anker gehen.

25. November

AFRIKA, *NORD-RHODESIEN*
Oberst Paul von Lettow-Vorbeck ergibt sich erst jetzt bei Abercorn. Er wurde verspätet über das Kriegsende in Europa in Kenntnis gesetzt. Am Ende des Guerillakrieges gegen die Übermacht von knapp 130.000 Mann besteht seine Truppe aus 175 Europäern und 3.000 Askaris.

26. November

POLITIK, *MONTENEGRO*
Die Landesversammlung des erst kürzlich durch die Serben befreiten Montenegro verkündet die Absetzung von König Nikolaus. Montenegro will sich wieder mit Serbien vereinen.

1. DEZEMBER

POLITIK, *DEUTSCHLAND*
Im Einklang mit dem Waffenstillstandsabkommen marschieren britische, französische und US-amerikanische Soldaten ins nördliche Rheinland ein.

POLITIK, *SERBIEN*
Die serbische Obrigkeit verkündet die Bildung einer politischen Union mit Montenegro und den ehemals österreichisch-ungarischen Provinzen Kroatien und Slowenien. Aus ihr geht später die jugoslawische Volksrepublik hervor.

9. DEZEMBER

POLITIK, *DEUTSCHLAND*
Verschiedene Gebiete des Rheinlands werden besetzt. Großbritannien stationiert seine Truppen in Köln, Frankreich in Mainz und die USA in Koblenz.

12. DEZEMBER

POLITIK, *FINNLAND*
General Karl Mannerheim löst Pehr Svinhufvud als Chef der provisorischen Regierung ab. Die Scharmützel mit der „Roten Garde“ dauern an.

13. DEZEMBER

POLITIK, *USA*
Präsident Woodrow Wilson setzt mit seiner Ankunft in Frankreich einen Meilenstein. Er ist der erste US-Präsident, der während seiner Amtszeit das Land verläßt. Bevor er an den Friedensverhandlungen teilnimmt, besucht er auch Großbritannien und Italien. Er beabsichtigt, die Übereinkünfte gemäß seiner „Vierzehn Punkte“ zu gestalten.

18. DEZEMBER

POLITIK, *FRANKREICH*
Französische Soldaten besetzen Odessa am Schwarzen Meer, um die Versorgung der Ukraine in ihrem Kampf gegen die bolschewistische Regierung zu sichern.

◀ ***Deutsche Kriegsschiffe der Hochseeflotte vor Anker in Scapa Flow – ein Teil des Waffenstillstandsabkommens.***

EREIGNISSE

BILANZ

Die Zerstörungen und Verluste an Menschenleben erreichten im 1. Weltkrieg ein nie dagewesenes Ausmaß. Anders als in vorangegangenen Kriegen wurde durchgehend gekämpft (wenn auch in unterschiedlicher Intensität). Zwischen August 1914 und November 1918 gab es kaum einen Tag ohne Kampfhandlungen. Auch hatte man Kämpfe von solcher Heftigkeit nie vorher erlebt – hauptsächlich wegen der vorherrschenden Schützengrabenkämpfe und der immensen Zerstörungskraft der eingesetzten Waffen.

Auflistungen der Verluste können stets nur auf groben Schätzungen basieren. So läßt sich folgende Bilanz ziehen: Von den 65 Millionen Soldaten, die von allen Beteiligten in den Krieg geschickt wurden, starben 8 Millionen, weitere 21 Millionen wurden verwundet. Die Verluste der Mittelmächte: Deutschland mobilisierte 11 Millionen Spldaten. Davon starben 1,8 Millionen; Österreich-Ungarn stellte 7,8 Millionen Soldaten mit 922.000 Toten; die Türkei verlor von 2,8 Millionen Soldaten 325.000; und in Bulgarien gab es unter 1,2 Millionen Soldaten 76.000 Tote. Die Zahlen der gegnerischen Mächte: Frankreich stellte 8,4 Millionen Soldaten auf, von denen 1,36 Millionen starben; das britische Empire 8,9 Millionen Soldaten mit 908.000 Toten; Rußland 12 Millionen Soldaten mit 1,7 Millionen Toten; Italien 5,6 Millionen Soldaten mit 462.000 Toten; die USA 4,3 Millionen Soldaten mit 50.000 Toten; Belgien 267.000 Soldaten mit 14.000 Toten; Serbien 707.000 Soldaten mit 45.000 Toten; Montenegro 50.000 Soldaten mit 3.000 Toten; Rumänien 750.000 Soldaten mit 335.000 Toten; Griechenland 230.000 Soldaten mit 5.000 Toten; Portugal 100.000 Soldaten mit 7.000 Toten und Japan 800.000 Soldaten mit 300 Toten.

Ebenso unerreicht waren die Verluste an Zivilisten. Es starben knapp 6,6 Millionen Zivilisten, davon die meisten in Rußland und der Türkei.

Die Kämpfe haben an den Überlebenden tiefe körperliche, aber vor allem psychische Narben hinterlassen. Viele Soldaten litten Zeit ihres Lebens unter schweren Kriegstraumata. Wie die Krieger früherer Zeiten sahen sich die Soldaten 1914–1918 direkt durch Tod oder Verstümmelung bedroht. Doch anders als ihre Vorgänger, die sich vielleicht für einige Stunden in Lebensgefahr befanden, standen die Soldaten des 1. Weltkriegs in der Regel 24 Stunden täglich unter diesem Druck, und das wochen-, manchmal sogar monatelang.

NACHWORT

Das Ende des 1. Weltkrieges brachte eine drastische Umformung der politischen Weltordnung mit sich, auch wenn das viele Machthaber anfangs nicht bemerkten. Drei europäische Kaiserreiche zerbrachen: Deutschland, Rußland und Österreich-Ungarn. Frankreich und Großbritannien waren durch den Krieg sehr geschwächt. Ebenso war die Türkei, vor dem Krieg die stärkste Macht im Balkan und im Mittleren Osten, nur noch ein Schatten ihrer selbst. Das Land wurde von Unruhen zermürbt, und weite Teile befanden sich unter griechischer Besatzung – hier brach ein Krieg aus, der von 1920–1921 dauerte.

Auf der weltpolitischen Bühne traten neue Akteure auf. Die USA übernahmen zögernd und nicht ohne inneren Widerspruch ihre Rolle als Weltmacht an, in die sie mehr oder weniger gedrängt worden waren – vor allem in bezug auf die pazifischen Regionen, doch auch auf Europa und das expandierende und nach Macht strebende Japan.

DIE KÄMPFE GEHEN WEITER

Der Waffenstillstand am 11. November 1918 beendete zwar den 1. Weltkrieg, brachte aber Europa keinen Frieden. Es brachen sofort Kämpfe in den ehemaligen Provinzen Rußlands und Österreich-Ungarns aus. Einige der Konflikte entsprangen den territorialen Forderungen der neu gegründeten Staaten Osteuropas. Beispielsweise forderte Polen russisches Land an der Bug, wo viele Polen lebten. Polen führte 1920 einen Präventivschlag gegen das bolschewistische Rußland – und siegte. Rußland gab nach, sah die Angelegenheit aber nicht als erledigt an. Es wollte seinerseits die Revolution auf ganz Europa ausdehnen. Erstes Ziel blieb die Rückgewinnung der im Vertrag von Brest-Litowsk verlorenen Gebiete.

Andere Nachkriegsdispute in Osteuropa wurden intern geführt, z. B. zwischen den rechten und den linken Fraktionen der einzelnen Länder. In der Regel erhielten die linken Flügel Unterstützung von den russischen Bolschewisten, während die rechten Flügel meist von den Siegermächten des Weltkriegs unterstützt wurden. Viele der neuen Staaten waren von ethnischen Teilungen betroffen, obwohl bei der Grenzziehung versucht

▼ *Ein britischer Panzer 1919 in Köln. Viele Deutsche mußten die Besetzung als große Demütigung empfinden.*

▲ *Die siegreichen Staatsmänner, die 1919 die Bedingungen für den Friedensvertrag aushandelten. Von links: der italienische Premierminister Vittorio Orlando, der britische Premierminister David Lloyd George, der französische Premierminister Georges Clemenceau und US-Präsident Woodrow Wilson.*

worden war, die Volksgruppeninteressen zu berücksichtigen. So lebten etwa in Teilen von Österreich, Polen und der Tschechoslowakei deutsche Volksgruppen. Der Balkan (inklusive Ungarn und Rumänien) stellte mit seiner Völkermischung einen politischen Brandherd dar. Es wurden Staaten gegründet, deren Grenzen im Grunde denen der österreichisch-ungarischen Provinzen entsprachen, die aber keine Rücksicht auf die einzelnen Volksgruppen nahmen, wie es die Vision von Wilsons „Vierzehn Punkten" vorgesehen hatte.

GEOGRAPHISCHE NEUORDNUNG

Die Friedensverträge, die den 1. Weltkrieg beendeten, hinterließen in ganz Osteuropa und im Balkan kleine, schwache und innerlich zerrissene Länder. Ursprünglich hatte man beabsichtigt, durch Gründung vieler kleiner, aber starker Staaten, die zusammenarbeiten würden, die Entstehung neuer großer Machtblöcke zu verhindern. Rückblickend hat der Frieden aber ein äußerst unsicheres Osteuropa hinterlassen. Seine Staaten waren politisch instabil und einander gegenüber sehr mißtrauisch. Vertreter des rechten Flügels konnten diese Stimmung in den zwanziger und dreißiger Jahren für ihre nationalistische Politik ausnutzen.

In den frühen zwanziger Jahren ließen zwei Ereignisse einen Ausblick auf die Zukunft Europas erahnen. In Italien unternahmen die „Schwarzhemden" am 28. Oktober 1922 unter ihrem Führer Benito Mussolini ihren „Marsch auf Rom". Sie zwangen den König und die Regierung, ihre

▶ *Benito Mussolini, der Führer der italienischen Faschisten („Schwarzhemden") kam 1922 an die Macht.*

Macht auf Benito Mussolini zu übertragen. Dieser setzte ein Terrorregime ein, das alle politische Opposition in Italien auslöschte. Am 8. November 1923 versuchte die rechtsextreme NSDAP in München, die bayerische Regierung zu stürzen. Der Putschversuch schlug fehl, und sein Anführer Adolf Hitler wurde verhaftet.

Die Siegermächte des 1. Weltkrieges versuchten, die russische Revolution wieder rückgängig zu machen. Sie unterstützten die Gegner der Bolschewisten - doch ohne Erfolg. Die Rote Armee ging aus dem Bürgerkrieg (1918–21) als Sieger hervor. Sie festigte die bolschewistische Herrschaft in Rußland und die russische Dominanz in Osteuropa.

IDEALE UND EIGENINTERESSEN

Während der politischen Tumulte in Osteuropa kamen die Friedensplaner in Frankreich zusammen - hauptsächlich, um die Art des Friedens mit Deutschland zu bestimmen. Sie waren weit davon entfernt, eine einheitliche Meinung zu vertreten. US-Präsident Woodrow Wilson, dessen „Vierzehn Punkte" die Grundlage für die Verhandlungen bildeten, mußte eine schwierige Gratwanderung bestehen. Während er versuchte, eine Weltordnung zu schaffen, die ein ähnlich blutiges Ereignis verhindern konnte, mußte er auch die Interessen der britischen, französischen und italienischen Delegierten berücksichtigen. Einige von ihnen verlangten unerfüllbare Reparationszahlungen von Deutschland, das ihrer Ansicht nach die Alleinschuld am Krieg trug. Zudem weigerten die siegreichen Kolonialmächte sich nicht nur, ihren Kolonien die Selbstbestimmung zu gewähren, die ein zentrales Element der „Vierzehn Punkte" darstellte, sie wollten auch die deutschen Überseebesitzungen unter sich aufteilen.

Frankreich und Großbritannien bekamen ihren Willen, was Reparationen und Kolonien betraf. Der Vertrag von Versailles, der 1920 in Kraft trat, verkleinerte das deutsche Gebiet in Europa und in Übersee - die Kolonien wurden zu Mandatsgebieten, die von den Siegern verwaltet wurden. Die deutsche Armee wurde zu einer Rumpfarmee für die Heimatverteidigung reduziert. Deutschland mußte hohe Zahlungen leisten und - was am schlimmsten war - die alleinige Verantwortung für den Ausbruch des Krieges übernehmen. Trotzdem betrachteten einige Kritiker den Ausgang der Verhandlungen noch immer

▲ *Adolf Hitler und andere Führungsmitglieder der NSDAP gedenken des 1923 in München fehlgeschlagenen Hitler-Putschs.*

▼ *Mitglieder des rechten Freikorps tragen einen in den Straßenkämpfen getöteten Kameraden zu Grabe.*

als zu milde. Doch Wilson kämpfte erfolgreich dafür, die komplette Auflösung Deutschlands zu verhindern. Deutschland war nach dem Vertrag von Versailles eine gebrochene Nation. Es war kleiner, angreifbar, industriell geschwächt und mit ungeheuren Reparationszahlungen belastet. Im Innern stritten auch hier rechte und linke Fraktionen um die Vorherrschaft. Die deutsche Nationalversammlung in Weimar versuchte verzweifelt, eine innere Ordnung aufrechtzuerhalten.

Die Bestrebungen, eine demokratisch orientierte Verfassung zu verabschieden („Weimarer Verfassung") waren aus den Straßenkämpfen 1918/19 hervorgegangen, in denen die rechten Freikorps gegen die linken Gruppierungen gekämpft hatten, um deren Vorherrschaft zu verhindern. Die prominentesten Opfer dieser Kämpfe waren Rosa Luxemburg und Karl Liebknecht. Beide wurden von den Freikorps ermordet und ihre Leichen in den Berliner Landwehrkanal geworfen.

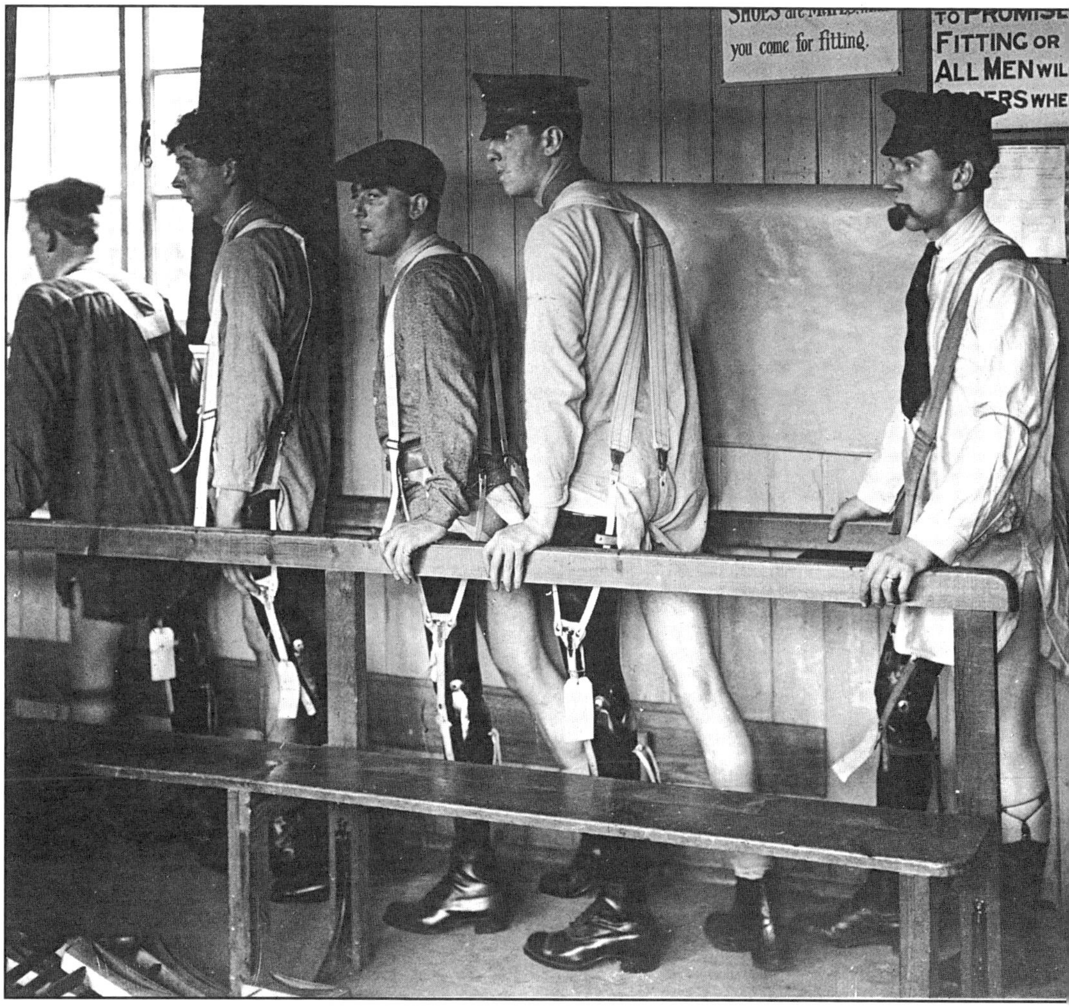

▲ *Der Preis, den die Menschen für den Krieg bezahlten, war häufig mit schweren Leiden verbunden: eine Gruppe verstümmelter Ex-Matrosen bei Gehübungen.*

WIDERSTAND GEGEN WILSON

Präsident Wilson gelang es, eine internationale Körperschaft zur Schlichtung internationaler Angelegenheiten und Streitigkeiten zwischen den Mitgliedsstaaten zu schaffen. Er hoffte, daß es dieser Körperschaft gelingen würde, in Zukunft den Versailler Vertrag zu modifizieren. Die Liga der Nationen, die am 10.Januar 1920 ihre Arbeit aufnahm, versuchte Konflikte zu klären. Doch sie war nicht sehr erfolgreich. Nur wenige ihrer Mitglieder waren bereit, ihre Interessen zugunsten der Allgemeinheit zurückzustellen.

Interessanterweise traten gerade die USA nicht der Liga bei, da Wilson keine Resolutionen des Senats akzeptieren wollte, die die Macht der Liga beschneiden sollten, vor allen den Artikel X ihrer Charta, der jede Mitgliedsnation verpflichtete, allen Mitgliedern bei bewaffneten Auseinandersetzungen oder bei Bedrohung ihrer Unabhängigkeit beizustehen. Wilson mußte in die USA zurückkehren, um die Wähler gegen die Opposition einiger US-Senatoren für seinen Plan zu gewinnen. Seine Reise war am 25. September beendet. Kurz darauf erkrankte er, was es seinen politischen Gegenspielern ermöglichte, eine Ratifizierung der Charta der Liga zu verhindern.

Der 1. Weltkrieg hinterließ bei den Menschen, die ihn überlebt hatten, schreckliche Erinnerungen. Viele glaubten, daß die Welt ein zweites Blutbad von diesem Ausmaß nicht überstehen würde. Die meisten Familien hatten Angehörige unter grauenvollen Umständen verloren. Viele gingen davon aus, daß es derartig furchtbare Kriege nie wieder geben könnte. Sie waren überzeugt, daß Konflikte in Zukunft eher durch das Wort als durch die Waffe entschieden werden würden. Ihr Fehler war, zu glauben, andere Politiker, die den 1. Weltkrieg erlebt hatten, würden sich ihrem Standpunkt anschließen. Wie die Ereignisse der dreißiger Jahre zeigen sollten, war dies nicht der Fall.

Der 1. Weltkrieg beendete hauptsächlich die Reibungen zwischen den Weltmächten. Doch genau die Friedensverträge, die einen zweiten Konflikt dieser Größenordnung verhindern sollten, bildeten 20 Jahre später die Grundlage für den 2. Weltkrieg. Und dieser Konflikt, an dem wieder die Staaten des 1. Weltkrieges beteiligt waren, sollte 45 Millionen Menschenleben fordern.

REGISTER

L

M

N

O

P

R

S

T

U

V

W

Z

BILDQUELLENNACHWEIS

Robert Hunt Library: 6, 7 (o. und u.), 8–9, 10 (beide), 12(o. r. und u.), 13 (u.), 14–15, 18 (u.), 21, 22 (o. l. und r.), 23, 24 (o.), 26–27, 28 (u.), 31 (o. und M.), 33 (o.), 38–39 (o.), 40 (u.), 42–43 (o.), 46–47 (u.), 49 (u.), 50 (u.), 53 (o.), 55 (o.), 58–59 (u.), 62 (o. l.), 64–65 (o.), 66–67 (o.), 68 (o.), 69 (M. l.), 74–75 (o.), 82, 83 (M.), 84 (u.), 86 (beide), 88 (u.), 90 (u.), 93 (M. und u.), 94 (u.), 98–99 (M.), 100–101 (u.), 118 (u.), 119 (u.), 121 (o. und u.), 122 (o.), 124 (o. und u. l.), 126 (o.), 128–129, 131 (o.), 135 (o.), 136 (o. und u.), 140–141 (o. und u.), 146 (u.), 148 (o.), 153 (u.), 154–155 (o.), 170–171 (o.), 184–185 (u.), 187 (beide), 188.
Robert Hunt Library/Australian War Memorial: 36 (o.), 144 (u.), 147 (u.).
Robert Hunt Library/Bapty: 11 (o.), 46–47 (o.), 70 (o.), 150–151 (o.).
Robert Hunt Library/Bayerisches Hauptstaatsarchiv, München: 22–23 (u.), 39 (u.), 101 (o.), 106 (beide), 128 (u.), 158 (o.).
Robert Hunt Library/Bibliotèque Nationale, Paris: 20 (o.), 60 (u.), 73 (u.).
Robert Hunt Library/Bundesarchiv: 7 (M.), 11 (u.), 51 (o.), 71 (o.), 83 (o. und u. r.), 139 (u.), 149 (o.), 153 (o.), 156–157 (o.), 159 (u.), 184 (o.), 184–185 (o.).
Robert Hunt Library/CAR, Warschau:: 183 (o.).
Robert Hunt Library/Central News: 19 (u.).
Robert Hunt Library/ECP-Armées: 87 (u.), 88 (o.), 118–119 (o.), 130–131 (u.), 138–139 (u.), 164–166 (u.), 167 (beide), 171 (o.).
Robert Hunt Library/Faruk Kenc: 48 (u.).
Robert Hunt Library/Heeresgeschichtliches Museum, Wien: 102–103 (o.).
Robert Hunt Library/Imperial War Museum, London: 1, 12 (o. l.), 13 (o.), 14 (o.), 22–23 (M.), 25, 26 (o. und u.), 27 (o.), 29 (u.), 30 (o.), 30–31 (u.), 32 (o.), 32–33 (u.), 34 (o.), 34–35 (u.), 35 (o. und M.), 36–37 (u.), 37 (o.), 38 (u.), 39 (o.), 40 (o.), 40–41 (u.), 41 (o.), 43 (u.), 44–45 (o.), 45–49 (u.), 50 (o.), 51 (u.), 52 (o.), 52–53 (u.), 54 (o.), 55 (u.), 56–57 (alle), 58–59 (o.), 60–61 (o.), 62 (o. r.), ^ 62–63 (u.), 63 (o.), 64–65 (u.), 66 (u.), 67 (u.), 68–69 (o.), 71 (u.), 72–73 (o.), 74 (M.), 74–75 (u.), 75 (o.), 76–77 (alle), 78 (o.), 79 (o.), 80–81 (alle), 84–85 (o.), 85 (M.), 89 (beide), 90–94 (o.), 94–95 (M.), 95 (u.), 96–97 (alle), 98 (u.), 99 (o.), 100 (o.), 101 (u.), 102 (o.), 102–103 (u.), 103 (o. und M.), 104 (beide), 105 (u.), 107 (alle), 108–109 (alle), 110 (o.), 111 (u.), 112–113 (alle), 114–115 (alle), 116–117 (alle), 118–120 (u.), 120–121 (o.), 122 (u.), 123 (beide), 124 (u. r.), 125 (o.), 126 (u.) 126–127 (o.), 127 (beide), 128–130 (o.), 131 (u.), 132–133 (alle), 134 (u.), 137 (beide), 138–140 (o.), 141 (u.), 142–143 (alle), 144 (o. und M.), 145 (beide), 148–150 (u.), 151 (o. und u.), 152 (beide), 155 (o. und u.), 156 (u.), 157 (u.), 159 (beide), 161 (u. l.), 162–163 (alle), 166 (M.), 168 (u.), 170 (o.), 170–171 (u.), 172 (o.), 174–175 (alle), 176 (o. und u.), 178 (l.), 178–179 (o.), 179 (u.), 180 (o.), 181 (o.), 182 (u.), 182–183 (u.), 186, 189 (o.).
Robert Hunt Library/Kriegsarchiv, Wien: 20 (u.), 24–25, 36 (M.), 44 (u.), 49 (o.), 54–55 (u.), 61 (u.), 67 (o.), 69–70 (u.), 78–79 (u.), 83 (u. l.), 91 (u.), 95 (o.), 147 (o.), 179 (o.).
Robert Hunt Library/Militärmuseum, Belgrad: 42–43 (u.).
Robert Hunt Library/Musée de la Guerre, Vincennes: 32 (u.), 87 (o.).
Robert Hunt Library/National Library of Ireland: 92 (u.).
Robert Hunt Library/Marineministerium, Rom: 84 (o.).
Robert Hunt Library/Museo del Risorgimento, Mailand: 72 (o.), 105 (o.).
Robert Hunt Library/Museo Storilo Navale, Venedig: 166 (o.).
Robert Hunt Library/Roger Viollet: 14 (u.), 16–17, 17, 18–19 (o.).
Robert Hunt Library/The Public Archives of Canada: 4–5.
Robert Hunt Library/US Library of Congress: 111 (o.).
Robert Hunt Library/US National Archives: 2–3, 72 (u.), 110 (u.), 134–135 (o.), 135 (u.), 146 (o.), 154 (u.), 160 (u.), 160–161 (o.), 161 (u. r.), 164 (o.), 164–165 (M.), 165 (o.), 168 (o.), 169 (beide), 172 (u.), 172–173 (u.), 173 (o.), 177 (o.), 180–181 (u.), 188–189 (u.).
Robert Hunt Library/US Naval Academy: 176–177 (u.).
Robert Hunt Library/Vereenigde Fotobureaux, Amsterdam: 20–21.
Robert Hunt Library/VHU, Prag: 28–29, 52 (u.), 68–69 (u.), 98 (o.).